E. Mortimer Standing

Maria Montessori

Leben und Werk

Impulse der Reformpädagogik

herausgegeben von

Prof. Dr. Harald Ludwig

(Westfälische Wilhelms-Universität Münster)

Band 23

LIT

E. Mortimer Standing

Maria Montessori

Leben und Werk

Neuauflage herausgegeben von
Ingeborg Waldschmidt und Ela Eckert

LIT

Herausgegeben von Ingeborg Waldschmidt und Ela Eckert
im Auftrag der Deutschen Montessori Gesellschaft e. V.

Titel der ersten deutschen Ausgabe:
E. M. Standing: Maria Montessori – Leben und Werk
Herausgegeben von Paul Scheid, Klett Verlag 1959
Übersetzt von A. M. Textor unter Mitarbeit von
Dipl.-Psych. Dr. Kurt Aurin und Prof. Helene Helming

Titel der englischen Originalausgabe:
Maria Montessori, Her Life and Work, Hollis and Carter Ltd., London 1957

Bibliografische Information der Deutschen Nationalbibliothek
Die Deutsche Nationalbibliothek verzeichnet diese Publikation in der Deutschen Nationalbibliografie; detaillierte bibliografische Daten sind im Internet über http://dnb.d-nb.de abrufbar.

ISBN 978-3-8258-1622-3

Verlagskontakt:
Fresnostr. 2 D-48159 Münster
Tel. +49 (0) 2 51-620 32 22 Fax +49 (0) 2 51-922 60 99
e-Mail: lit@lit-verlag.de http://www.lit-verlag.de

Auslieferung:
Deutschland: LIT Verlag Fresnostr. 2, D-48159 Münster
Tel. +49 (0) 2 51-620 32 22, Fax +49 (0) 2 51-922 60 99, e-Mail: vertrieb@lit-verlag.de

Österreich: Medienlogistik Pichler-ÖBZ GmbH & Co KG
IZ-NÖ, Süd, Straße 1, Objekt 34, A-2355 Wiener Neudorf
Tel. +43 (0) 22 36-63 53 52 90, Fax +43 (0) 22 36-63 53 52 43, e-Mail: mlo@medien-logistik.at

Schweiz: B + M Buch- und Medienvertriebs AG
Hochstr. 357, CH-8200 Schaffhausen
Tel. +41 (0) 52-643 54 85, Fax +41 (0) 52-643 54 35, e-Mail: order@buch-medien.ch

VORWORT ZUR NEUAUFLAGE 2008

In der mehr als hundertjährigen Geschichte der Montessori-Pädagogik ist das Buch von E. Mortimer Standing, das die Deutsche Montessori Gesellschaft e.V. hier als Neuauflage herausgibt, eines der bedeutsamsten Dokumente. Dabei hat es Symbolwert, dass Standing sein Buch 1957 exakt zum 50. Jahrestag der Eröffnung des ersten Kinderhauses in Rom veröffentlicht hat. Dieses Buch „Maria Montessori – Leben und Werk" ist neben Maria Montessoris eigenen Werken sehr schnell zu einem Klassiker geworden; ein Buch, das wie kein anderes zur weltweiten Verbreitung der Montessori-Pädagogik beigetragen hat. Zunächst hat es nur in englischer Sprache vorgelegen (Maria Montessori – Her Life and Work), herausgegeben 1957 von Hollis und Carter Ltd., London, und in mehreren Ausgaben von amerikanischen Verlagen. Noch heute sind eine Ausgabe mit rotem und eine mit grünem Einbanddeckel im Handel. Eine deutsche Fassung ist 1959 im Klett-Verlag erschienen, herausgegeben von dem damaligen Präsidenten der Deutschen Montessori Gesellschaft Paul Scheid. Übersetzerin der Londoner Ausgabe war A.M. Textor (Pseudonym für Annemarie Weber vom Klett-Verlag) unter Mitarbeit von Kurt Aurin und Helene Helming. 1970 hat der Finken Verlag in Oberursel eine weitere Auflage publiziert. Dabei fehlen in allen Ausgaben die Jahresangaben. Schließlich hat Paul Scheid eine deutsche Textfassung für die Deutsche Montessori Gesellschaft ohne Jahresangabe im Eigenverlag herausgegeben. Kurt Aurin hat die Fußnoten verfasst. Seit den 1980er Jahren ist das Buch in deutscher Sprache vergriffen. Da es nach wie vor Interessenten gibt, bringt die Deutsche Montessori Gesellschaft dieses wichtige historische Dokument erneut heraus. Das Vorwort und die Einleitung von Kurt Aurin und Paul Scheid sind ebenfalls inzwischen historische Dokumente geworden und werden deshalb abgedruckt.

Diese Neuauflage legt das Buch in einer Faksimileversion vor, um das Aufsuchen von Zitatangaben / Quellennachweisen zu erleichtern. Auch die hier abgedruckten Anmerkungen haben wir so im Original vorgefunden. Zusätzlich zum Originalinhaltsverzeichnis findet sich am Ende des Buches ein von uns aus den im Text angegebenen Kapitelüberschriften erstelltes und der Faksimileausgabe hinzugefügtes Inhaltsverzeichnis (S. 223-229), das die Suche nach bestimmten Schlagwörtern erleichtern helfen soll, da es kein Schlagwortregister gibt. Ein weiteres, das Original ergänzende Angebot ist der Nachweis der gegenwärtigen deutschsprachigen Primärliteratur mit dem Stand vom Sommer 2008 (S. 230).

Edwin Mortimer Standing wurde als Sohn von Quäker-Missionaren 1887 in Madagaskar geboren. Aufgewachsen ist er in England, wurde in Quäker-Schulen erzogen, studierte an der Universität Cambridge Philosophie und wurde Lehrer auch an Montessori-Schulen. 1923 trat er zum katholischen Glauben über. 1921 hatte er Maria Montessori das erste Mal getroffen und in den folgenden dreißig Jahren mit ihr eng zusammengearbeitet. Als ihr Assistent in Lehrertrainingskursen profitierte er von seinen breiten Erfahrungen als Lehrer. Maria Montessori und Mortimer Standing schätzten einander sehr. Standing schrieb das Buch, um ihrem Wunsch nach einer systematischen Darstellung ihrer Prinzipien und ihrer Praxis zu entsprechen. Zugleich darf man sein Buch mit gutem Grund ein hagiographisches Dokument nennen, denn es vermittelt ein Bild, das ebenso aus Quellen und Zitaten wie aus verehrenden Erinnerungen zusammengesetzt ist.

Seinem Buch hat Standing diesen Text auf einer Extraseite vorangestellt:
Dr. Montessori hatte versprochen, eine Einführung zu diesem Buch zu schreiben, aber sie starb, ehe sie ihr Versprechen einlösen konnte. Doch hatte sie von Zeit zu Zeit einen großen Teil des Manuskriptes gelesen und ihre warme Anerkennung geäußert. Hier ist ein Teil eines ihrer Briefe, der sich darauf bezieht.

Lieber Benedetto Standing:
Was Sie über mein Leben geschrieben haben, ist ein Wunder – und ein schönes geschriebenes Werk! (Ich mache keine Anmerkungen zu dem Inhalt, weil hier ein Apostel seine enthusiastischen Eindrücke äußert.) Ich habe jedoch einige kleine Korrekturen zu „historischen" Details vorgenommen. Ich erwarte ungeduldig, das ganze Buch zu sehen. Ich danke Ihnen wieder und wieder für Ihre Briefe und diese gesegnete Treue – die Ihre Freundschaft so wertvoll macht. Mut...! Mut für die Ernte.
Ich bin Ihnen sehr zugetan
Mammolina
(So nannten ihre Freunde Maria Montessori und Benedetto war der Name der Dottoressa für den Autor)

Aus dem Vorwort des Autors zur englischen Originalausgabe erfährt der Leser, auf welche Art der Quellen er sich bei seiner Erstellung des Textes bezieht. Es sind sehr viele verschiedene Textstellen aus Maria Montessoris veröffentlichten Werken, hauptsächlich aber von auf Schreibmaschinenseiten festgehaltenen Mitschriften von Kongressen und Kursen, die Maria Montessori während etwa 30 Jahren gehalten hat. Darüber hinaus bezieht er sich auf viele Unterhaltungen mit ihr. Aus diesem Grund war es ihm unmöglich, bei allen hier als Zitat angegebenen Stellen einen exakten Quellennachweis zu erbringen. Deshalb fehlt häufig die Markierung des Zitatendes. Er garantiert dem Leser aber: Jede in Anführungszeichen gesetzte Textpassage ist ein Originalzitat.

Standings Buch ist ohne Zweifel eine gute und geeignete Einführung in das Denken, in die Prinzipien und auch in die Praxis der Montessori-Pädagogik, so wie Montessori sich das gewünscht hatte. In einer schönen, gelegentlich etwas blumigen, aber sehr gut und leicht lesbaren Weise hat der Autor Partien zur Biographie und wichtige Aspekte und Kernsätze zu Montessoris Pädagogik miteinander verbunden. Ungemein treffend ist dieser Satz: *„Wäre Maria Montessori Anfang 1906 – sechsunddreißigjährig – gestorben, ihr Name wäre wohl nie über den Kreis, in dem sie lebte, hinausgedrungen: zwei Jahre später war sie weltberühmt“*. Und Standing hebt hervor, was Montessori immer selbst gesagt hat und was auch wir heute betonen können: „ ... *sie hatte eine neue Welt entdeckt – eine innere aber darum nicht weniger reale Welt in der Seele des Kindes. Und diese Entdeckung – nicht ihre Erziehungsmethode – macht ihren Ruhm aus.“*

Immer wieder zieht Standing Querverbindungen zu anderen bedeutsamen Namen; vor allem Fröbel taucht häufig auf. Fröbel spielte damals in der Pädagogik noch eine wichtige Rolle. In Deutschland vor allem wurde mit zum Teil großer Energie die Fröbel-Montessori-Kontroverse ausgefochten. Heute liegt über Fröbels Werken so etwas wie ein historischer Schleier, während die Montessori-Literatur und das Interesse an der Montessori-Pädagogik täglich anwachsen. Auch in diesem Zusammenhang ist Standings Buch ein historisches Dokument. Neben diesem so bekannt gewordenen Buch hat Standing übrigens noch eine Vielzahl von kleinen Schriften zur Montessori-Pädagogik in Zeitschriften veröffentlicht.

Eine Zusammenfassung des ganzen Lebens und des Lebenswerks von Maria Montessori ist Standings Buch allerdings nicht. Nach dem auch für die heutige Diskussion über Montessori ergiebigen 19. Kapitel über „Phantasie, Spiel und Wirklichkeit“ bricht die kontinuierliche Darstellung ab und im 20. Kapitel kommt zum Abschluss ein „Ausblick auf die fortgeschrittene Montessori-Arbeit“. Nun werden nur noch wichtige Aspekte hervorgehoben: In der zweiten Kindheitsperiode (dem Alter von 6 – 12 Jahren) setzen neue sensitive Phasen ein und mit ihnen neue geistige Bedürfnisse. Das Hinausgehen in die Welt muss vorbereitet werden. Die Pfadfinder werden mit Nachdruck als eine angemessene Lebensform für die älteren Kinder beschrieben. Die Bedeutung des Lebens in der Gruppe für die Erziehung wird erwähnt, das Lernen durch Erfahrung wird akzentuiert und die Kosmische Erziehung wird angesprochen. Standing empfiehlt in diesem Zusammenhang, Montessoris Schriften zur Kosmischen Erziehung zu lesen und besonders ihr Buch „To Educate the Human Potential“ oder besser noch, an einem entsprechenden Lehrgang für „Fortgeschrittene Montessori-Arbeit“ teilzunehmen. Bemerkenswert ist an dieser Stelle sein Hinweis bereits in den

1950er Jahren, dass noch viel Arbeit zu leisten bleibt, was eine adäquate vorbereitete Lernumgebung für die Altersstufe der 6 – 12Jährigen betrifft. Von der Zeit der beiden Montessoris in Indien, von der Entwicklung des Konzepts der Kosmischen Erziehung und seiner Konkretisierung sowie vom Erdkinderplan Montessoris erfährt die Leserin /der Leser nichts und Maria Montessoris Sohn Mario wird nur einmal kurz erwähnt. Da hat Standings Buch deutliche Grenzen.

Prof. Dr. Dr. h.c. Kurt Aurin danken wir für Gespräche und Hinweise auf historische Zusammenhänge bei der ersten deutschen Ausgabe von 1959. Ebenfalls danken wir Dr. Peter Gebhardt-Seele und Prof. Dr. Hans-Dietrich Raapke für ihre Ermunterung, das Buch erneut zu veröffentlichen.

Ela Eckert und Ingeborg Waldschmidt
Oldenburg und Berlin im September 2008

In einer anderen Ausgabe von E.M. Standings Werk in deutscher Sprache schrieb Kurt Aurin diese Einführung. Der Beitrag ist historisch gesehen bedeutsam. Er stammt aus der Mitte der 50er Jahre des 20. Jahrhunderts.

Die Herausgeberinnen

ZUR EINFÜHRUNG

Entdeckungen und Anstöße zu einer neuen Betrachtungsweise geschehen meist in den Rand- und Grenzgebieten einer Wissenschaft. So nimmt es nicht wunder, daß auch Maria Montessoris Entdeckung einer neuen, bisher wenig erkannten, tieferen Natur des Kindes aus der Begegnung von Medizin, genauer gesagt von Kindes- und Jugendpsychiatrie und Pädagogik entspringt. Sie steht hierin nicht allein da, rühren doch in der Zeit um und nach 1900 viele wesentliche Anregungen im Bereich der Psychologie und Pädagogik von Forschern her, die ursprünglich im Gebiet der Medizin beheimatet waren. Denken wir doch nur an Sigmund Freud, C. G. Jung und an Karl Jaspers und ihre Einflußnahme auf die moderne Psychologie und Anthropologie, an den Arzt Ovid Decroly und seine „Methode", an Rudolf Steiners „heilendes Anliegen", um nur einige aus der Schar der vielen zu nennen.
Eines ist fast allen gemeinsam: eine neue Sicht des Menschen. Diese Sicht drängt danach, die tieferliegenden, selbstgestaltenden, schöpferisch aufbauenden und heilenden Kräfte des lebendigen Individuums zu begreifen. Der *Einzelne* in seinen *konkreten* Bezügen zu seiner Welt, zu den Mitmenschen, zu den Dingen, zum Göttlichen und zu sich selbst wird in stärkerem Maße, als es früher der Fall gewesen ist, Gegenstand der Forschung. Die Pädagogik wendet sich, angeregt durch die Forschungsweise, Ergebnisse und Entwicklung der Naturwissenschaften, der Empirie und über sie der konkreten pädagogischen Situation vor Ort zu. Sie wird lebensnäher, lernt mehr konditional und funktional zu denken und versucht die Gefahr isolierender Betrachtungsweise, einseitiger Abstraktion und vorschneller Verallgemeinerung zu vermeiden.

Maria Montessori lebte und arbeitete in einer Epoche, die im geistigen Umbruch begriffen war. Die aus der geistigen Verarbeitung der konkreten pädagogischen Situation ihrer Zeit gewonnenen originären pädagogischen Einsichten und Erkenntnisse finden wir später bei anderen erneut formuliert und durch das Experiment unterbaut wieder. – Wenn der Altmeister der Pädagogik, Joh. Heinrich Pestalozzi, in seinen Schriften immer wieder auf die *Individuallage* des heranwachsenden Menschen aufmerksam machte und ihre pädagogische Berücksichtigung forderte, dann ist in unserer Zeit und nicht zuletzt durch das reform-pädagogische Schaffen und Wirken Maria Montessoris diese Forderung Allgemeingut im Bewußtsein des Erziehers geworden. Montessori hat mit dem Prinzip der Selbsttätigkeit des sich frei und nach eigenen Aufbaugesetzen entwickelnden Individuums in bewunderungswürdiger Konsequenz Ernst gemacht und ihm durch ihre Pädagogik lebendigen Ausdruck, konkrete Gestalt und neuen Inhalt verliehen.

Sie wurde für die Kinder unserer Zeit der berufene Anwalt, der sich für ihre naturgegebenen Daseinsrechte einsetzte. Sie schuf ihnen den „freien Raum" und in ihm die Möglichkeiten zu eigenständiger Entfaltung. Medizinische, biologische und psychologische Einsichten in die Natur menschlicher Entwicklung kamen ihr in ihrem pädagogischen Bemühen zugute, dem werdenden Menschen zu sich selbst zu verhelfen. Die zutiefst in ihrem Wesen verankerte pädagogische Grundhaltung und ihre Achtung vor dem „schöpferischen Geheimnis im Kinde" bewahrten sie davor, die eine oder andere wissenschaftliche Einsicht und Betrachtungsweise zu überbewerten und absolut zu setzen.

Wie kein Pädagoge zuvor erfaßte sie die tiefe erziehliche und persönlichkeitsbildende Bedeutung der Konzentration, die für die vielen nervös gestörten und seelisch überforderten Kinder unserer Zeit wiederzugewinnen heute ein konkretes pädagogisches Anliegen geworden ist.

Zwar finden wir den Gedanken einer *aktiven*, selbsttätigen Erziehung schon in methodischer Form bei dem Humanisten Vives, begegnen ihm bei Ratke, Comenius und erfahren in Herders Bildungslehre von seiner entscheidenden Bedeutung. Ein relativ geschlossener und lückenloser Gang läßt sich jedoch über Pestalozzi, Fichte, Schleichermacher und Fröbel bis hin zur Reformpädagogik verfolgen, in der dann besonders bei Maria Montessori der Gedanke der Selbsterziehung und Selbstbildung des Kindes prägnant hervortritt und ein zentrales Moment einer sich neu orientierenden Pädagogik wird.

In unserer Zeit gewinnt eine Erziehung zur selbständigen, ihrer selbst sicheren und sozial-ethisch verantwortlich handelnden Persönlichkeit erneut an Bedeutung. Ihr wachsen durch die kaum übersehbaren Folgen der zweiten industriellen Revolution Aufgaben zu, die weit über den institutionellen Rahmen staatlicher Erziehungs- und Bildungseinrichtungen hinausgehen und die pädagogische Wachsamkeit und Aktivität aller Teile der menschlichen Gesellschaft fordern. „Die Rettung der Person vor der Entfremdung in den Konsum scheint eins der großen sozialen und menschlichen Probleme des kommenden gesellschaftlichen und persönlichen Lebens zu werden ... das Klappern der Hollerithmaschinen einer sich empirisch adaptierenden Sozialforschung und -technik kann auf die Dauer nicht die Einsicht übertönen, daß zur moralischen Beherrschung der industriell-technischen Gesetzlichkeiten unseres Daseins nur ein in den Fundamenten gegenläufiges Handlungs- und Wertsystem imstande sein wird." (Schelsky, Die sozialen Folgen der Automatisierung. 1957)

In visionärer Schau wies schon 1926 Maria Montessori mit fast prophetischen Worten auf die hier vorliegende menschheitspädagogische Aufgabe hin:
„Wer wird das Zeichen geben, das den Menschen erweckt? Was wird der Mensch tun, der auf der platten Erde ruht, auf der Erde, die bereit ist, ihn zu verschlingen?
Die Menschen müssen auf die neue Welt vorbereitet werden, die sich selbst schon wie ein Evolutionsphänomen aufbaut, und bewußt werden des neuen Lebens, das sich vorbereitet, damit sie Mitarbeiter an seinem Aufbau werden. Und gleichzeitig müssen alle Kräfte dieser Welt zusammengefaßt werden zum Aufbau einer Wissenschaft des Friedens."
Nicht im Sich-Verschließen vor der Wirklichkeit und im Sich-Abwenden von ihr liegt die Lösung, sondern in ihrer Annahme und in dem Versuch, aktive Einflußnahme auf die bestehenden Verhältnisse und die in ihnen sich anbahnende Entwicklung zu nehmen. Es hieße deshalb dem Gedankengut der Dottoresa nur halb gerecht werden, würde man die Bedeutung ihrer Pädagogik nur im Prinzip der Selbsttätigkeit und in der Rolle und Funktion der Konzentration sehen.
Im Gegensatz zu der im In- und Ausland vorhandenen und kaum mehr voll überschaubaren Pestalozzi-Fröbel-Literatur hält sich die bislang über Maria Montessori und ihr pädagogisches Schaffen veröffentlichte Literatur noch innerhalb eines begrenzten und überschaubaren Rahmens. Während die Originalwerke Maria Montessoris nach ihrem ersten Erscheinen in nur wenigen Jahren mehrfach wieder aufgelegt und in viele Sprachen übersetzt wurden, ist eine erweiterte sowie aufbauende und weiterführende Montessori-Literatur erst im Entstehen begriffen.
Es bedarf der Zeit und des mit ihr gegebenen geschichtlichen Abstandes, um das Schaffen eines bedeutenden Menschen vertieft verstehen und voll begreifen und würdigen zu können. Besonders sinnfällig wird dies am Beispiel des namhaften Vorgängers der Dottoressa in der Konzeption einer Pädagogik des Kindes und damit zugleich einer neuen Erziehung des Menschen: 23 Jahre nach Fröbels Tod erschien von Bruno Hanschmann das Buch über „Friedrich Fröbels Leben und Lehre", dem erst in größeren Abständen andere wertvolle Veröffentlichungen ähnlicher Art folgten.
Übersetzerin und Bearbeiter der deutschen Ausgabe des Buches von E. M. Standing, *Maria Montessori, Her Life and Work,* waren bestrebt, zum besseren Verständnis die im deutschen pädagogischen Denken und Sprachgebrauch üblichen Wörter und Begriffe zu verwenden. Zusätzliche Erklärungen und Erläuterungen einzelner Begriffe wurden auf das notwendige Mindestmaß beschränkt (vergleiche die Anmerkungen am Ende des Buches); vieles wird sich dem aufmerksamen Leser von selbst beim Durch- und Zu-Ende-Lesen erhellen.

Kurt Aurin

INHALT

VORWORT

„The most interesting woman in Europe" nannte die TIMES Maria Montessori, deren Leben und Wirken E. Mortimer Standing in diesem Buche schildert.

Seit langem schon warten wir auf eine Montessori-Biographie in deutscher Sprache. Hier ist sie.

Der Wert des Werkes liegt darin, daß der Verfasser — Zeitgenosse und pädagogischer Wegbegleiter Maria Montessoris — mehr als ein Vierteljahrhundert hindurch in engem Kontakt mit der Dottoressa gestanden hat. Die Wiedergabe ihrer mannigfachen Äußerungen, die sie selbst nicht im Druck hat erscheinen lassen, sowie Zeugnisse persönlicher Begegnungen sind für das Buch eine besondere Bereicherung. Maria Montessori hat vor ihrem Tode noch selbst einen großen Teil des Manuskriptes gelesen und dem Verfasser ihre Zustimmung und ihren Dank ausgesprochen. Die Darstellung des Lebens und der Arbeit der italienischen Pädagogin gibt uns nicht nur ein Bild von der Eigenart dieser genialen Frau, sie führt uns auch tiefer hinein in das Verständnis ihres pädagogischen Anliegens und schützt es davor, von vorgefaßten oder von halbverstandenen Begriffen her einseitig und falsch beurteilt zu werden.

Der englische Verfasser schreibt anschaulich und lebendig. Er verfügt über ein reiches Quellenmaterial; dieses stammt — wie er sagt — „teilweise aus Montessoris eigenem Schrifttum, zumeist aber aus dem kritischen Studium maschinengeschriebener Berichte über zahllose Vorträge bei Kursen und Kongressen während der letzten dreißig Jahre und schließlich aus Unterhaltungen mit Dr. Montessori selbst. Aus diesem Grunde hat es sich als unmöglich erwiesen, für viele über das ganze Buch zerstreute Zitate ‚Kapitel und Zeile' anzugeben. Der Leser darf versichert sein, daß jeder Satz in Anführungsstrichen ein echter Ausspruch von Dr. Montessori ist, falls die Quelle nicht angegeben ist."

Das mag vom üblichen wissenschaftlichen Verfahren abweichen, ist aber auch wiederum der literarischen Form der Biographie angemessen und mindert nicht Wert und Authentizität der Ausführungen. Der Leser ist erfreut, in diesem Buch einen solchen Reichtum an Beobachtungen aus dem Lebenskreis des Kindes zu finden, die der lebendigen Erfahrung entstammen und von einem unbefangenen Blick und liebevoller Aufmerksamkeit des Betrachters zeugen.

Die Darstellung der pädagogischen Praxis Montessoris ist erwachsen aus der ununterbrochenen engen Verbindung des Verfassers mit Montessori-Kinderhäusern und -Schulen, aus seiner eigenen Lehrtätigkeit und, wie schon gesagt, auch aus dem günstigen Umstand, daß er lange Jahre mit Maria Montessori selbst im Gespräch verbunden war.

Das Buch wird nicht nur von Berufspädagogen freudig aufgenommen werden, sondern von allen, die das Kind lieben und die wissen, wie sehr es in unserer zivilisierten und technisierten Welt gefährdet ist. Mancher Leser wird Situationen dargestellt finden, die ihm bekannt erscheinen; er wird Gedanken begegnen, die ihm schon selbst durch den Kopf gegangen sind. Was aber häufig nur flüchtige Einzelbeobachtung und momentaner Eindruck bleibt oder nur instinktiv erfaßt wird, das hat Maria Montessori systematisch geordnet und, aus einer Fülle von Erfahrungen schöpfend, wissenschaftlich durchdacht. E. Mortimer Standing gibt uns eine Darstellung der psychologischen Erkenntnisse und der pädagogischen Prinzipien Montessoris, wie er sie von ihr selbst im untrennbaren Zusammenhang von Theorie und Praxis kennengelernt hat.

Erst wenn man diese Ganzheit der „Methode" im Auge hat und hiervon die Impulse zu eigener Aktivität empfängt, wird man vor Irrtümern und Mißgriffen bewahrt bleiben, die gelegentlich so gern der Montessori-Pädagogik selbst zum Vorwurf gemacht werden.

Die Deutsche Montessorigesellschaft ist dem Verlag dankbar, daß er das Erscheinen des Buches ermöglichte und in A. M. Textor eine Übersetzerin fand, die mit großer Sachkenntnis und feinem Einfühlungsvermögen Wesentliches von Nebensächlichem unterschieden hat. Kürzungen sind für den Inhalt unbedeutend.

Sachkundige Mitarbeiter der Deutschen Montessorigesellschaft haben in kritischer Überprüfung dieser deutschen Fassung die Abrundung gegeben, die sie dem englischen Original adäquat macht.

Paul Scheid

I. DAS LEBEN MARIA MONTESSORIS

Erstes Kapitel:

VORBEREITUNG

Kindheit

„Eine unserer Lehrerinnen war von der fixen Idee besessen, das Auswendiglernen von Lebensläufen berühmter Frauen müsse uns zur Nachahmung anspornen. Jede ihrer Erzählungen schloß mit der Mahnung: ‚Auch ihr solltet nach Ruhm streben! Möchtet ihr denn nicht berühmt werden?‘ — ‚0 nein‘, gab ich ihr eines Tages trocken zur Antwort, ‚ich will nicht berühmt werden. Ich habe viel zu viel Mitleid mit den Kindern der Zukunft, als daß ich die Liste noch um eine Biographie verlängern möchte.‘“ Trotz dieses löblichen Vorsatzes ist das damalige Schulmädchen dann doch berühmt geworden und hat auch die Liste um eine Biographie verlängert. Maria Montessori wurde am 31. August 1870, dem Jahr der Einigung Italiens, in Chiaravalle, Provinz Ancona, geboren. Ihr Vater, Alessandro Montessori, entstammte einer vornehmen Bologneser Familie. Er war der typische Konservative der alten Schule, Militär, der sich in seiner aktiven Zeit Verdienste vor dem Feind erworben hatte. Auch im Alter legte er seine würdevolle soldatische Haltung nicht ab und war für seine formvollendete Höflichkeit bekannt.

Die Mutter, Renilde Stoppani, war die Nichte des berühmten Priesterphilosophen und Wissenschaftlers Antonio Stoppani, dem die Universität Mailand nach seinem Tode ein Denkmal gesetzt hat. Renilde Montessori verband tiefe Frömmigkeit mit großem Liebreiz, und als Maria heranwuchs, entwikkelte sich zwischen ihr und der Mutter, der sie in Erscheinung und Temperament ähnelte, eine liebe- und verständnisvolle Verbundenheit, der alle Wechselfälle in Marias Leben nichts anhaben konnten, und die erst mit dem Tod der Mutter im Jahre 1912 endete.

Auch heute noch sehen manche Leute in der Montessori-Pädagogik weiter nichts als eine Erziehungslehre, die den Kindern alles erlaubt, was sie wollen. In Marias Elternhaus freilich erzog man nach ganz anderen Grundsätzen. Marias Mutter war sehr für Disziplin — aber das tat dem Glück des Kindes keinen Abtrag. Als man — Maria war noch klein — eines Tages von einer vierwöchigen Ferienreise heimkehrte, jammerte das Kind, es sei hungrig und wolle etwas zu essen haben. „Ein bißchen mußt du noch warten, Liebes“, sagte die Mutter; aber das Kind wollte nicht mehr warten und quälte weiter. Schließlich öffnete Renilde den Küchenschrank, fand ein vier Wochen altes Stück Brot, gab es dem Kind und sagte: „Also gut, wenn du nicht mehr warten kannst, dann iß das.“[1]

Jeden Tag mußte Maria eine Weile für die Armen stricken, was aber vermutlich gar nicht als besondere Heimsuchung von ihr empfunden wurde, denn sie ließ schon als Kind Interesse für Menschen erkennen, denen es schlechter ging als ihr selbst. In der Nachbarschaft wohnte ein buckliges Mädchen, und weil Maria Mitleid mit ihr hatte, freundete sie sich mit ihr an und holte sie so oft wie möglich zu Spaziergängen ab. Aber die gute Absicht zeitigte keine ebenso guten Früchte. Der Gegensatz zwischen den beiden Mädchen fiel so peinlich ins Auge, daß die Mutter Maria schließlich taktvoll nahelegte, die Spaziergänge sein zu lassen und dem armen Mädchen auf andere Weise zu helfen[1].

Noch eine weitere bedeutungsvolle Begebenheit aus Marias Kindheit ist überliefert. Eines Tages hatten die Eltern einen Wortwechsel. Da zog das Kind einen Stuhl herbei, schob ihn zwischen die beiden, kletterte hinauf und preßte die elterlichen Hände so fest zusammen, wie sie nur konnte. Frieden zu stiften — und allen Benachteiligten zu helfen — sollte ihr ganzes Leben lang ihr Hauptanliegen bleiben.

Ihre Kinderjahre verbrachte Maria in Ancona und besuchte die dortige staatliche Schule. Noch verriet das kleine Mädchen keinerlei wissenschaftlichen Ehrgeiz. Einmal weinte eine ihrer kleinen Mitschülerinnen, weil sie nicht versetzt worden war. „Ich konnte das gar nicht verstehen", berichtete Maria Montessori später, „denn ich fand eine Klasse genau so gut wie die andere, und das habe ich ihr auch gesagt."

Manchmal muß sie nicht nur ihren Lehrern, sondern auch ihren Mitschülerinnen ziemlich wunderlich und unverständlich vorgekommen sein. Beim Spielen — sie war gewöhnlich die Anführerin — konnte sie gelegentlich die verblüffendsten Sachen sagen. Einmal zum Beispiel rief sie, um ihrer Mißbilligung Ausdruck zu geben, einer Kameradin empört zu: „Du! Du bist ja noch nicht einmal geboren!" Ob sie damals wohl schon dunkel fühlte, was später zur klaren Erkenntnis werden sollte, daß nämlich die Entwicklung des Individuums eine Folge neuer Geburten auf immer höherer Ebene sei? Jedenfalls opponierten die Gefährtinnen und beklagten sich bei ihren Eltern über Marias „herabsetzende" Behauptung.

Maria selbst hatte schon als Kind ein starkes Gefühl für persönliche Würde. Eines Tages machte eine ihrer Lehrerinnen eine abschätzige Bemerkung über den Ausdruck von Marias Augen beim Zuhören. Als Protest hob das Kind in Gegenwart der betreffenden Lehrerin die Augen überhaupt nicht mehr. Dieser an und für sich belanglose Zwischenfall verdient deshalb Beachtung, weil Maria Montessori später in ihrem Erziehungssystem so großen Wert darauf legen sollte, daß gerade kleine Kinder mit einer an Ehrfurcht grenzenden Achtung behandelt würden. Bemerkenswert ist auch, daß sie es offenbar leichter fand, ihre persönliche Würde einem Erwachsenen gegenüber zu verteidigen als gegen eine Kameradin, was folgende Bemerkung zu einer Mitschülerin beweist: „Erinnere mich bitte daran, daß ich beschlossen habe, nie mehr mit dir zu sprechen."

Berufswahl: „Alles, nur nicht Lehrerin!"

Als Maria zwölf Jahre alt war, verzogen die Eltern Montessori nach Rom, um ihrem einzigen Kind eine bessere Schulbildung zu ermöglichen, als Ancona zu bieten imstande war. Aber selbst die überlegenen Bildungsmittel der Hauptstadt konnten der Lernbegierde des außergewöhnlich begabten Kindes, das schon ganz bestimmte Vorstellungen von seinem eigenen Bildungsgang hatte, nicht gerecht werden. Mit vierzehn begann Maria sich lebhaft für Mathematik zu interessieren, und dies Interesse verlor sich ihr ganzes Leben lang nicht. Die Eltern meinten, sie solle Lehrerin werden, praktisch damals der einzige Beruf, der den Frauen offenstand. Schon das bloße Ansinnen lehnte Maria rundweg ab. Alles, nur das nicht! Da sie mathematisch begabt und interessiert war, beschloß sie, Ingenieurin zu werden, was selbst heute — von Kriegszeiten abgesehen — für Frauen noch ziemlich ungewöhnlich ist und damals einfach unerhört war. Da die „erstklassigen Bildungsanstalten für höhere Töchter" auf solch ausgefallene Ansprüche nicht eingerichtet waren, besuchte sie die Kurse einer technischen Schule für Knaben. Nach einiger Zeit aber fühlte sie sich stärker zur Biologie hingezogen, und als auch diese „sensitive Phase"* abgeklungen war, ging ihr auf, daß sie eigentlich Medizin studieren wollte. Leider kam sie damit vom Regen in die Traufe. Ein junges Mädchen in einer Klinik! Alle guten Bürger Italiens schlugen in frommem Schauder die Hände über dem Kopf zusammen, was auf die recht entschlossene „junge Dame" freilich so gut wie keinen Eindruck machte. Sie brachte es fertig, vom Erziehungsminister Dr. Bacelli empfangen zu werden. Als der ihr jedoch definitiv mitteilte, ihr Plan sei aussichtslos, bedankte sie sich und sagte ruhig, aber bestimmt: „Ich weiß, daß ich Ärztin werde", verbeugte sich und ging.

Ihren dornenreichen Weg können wir nicht in allen Etappen verfolgen. Eines Tages jedenfalls war sie am Ziel, das heißt: als erste Studentin Italiens zur medizinischen Fakultät zugelassen. Und obendrein gewann sie dann noch ein Stipendium, genauer gesagt, im Laufe der Jahre eine Reihe von Stipendien. Zur Verbesserung ihres Einkommens gab sie Privatstunden und finanzierte praktisch ihr Studium weitgehend selbst, was im Hinblick auf ihre späteren Ansichten über die finanzielle Unabhängigkeit der Heranwachsenden nicht ohne Bedeutung ist.

* Vgl. siebtes Kapitel

Die Zulassung zur medizinischen Fakultät bedeutete aber für das kühne Mädchen keineswegs das Ende aller Schwierigkeiten. Die Studenten waren ob der unerwünschten Konkurrenz auf einem bis dahin ausschließlich den Männern vorbehaltenen Gebiet offenbar eifersüchtig und verfolgten sie monatelang mit kleinlichen Schikanen. Ohne Erfolg: die Studentin wich nicht. Ihr heiterer Gleichmut obsiegte und verwandelte schließlich die Verfolger, ganz gegen deren Willen, in Bewunderer. Typisch für ihre gutlaunige Überlegenheit ist die folgende Szene: eine Studentengruppe pflegte, wenn Maria auf den Gängen vorbeikam, verächtlich „Puh!“ zu rufen. „Blasen Sie, liebe Freunde“, gab sie dann gelassen zurück, „je kräftiger Sie blasen, desto höher kann ich steigen.“

Mag es die Charakterstärke der jungen Studentin gewesen sein — jedenfalls ging etwas von ihr aus, was selbst auf die leichtfertigen jungen Mediziner Eindruck machte. „Damals“, hörte ich Maria Montessori später einmal sagen, „hatte ich das Gefühl, ich könnte einfach alles.“ Und es sah auch tatsächlich so aus, als seien Schwierigkeiten für sie nur dazu da, überwunden zu werden.

In Rom hat der Verfasser einmal einen alten Professor kennengelernt, der zu Maria Montessoris Studienzeit an der medizinischen Fakultät Dozent war und eine Begebenheit zu erzählen wußte, die er in all den Jahren nicht vergessen hatte. An einem seiner Vorlesungstage tobte in Rom ein so gewaltiger Schneesturm, daß alle Hörer wegblieben, bis auf einen allerdings, und das war „die Hörerin“. Als sie sich nun allein im Hörsaal fand, schlug sie dem Dozenten bescheiden vor, die Vorlesung zu verschieben, wovon er aber nichts wissen wollte, denn solcher Eifer mußte seiner Meinung nach belohnt werden. Also hielt er seine Vorlesung wie immer — nur diesmal vor einer einköpfigen Hörerschaft.

Jedoch hatte Maria an der Universität noch größere Schwierigkeiten zu bestehen als die Feindseligkeit ihrer Kommilitonen. Selbstverständlich galt es damals als unschicklich, daß ein Mädchen in Gegenwart von Männern Leichen sezierte. Also mußte Maria ihre praktische Arbeit in der Anatomie allein verrichten, und das heißt, daß sie stundenlang mit den Leichen allein war, manchmal noch nach Einbruch der Dunkelheit. Es muß schon ein gut Teil Charakterstärke dazu gehört haben, in der makabren Umgebung nicht schwach zu werden. — Obendrein machte zu dieser Zeit noch Alessandro Montessori seiner Tochter das Leben schwer, denn selbstverständlich mißbilligte er ihre Berufswahl.

Daß unter der drückenden Last all dieser Schwierigkeiten der Mut der jungen Bahnbrecherin fast erlegen wäre, wird niemand wundern. Eines Tages war sie so verzweifelt, daß sie sich dem ungleichen Kampf nicht mehr gewachsen fühlte. Als sie an diesem Abend die Anatomie verließ, war sie entschlossen, die Waffen zu strecken und nach einem andern, weniger steinigen Pfad zu suchen.

Ihr Heimweg führte damals durch den um diese Stunde fast menschenleeren Pincio-Park. Während sie noch über ihren Entschluß nachgrübelte, kam sie an einer ärmlich gekleideten Frau mit einem kleinen, etwa zweijährigen Kinde vorüber. Die unordentliche, schmutzige Person, offenbar eine gewerbsmäßige Bettlerin, begann sogleich um Almosen zu flehen. Während die Mutter ihr Klagelied sang, saß das kleine Wesen völlig unbeteiligt am Boden und spielte mit einem bunten Papierfetzchen. Der Ausdruck glücklicher Selbstvergessenheit auf dem Gesichtchen des mit ganzer Seele seinem wertlosen Spielzeug hingegebenen Kindes erregte in der zuschauenden Studentin ein Gefühl, das kaum besser als mit dem Vers Matthew Arnolds beschrieben werden kann:

> Ein Riegel wurde in der Brust zurückgestoßen.
> und ein verlorenes Gefühl ward neu.

Ohne sich deuten zu können, was sie empfand, machte sie kehrt und ging geradenwegs in die Anatomie zurück. Von Stund an war ihr Widerwille gegen die unsympathische Stätte erloschen und erwachte niemals wieder. Als sie später einmal von diesem Vorfall erzählte, sagte sie: „Erklären kann ich es nicht. So ist es gewesen. Vermutlich kommt Ihnen die Geschichte ziemlich dumm vor, und wenn Sie sie jemand erzählten, würde er sie lächerlich finden."

In Wahrheit aber haben wir hier ein Beispiel für die Existenz jenes geheimen Kompasses in der Seele des Genies, der ausschlägt, wenn der Berufene sich der vorbestimmten Lebensaufgabe nähert oder nur einen Pfad betritt, der zu ihr hinführt. Auch bei Fröbel war es nicht anders, der gleich Maria Montessori der Welt gegeben wurde, Licht in die unausgeloteten Tiefen der Kinderseele zu werfen.

Indes hatte Maria Montessori zu dieser Zeit und noch auf Jahre hinaus keine Ahnung davon, daß ihre Berufung auf dem Felde der Pädagogik läge. Überschaut man ihre Entwicklung als Ganzes, dann läßt sich von ihr das Prinzip ablesen, auf das sie selbst später immer wieder hinweisen sollte: daß nämlich „das Leben seine Vorbereitungen indirekt trifft". Als sie zu dieser Zeit einmal erkrankte und ihre Freunde an ihrer Genesung zweifelten, sagte sie: „Macht euch nur keine Sorgen. Ich sterbe nicht, ich habe zu tun" („ho da fare").

Im Gegensatz zu Alessandro Montessori, der den von seiner Tochter eingeschlagenen Weg grundsätzlich mißbilligte, zweifelte Renilde niemals daran, daß Maria ihn erfolgreich zu Ende gehen werde. Mit ihrer unentwegten Freundschaft ermutigte sie die Tochter, und außerdem half sie ihr, wo sie nur konnte.

Glücklicherweise sollte auch die Entfremdung zwischen Vater und Tochter nicht ewig währen, sondern sich in einem dramatischen Finale lösen. Es war damals üblich, daß jeder neu Promovierte nach seinem ersten praktischen Jahr vor der Fakultät eine öffentliche Vorlesung halten mußte. War dies nun in jedem Fall eine Feuerprobe, so ganz besonders natürlich in diesem. Die Wogen der Vorurteile gingen ja immer noch hoch, und viele Zuhörer kamen nicht aus Interesse zur Vorlesung, sondern in der Hoffnung auf einen Skandal. „Wie eine Löwenbändigerin bin ich mir damals vorgekommen", erzählte Maria Montessori später einmal in Erinnerung an den ereignisreichen Tag.

Am Morgen der Vorlesung traf Alessandro Montessori in der Stadt einen Freund, der ihn überrascht fragte, ob er denn nicht zur Vorlesung ginge. „Zu welcher Vorlesung?" fragte der Vater, denn er hatte das berufliche Treiben seiner Tochter vollständig ignoriert. Er wurde also aufgeklärt und ließ sich halb widerwillig überreden, mitzugehen.

Die junge Doktorin behandelte ihr Thema ausgezeichnet, trug es brillant vor und faszinierte ihre Zuhörer mit ihrer Persönlichkeit, kurz: sie triumphierte wie Porzia, so daß aller Widerstand schmolz und man ihr große Ovationen bereitete. Im Nu fand sich Alessandro von Menschen umringt, die ihn stürmisch „zu einer solchen Tochter" beglückwünschten. Ganz offenbar war aus dem Entlein wirklich ein Schwan geworden. Nun war also Maria Montessori Italiens erster weiblicher Doktor der Medizin. 1896, im Jahre ihrer Promotion, wurde sie von den italienischen Frauen als Abgeordnete zum Frauen-Kongreß nach Berlin delegiert, wo sie mit solchem Feuer und solcher Überzeugungskraft für die Frauenarbeit eintrat, daß die Zeitungen mehrerer Länder ihr Bild brachten. Ein paar Jahre später griff sie auf dem Frauen-Kongreß in London die Arbeitsbedeutung der Kinder in den sizilianischen Minen an und unterstützte damit eine von Königin Viktoria begünstigte Bewegung gegen die Kinderarbeit. Auch in ihrer beruflichen Laufbahn machte sich von allem Anfang an der ihr Wesen kennzeichnende Zug bemerkbar: das kämpferische Interesse für die „Benachteiligten".

Noch zehn Jahre vergingen, ehe Maria Montessori ihre Lebensaufgabe entdeckte, und es waren Jahre unermüdlicher und wechselvoller Tätigkeit, die wir kurz umreißen müssen.

Bald nach ihrer Promotion war sie zur Assistenzärztin an der Psychiatrischen Klinik der Universität Rom ernannt worden, wo es zu ihren Pflichten gehörte, in den römischen Irrenanstalten nach brauchbaren „Objekten“ für die Klinik zu suchen. Dabei erwachte ihr Interesse für die schwachsinnigen Kinder, die man damals noch zu den Geisteskranken zählte. Auch hier wieder die Neigung zu den „Erniedrigten und Beleidigten“: der traurige Zustand der unglücklichen Kleinen rührte ihr warmes Herz, und es verlangte sie sehr, etwas für sie zu tun. Aber nicht nur ihr Herz beschäftigten die Kinder, sondern auch ihren Kopf. Sie beobachtete sie und ihre Umgebung mit dem Blick des Genies, wofür die nachfolgende Geschichte sehr aufschlußreich ist.

In einem der Irrenhäuser fiel ihr eine Gruppe schwachsinniger Kinder auf, die in einem kerkerartigen Raum wie Gefangene zusammengepfercht waren. Die Aufseherin gab sich keine Mühe, ihre Abneigung gegen die Kinder zu verbergen, und als die junge Ärztin sie fragte, warum sie die Kinder nicht leiden möge, antwortete die Frau: „Weil sie sich, kaum daß sie aufgegessen haben, auf den Boden stürzen und die Krümel aufklauben.“ Maria Montessori sah sich im Raum um: er enthielt nicht nur keinerlei Spielzeug, sondern überhaupt keinerlei Gegenstände, nichts, was die Kinder in die Hand nehmen, womit sie sich hätten beschäftigen können. Ob sie vielleicht gar nicht nach Nahrung, sondern nach etwas ganz anderem und Höherem hungerten? Sehr wahrscheinlich konnten die armen Geschöpfe ihre Intelligenz nur auf einem Wege nähren: durch ihre Hände, und instinktiv hatten sie diesen Weg auf die einzige ihnen mögliche Weise gesucht.

Je besser Maria Montessori die geistig zurückgebliebenen Kinder kennenlernte, je genauer sie sie beobachtete und über sie nachdachte, um so weiter entfernte sie sich von der damals gängigen Ansicht über ihren Zustand. Mehr und mehr vermutete sie in der geistigen Minderwertigkeit ein *pädagogisches* Problem, kein medizinisches, und bald war ihre Überzeugung nicht mehr umzustoßen, daß man mit einer pädagogischen Spezialbehandlung den Zustand der Kinder bessern könnte. Eines Tages erfuhr sie aus den Schriften der französischen Ärzte *Jean Itard* und *Edouard Séguin*, die beide ihre Lebensarbeit der Erziehung „Zurückgebliebener“ gewidmet haben, daß sie mit ihrer Theorie nicht allein stand.

„Diese unglücklichen Geschöpfe“, sagt sie, „mußten gleichsam erst erschaffen werden, um ihren Platz in einer zivilisierten Gesellschaft wieder einnehmen zu können. Ihnen zur Unabhängigkeit von der Hilfe anderer und zur Menschenwürde zu verhelfen, das war eine Aufgabe, die so an mein Herz appellierte, daß ich jahrelang nicht von ihr loskam."

Leiterin einer Schwachsinnigen-Schule

Im Jahre 1899 hielt sie auf einem pädagogischen Kongreß in Turin einen Vortrag über „Moralische Erziehung". Sie sprach dabei die Überzeugung aus, zurückgebliebene Kinder seien keine außergesellschaftlichen Wesen, sie hätten vielmehr genau dasselbe, wo nicht mehr, Anrecht auf Erziehung wie normale Kinder. Dieser damals für Italien völlig neue Gedanke erregte solches Aufsehen, daß der Erziehungsminister Dr. Guido Bacelli Maria Montessori aufforderte, in Rom eine Reihe von Vorlesungen über Schwachsinnigen-Erziehung zu halten. Das tat sie, und von dieser Vortragsreihe hat nicht nur eine neue wissenschaftliche Pädagogik in Italien ihren Ausgang genommen, sie führte auch zur Gründung einer staatlichen Schwachsinnigen-Schule, deren Leitung man Maria Montessori übertrug. Sie bekleidete das Amt von 1899 bis 1901.
In diese Schule kamen nun alle Kinder, die in den verschiedenen römischen Schulen als hoffnungslos zurückgeblieben galten, und später auch die Schwachsinnigen aus den Irrenanstalten. Während dieser Jahre unterwies Maria Montessori mit Hilfe einiger Kollegen eine Gruppe von Lehrern in einer „Spezialmethode zur Beobachtung und Erziehung schwachsinniger Kinder", ferner unternahm sie Reisen nach London und Paris, um alle bis dahin bekannten Behandlungsmethoden auf diesem Gebiet zu studieren. Und als sie zurück war, widmete sie sich selbst mit aller Hingabe dem Unterrichten der Kinder. Von morgens acht bis abends sieben beschäftigte sie sich mit ihnen, und dann saß sie noch bis tief in die Nacht hinein über ihren Notizen, Tabellen, Vergleichen, Analysen und der Vorbereitung neuen Unterrichtsmaterials. „Diese beiden praktischen Jahre", hat sie später einmal spaßhaft bemerkt, „waren tatsächlich meine erste und einzig echte Qualifikation in Pädagogik."

Eine Erkenntnis dämmert

Unter ihrer geschickten Anleitung entwickelten die Kinder, die ja bisher als „Idioten" gegolten hatten, ihre zurückgebliebene Mentalität, und zwar in einem verblüffenden Ausmaß: zahlreiche der schwachsinnigen Anstaltskinder lernten so gut lesen und schreiben, daß sie sich mit normalen Kindern zusammen einer öffentlichen Prüfung unterziehen konnten.

Beifallsstürme begrüßten diesen großen Erfolg — aber die, die ihn erzielt hatte, war schon einen Schritt weiter. „Während jedermann über meine Schwachsinnigen staunte, mußte ich über die Frage grübeln, was eigentlich die gesunden und glücklichen Kinder in den öffentlichen Schulen auf einem so niedrigen Niveau hielt, daß meine armen Kleinen mit ihnen konkurrieren konnten.“ Je eingehender sie sich mit diesem auffälligen Tatbestand beschäftigte, um so klarer glaubte sie die Ursache in den erzieherischen Grundsätzen zu erkennen. „Dies Gefühl von der Tiefe einer Intuition wurde zu meiner Hauptidee. Ich war ganz sicher, daß ähnliche Methoden, wie ich sie bei den Schwachsinnigen angewandt hatte, auch normaler Kinder Persönlichkeit entwickeln und auf das wunderbarste und überraschendste befreien würde.“

Vorbereitung auf eine unbekannte Aufgabe

Also lag ihr das Unterrichten normaler Kinder schon im Sinn, als sie 1901 das Amt an der römischen Schwachsinnigen-Schule aufgab. Es sollten aber weitere sechs Jahre vergehen, ehe sie ihre Ideen in die Tat umsetzen, ehe ihre „Intuition“ sich bewahrheiten konnte. Zunächst einmal fühlte sie die Notwendigkeit, selbst noch mehr zu lernen und das Problem noch genauer zu studieren. Obwohl sie selber schon seit Jahren Vorlesungen hielt, schrieb sie sich wieder als Studentin ein und hörte Philosophie und Psychologie. Sie hat später einmal einer jungen Lehrerin, die eine ihrer begabtesten und glühendsten Anhängerinnen werden sollte, geschrieben: „Daß man seine Truppen sammelt, wenn sie in alle Winde verstreut scheinen und man sein Ziel nur mehr dunkel wahrnimmt — das ist sehr wichtig und wird sich früher oder später lohnen.“[2] Von sich selbst in jener Zeit hat sie später gesagt: „Mir war beinah, als hielte ich mich für eine mir noch unbekannte Mission bereit.“
Nachträglich läßt sich von der ersten Phase dieser Laufbahn leicht ablesen, daß Maria Montessori sich mit allem, was sie damals unternahm, äußerst wirksam auf ihre große Entdeckung vorbereitet hat. Aber natürlich wäre es falsch, ihre Zukunft in ihre Vergangenheit hineinlesen zu wollen. Damals war ihr die Zukunft völlig verborgen, und sicher ist nur, daß sie sich zu einer Mission aufgerufen fühlte. Worin diese Mission aber bestand, davon hatte sie nicht die mindeste Ahnung. Immer nur den jeweils nächsten Schritt ihres Weges sah sie deutlich vor sich, das Ziel war verborgen und würde sich erst beim Näherkommen enthüllen. Sie wußte, wenn sie nur jetzt und hier das Ihre täte, würde „die Zukunft schon für sich selber sorgen“. Ihre wissenschaftliche Ausbildung und ein immenses Maß an praktischer Arbeit hatten die andere, tiefere „mystische“ Seite ihrer Persönlichkeit nicht überwuchern können. Die Kunst, das Leben zu meistern, bestand

für sie zunächst in der Anpassung an jene unerkennbaren, aber wohltätigen Kräfte, die sich des Einzellebens ebenso bedienen wie der Ereignisse. Deshalb fühlte sie auch nie den Drang, den Ereignissen Gewalt anzutun. Erfahrung hatte sie gelehrt, mit Hamlet an eine Gottheit zu glauben, „die unsere Zwecke formt, wie wir sie auch entwerfen". In einem Gespräch hörte ich sie einmal die Theorie verfechten, Lebenskunst heiße „den Ereignissen gehorchen" — was nur auf den ersten Blick nach fatalistischer Ergebung in ein „von außen" auferlegtes Schicksal aussieht. Was sie damit gemeint hat, läßt sich am klarsten von ihrer eigenen Laufbahn ablesen: ein Leben voller großmütig übernommener Pflichten und schwerer Arbeit führte schließlich zu unerwarteten Erfolgen auf der Linie ihres Genies. Ihr Leben gleicht einem Weg, der durch Engpässe führt, sich aber immer wieder zu herrlichen Ausblicken weitet. Aus einer Reihe von Erfahrungen bildete sich jeweils die nächste Stufe. In den großen Krisen ihrer Existenz blieb sie sich immer eines inneren Dranges bewußt, einer Kraft aus tieferen Regionen jenseits der Vernunft, als habe sie wie Sokrates einen Dämon in sich, der mehr wisse als sie selbst.

Zweite Studienzeit

Zunächst also bereitete sie sich unbewußt für den Augenblick vor, der ihr ihre Mission enthüllen sollte. Unter anderm beschäftigte sie sich in dieser zweiten Studienzeit gründlicher als zuvor mit den Büchern Itards und Séguins, die ihr großen Eindruck gemacht hatten. Itard lebte zur Zeit der Französischen Revolution und hat sich speziell mit Taubstummen befaßt. Er ist vor allem durch ein Buch bekannt geworden, in dem er die unsagbar mühevolle Aufzucht eines schwachsinnigen Jungen beschreibt, den jemand im Walde von Aveyron ausgesetzt hatte.

Séguin war ein Schüler Itards und hat später in Paris eine Schule für Schwachsinnige gegründet, in der er so glänzende Erfolge erzielte, daß er weltberühmt wurde und die höchste Auszeichnung der Academie Française erhielt. In einem Buch *Moralische Behandlung, Gesundheitspflege und Erziehung Schwachsinniger*[2a] hat er über seine Methode berichtet. Maria Montessori schätzte die Schriften der beiden Ärzte so hoch, daß sie sie von der ersten bis zur letzten Zeile ins Italienische übertrug und ihre Übersetzung mit eigener Hand ins reine schrieb, obwohl allein Séguins Werk sechshundert Seiten umfaßte. „Ich machte mir meine Bücher, wie die alten Benediktiner vor Erfindung der Buchdruckerkunst zu tun pflegten. Ich schrieb mit eigener Hand, damit ich Zeit hätte, den Sinn eines jeden Wortes abzuwägen und auch wirklich den Sinn des Verfassers herauszulesen."[3]

Séguin war in späteren Jahren nach Amerika ausgewandert, hatte dort mehrere Anstalten für Geistesschwache gegründet und zwanzig Jahre später einen zweiten Bericht über seine Methode veröffentlicht. Dies zweite Buch hieß *Der Schwachsinn und seine Behandlung nach der psychologischen Methode*[3a] und erschien 1866 in Amerika. Maria Montessori hatte davon gehört, aber jahrelang kein Exemplar in die Hand bekommen können. Sie schildert, wie sie bei einem Aufenthalt in London auf der Suche nach dem Buch tatsächlich von Haus zu Haus pilgerte „zu beinah allen englischen Ärzten, die dafür bekannt waren, sich besonders für zurückgebliebene Kinder zu interessieren oder Spezialschulen zu überwachen". Als sie gerade mit der Übersetzung und Abschrift des französischen Werkes von Séguin fertig war, traf mit der Post ein Exemplar des zweiten Buches ein, das unter den aus der Privatbibliothek eines New Yorker Arztes ausgesonderten Büchern gefunden worden war. Der aus dem Paket zum Vorschein kommende Band war so verstaubt und verdreckt, daß ihr Vater sagte, wenn es nicht desinfiziert würde, werde er sie das Buch nicht lesen lassen! Dieses spätere Buch Séguins handelt von der Philosophie der Erfahrungen, die er in seinem früheren Werk beschrieben hatte. Außerdem sprach er hier die Ansicht aus, daß seine auf einem Studium des Individuums basierende „physiologische Methode", da sie ihre erziehlichen Methoden nach der Analyse physiologischer und psychologischer Phänomene einrichte, sich auch auf normale Kinder anwenden lassen müsse. Und wenn das geschähe, würde es, so glaube er, „den Weg zu einer vollständigen menschlichen Wiedergeburt weisen".

Dozentin und praktische Ärztin

In diesen zehn Jahren nach ihrer Promotion hat Maria Montessori indessen ihre Interessen keineswegs auf schwachsinnige Kinder beschränkt. Eins ihrer Spezialgebiete war zum Beispiel das Studium nervöser Leiden bei Kindern, und von Zeit zu Zeit veröffentlichte sie die Ergebnisse ihrer Untersuchungen in Fachzeitschriften. Außerdem hatte sie in dieser Zeit den Lehrstuhl für Hygiene an der *Magistero Femminile* in Rom, einer der beiden damaligen italienischen Lehrerbildungsanstalten für Frauen — die andere war in Florenz — inne. Auch war sie einer der ständigen externen Examinatoren der pädagogischen Fakultät — der andere war *Luigi Pirandello*, der nachmals so berühmte Dramatiker. Viele ihrer damaligen Schülerinnen kamen später in bedeutende Stellungen an den italienischen Lehrerbildungsanstalten, und da war keine, die nicht von ihrem Feuer, von ihrer Begeisterung etwas mitgenommen hätte. 1904 wurde Maria Montessori Professor an der Universität Rom und hatte dort vier Jahre lang

den Lehrstuhl für Anthropologie inne. Ihre erste größere Publikation war ein dicker Band *Pädagogische Anthropologie.*
Anna Maccheroni berichtet sehr fesselnd über ihre Erinnerungen an Maria Montessori als Dozentin, die sie im Jahre 1906 in einem Kursus für Lehrer zum ersten Mal über diesen Gegenstand lesen hörte. „Der Hörsaal war voll junger Leute beider Geschlechter. Die Dozentin stand während ihres Vortrags und hielt die Augen mit durchdringendem Blick auf ihre Hörerschaft gerichtet. Später ist mir aufgegangen, daß sie es selbst bei einer ganz großen Hörerschaft fertigbrachte, sich eines jeden in einer Art von geistigem Kontakt gewissermaßen persönlich bewußt zu sein." „Ich empfand sie sofort als eine sehr gut aussehende Frau. Und was mir besonderen Eindruck machte: sie war nicht, wie so viele gelehrte Frauen der damaligen Zeit, in einem irgendwie männlichen Stil angezogen. Bei aller Einfachheit hatte ihre Kleidung eine elegante, weibliche Note." Bei jener Eröffnungsvorlesung sprach sie weniger über Anthropologie als über Schulen, und worin ihrer Meinung nach die Funktion der Schule zu bestehen habe. Dabei betonte sie zweierlei: es sei die Pflicht des Lehrers, mehr zu helfen als zu zensieren; und: geistige Arbeit wirke nicht erschöpfend, sie vermöge vielmehr den Geist zu nähren.
„Sie war in ihrer anmutigen und selbstverständlichen Art eine höchst anziehende Dozentin. Alles, was sie sagte, kam von innen und hatte Lebensnähe. Ich erinnere mich noch, daß einige der Studentinnen sagten, die Vorlesungen erweckten in ihnen den Wunsch, ‚gut zu sein'. Das erinnert mich an die Bemerkung eines Lehrers, der ein paar Jahre später einen ihrer Kurse mitmachte: ‚Wir verstehen nicht alles, was sie uns lehren möchte; aber es wirkt dennoch als geistiger Ansporn.'" Während sie an der römischen Universität las und an der Lehrerbildungsanstalt für Frauen unterrichtete, praktizierte sie außerdem an römischen Kliniken und Hospitälern und unterhielt obendrein noch vorübergehend eine eigene Privatpraxis.
Immer bedeuteten ihr ihre Patienten in den Krankenhäusern wie die privaten mehr als nur „Fälle". Sie widmete ihnen außer ihrem Wissen und Können persönliches Interesse, wofür die nachfolgende Anekdote, die eine damals in Rom lebende Dame dem Verfasser mitgeteilt hat, sehr aufschlußreich ist.
Eines Tages wurde sie zu zwei Säuglingen gerufen, Zwillingen, die dem Tode so nahe waren, daß ihr Vater gemeint hatte, man brauche keinen Arzt mehr zu bemühen, da die Kinder so gut wie tot seien. Die Eltern waren sehr arme Leute, die sich weder eine Hilfe im Haushalt noch eine Pflegerin leisten konnten. Als die junge Ärztin das Haus betrat, erfaßte sie mit einem Blick die ganze Situation. Sie zog ihren Mantel aus, zündete Feuer an, schickte die Mutter zu Bett, machte Wasser heiß, badete die

Babys, „indem sie sie auf besondere Art hielt“, bereitete ihnen ihre Nahrung und brachte sie im Laufe von Stunden ganz allmählich wieder ins Leben zurück — Magd, Pflegerin, Köchin und Ärztin in einer Person. Wenn später diese Mutter mit den beiden Kindern der Dottoressa in der Stadt begegnete, schob sie ihr die Kinder jeweils entgegen und sagte: „Geht und begrüßt die Dame, denn *sie* ist eure wahre Mutter, nicht ich; sie hat euch das Leben gegeben.“ Ein schönes und wohlverdientes Kompliment. Wenn *sie* alle ihre Patienten nach dieser Methode behandelte, worauf auch Mitteilungen aus anderen Quellen schließen lassen, dann konnte sie zweifellos von Glück sagen, daß sie ihren Lebensunterhalt nicht mit ihrer Privatpraxis verdienen mußte, sondern andere Eisen im Feuer hatte. Aber sehr bald sollte sie sowohl die Privatpraxis wie die Dozenturen aufgeben, um, wie Kolumbus, zur Entdeckung einer neuen Welt jenseits unbekannter und wegloser Meere aufzubrechen.

Zweites Kapitel:

ENTDECKUNG

Ein neuer Kolumbus

Wäre Maria Montessori Anfang 1906 — sechsundreißigjährig — gestorben, ihr Name wäre wohl nie über den Kreis, in dem sie lebte, hinausgedrungen; zwei Jahre später war er weltberühmt. In der kurzen Zwischenzeit hatte Maria Montessori die Entdeckung gemacht, für die ihr ganzes bisheriges Leben gleichsam nur Vorbereitung gewesen war. Der Vergleich mit Kolumbus übertreibt nicht; auch sie hatte eine neue Welt entdeckt — eine innere, aber darum nicht weniger reale Welt in der Seele des Kindes. Und diese Entdeckung — nicht ihre Erziehungsmethode — macht ihren Ruhm aus.

Die Methode war auch nach ihrer eigenen Ansicht nur die Folgerung aus ihrer Entdeckung. „Es wäre ein großer Irrtum, anzunehmen, die bloße Beobachtung von Kindern hätte uns zu der kühnen Idee geführt, im Kinde eine verborgene Natur zu vermuten, und aus dieser Intuition sei dann der Gedanke einer neuen Schule und Erziehungsmethode[4] hervorgewachsen. Es ist unmöglich, etwas zu beobachten, von dem man nicht weiß, und unmöglich konnte jemand aus einer vagen Ahnung heraus auf den Gedanken kommen, das Kind habe zwei Naturen, und sagen: ‚Jetzt will ich versuchen, das experimentell zu beweisen!' Das Neue muß sozusagen kraft seiner eigenen Energie zum Vorschein kommen, den Geist überraschen, wie durch Zufall hervorgerufen sein."

Was aber war das Neue, das da „kraft seiner eigenen Energie" zum Vorschein kam? Und durch welchen „Zufall" kam es ans Licht?

Vorspiel

In Rom gab es damals das Elendsviertel San Lorenzo, in dem die Ärmsten der Armen wohnten. Maria Montessori hat es mit all seinem Schmutz, seinem Elend, seiner Übervölkerung, der seelischen und moralischen Verkommenheit seiner Bewohner in ihrem Buch *Selbsttätige Erziehung im frühen Kindesalter*[5] geschildert. Eine Baugesellschaft, die *Römische Gesellschaft für zweckmäßiges Bauwesen*, ein wohlgegründeter, von den größten Banken Italiens gestützter Konzern, erbaute im Herzen von San Lorenzo zwei große aneinandergrenzende Wohnblocks, in denen über tausend Arme des Distriktes familienweise untergebracht wurden, denen man aufer-

legt hatte, sich an gewisse Regeln des Anstandes und der Sauberkeit zu halten.
Sehr bald aber erhob sich ein neues Problem. Die meisten Eltern waren den Tag über auf Arbeit und die älteren Kinder in der Schule. Die kleineren, sich selbst überlassen, spielten auf Treppen und Gängen, verschmutzten die Wände und führten sich auf „wie kleine Vandalen".
Nach einigem Hin und Her kam die Leitung des Unternehmens zu dem Schluß, es würde wohl auf die Dauer billiger kommen, den ganzen Kinderhaufen in einem Raum zu versammeln und jemand für ihre Beaufsichtigung zu bezahlen, als ständig die Treppenhäuser neu tünchen und die von den Kindern angerichteten Schäden reparieren zu lassen. Also wurde ein Raum ausgesucht. Wen aber sollte man mit der Sorge um die Kinder betrauen? Einer der Verantwortlichen erinnerte sich eines Zeitungsartikels von Maria Montessori und meinte, sie werde wohl die geeignete Person sein, eine solche Sache in die Hand zu nehmen. Man fragte sie, und sie sagte bereitwillig zu. Endlich erfüllte sich ihr so lange gehegter Wunsch, mit normalen Kindern arbeiten zu können, und so übernahm sie die Verantwortung für die „kleinen Vandalen".
Nun mußte der zur Verfügung gestellte Raum passend eingerichtet werden. Da die Unkosten von einer Baugesellschaft getragen und somit als Teil der allgemeinen Ausgaben für die Erhaltung des Gebäudekomplexes geführt werden mußten, konnte kein Mobiliar für einen Schulraum, sondern allenfalls eine Art Büroeinrichtung bewilligt werden. Das aber sollte sich als glücklicher Umstand erweisen, denn so konnte Maria Montessori statt der damals üblichen Schulbänke kleine Tische mit dazu passenden Stühlchen und außerdem nach wissenschaftlichen Grundsätzen erdachtes und erprobtes Material anfertigen lassen, das dem für die Schwachsinnigen ähnelte und das auch nicht „nach den in der Schule üblichen Lehrmitteln aussah".

Dramatis personae

Keine vielversprechende Bühnenausstattung für das Drama, das hier alsbald gespielt werden sollte, und auch keine besonders verheißungsvollen Darsteller! Maria Montessori hat sie selbst geschildert: „Es waren weinende, angsterfüllte Kinder, so verschüchtert, daß sie nicht zum Sprechen zu bringen waren; ihre Gesichter waren ausdruckslos, ihre Augen leer, so als hätten sie noch nie im Leben etwas gesehen. Es waren in der Tat arme, sich selbst überlassene Kinder, aufgewachsen in elenden, finsteren Häusern, ohne jede seelische Anregung, ohne Fürsorge. Schon für den Laienblick waren sie unterernährt; man mußte nicht Arzt sein, um zu erkennen, daß sie

dringend der Nahrung, der Sonne und frischen Luft bedurften. Geschlossene Knospen waren sie alle, doch ohne deren Frische — Seelen, die sich in einer engen Umhüllung verborgen hielten."
Natürlich konnte sich Maria Montessori neben ihren zahlreichen Verpflichtungen nicht ständig selbst mit den Kindern befassen, und so mußte man jemand hierfür anstellen. Da aber das Beaufsichtigen von sechzig Kindern zwischen drei und sechs Jahren keine besonders aussichtsreiche Stellung zu nennen war, übertrug man die Aufgabe zunächst der Tochter des Hausmeisters und später einer Näherin, die zwar etwas gebildeter als ihre Vorgängerin, aber ebenfalls ohne pädagogische Schulung war. „Auch darin war des Himmels Vorsicht wach", heißt es im „Hamlet", denn aller Wahrscheinlichkeit nach hätte eine wirkliche Lehrerin sich nicht von den üblichen Methoden losmachen können und es darum wohl kaum über sich gebracht, Maria Montessoris Anweisungen zu befolgen. Die Dottoressa bildete diese Mädchen nicht aus, sie gab auch keine pädagogische Anweisungen, sondern unterwies sie lediglich im Gebrauch des Unterrichtsmaterials, damit sie es den Kindern richtig darbieten konnten.

Auftakt

Die neue *Casa dei bambini*, das neue Kinderhaus, sollte feierlich eröffnet werden und Maria Montessori die Begrüßungsansprache halten. An diesem 6. Januar 1906 sagte ihr eine unerklärliche Ahnung, daß hier aus bescheidenen Anfängen „ein großartiges Werk im Entstehen war. Die Worte der Liturgie, die an jenem Dreikönigstage in der Kirche gelesen wurden, schienen mir von prophetischer Vorbedeutung. ‚Finsternis liegt über der Erde . . . aber der Herr wird über dir aufgehen . . . und Völker werden in deinem Lichte wandeln, und Könige in der Klarheit deines Aufgangs . . . Blicke auf und sieh um dich. Diese alle sind zu dir gekommen . . . An dich wendet sich die Menge von jenseits des Meeres.'"
Die Gäste, die sie die Worte der Schrift lesen hörten und ihrer Rede lauschten, fragten sich einigermaßen verwundert, ja verblüfft, was wohl Dr. Montessori an einem Raum voll armer Kinder so Wunderbares finden mochte. Aber die Tatsachen sollten Maria Montessoris Ahnung recht geben. Ehe ein Jahr vergangen war, kamen tatsächlich Könige, kam die „Menge von jenseits des Meeres", um mit Erstaunen und Ehrfurcht dem Neuen oder neu Entdeckten zu begegnen.

Der Vorhang hebt sich — Wirklichkeit oder Märchen?

Was sich in Pestalozzis Schule in Iferten zutrug, oder in Fröbels Anstalten, oder bei Tolstojs Bauernkindern — alle diese pädagogischen Urerlebnisse kommen dem, was Maria Montessori in San Lorenzo sehen sollte, nicht gleich. Sie hat es selbst in *Kinder sind anders* beschrieben, und es liest sich wie ein Märchen.

„Ich begann meine Arbeit wie ein Bauer, der brauchbares Saatgut besitzt und einen fruchtbaren Acker, auf dem er nun nach Belieben säen kann. Aber so war es nicht: sobald ich an die Schollen jenes Ackers rührte, fand ich Gold statt Korn: diese Schollen verbargen einen kostbaren Schatz. Es zeigte sich, daß ich gar nicht der Bauer war, der ich zu sein vermeint hatte: ich war Aladin und hielt, ohne es zu wissen, die Wunderlampe in Händen, die mir Zugang zu verborgenen Schätzen erschloß."

Und worin bestanden die verborgenen Schätze, auf die sie so unerwartet gestoßen war? In nichts anderem als den normalen, ursprünglichen Eigenschaften der Kindheit, die unter einer Maske von „Abwegigkeiten" verborgen gewesen waren. Maria Montessori hatte entdeckt, daß Kinder andere und höhere Eigenschaften besitzen, als wir ihnen gewöhnlich zuschreiben. Es war, als sei eine neue, eine höhere Persönlichkeitsform befreit worden, als sei ein neues Kind ins Leben getreten.

Bei der Arbeit mit zurückgebliebenen Kindern hatte das von Maria Montessori entwickelte Material sich zwar als ein Mittel erwiesen, das Interesse der Kinder zu wecken, aber man hatte ständig alle Energie aufwenden müssen, sie bei der Arbeit zu halten. Ganz anders reagierten die gesunden Kinder. Um bei Maria Montessoris Gleichnis zu bleiben: das Material erwies sich als die „Wunderlampe", die den erstaunten Augen der Zuschauerin verborgene Schätze enthüllte. Denn die Kinder nahmen das Material und arbeiteten *spontan* damit.

Erstaunliche Konzentration

Eines Tages sah Maria Montessori einem kleinen dreijährigen Mädchen zu, das Holzzylinder von abgestufter Größe in die entsprechenden Öffnungen eines Holzblocks steckte, herausnahm und wieder einfügte. Sie wunderte sich, daß ein so kleines Kind mit solchem Interesse bei der Sache war, denn die Kleine machte den Eindruck, als habe ihre tiefe Konzentration sie ihre Umgebung völlig vergessen lassen. Um den Grad dieser Konzentration zu prüfen, gab Maria Montessori der Lehrerin ein Zeichen: die andern Kinder sollten um sie herumgehen und laut singen. Die Kleine nahm die Störung nicht einmal wahr, sie arbeitete weiter und wiederholte ihre Übung ein ums

andere Mal. Vorsichtig ergriff Maria Montessori das Sesselchen, auf dem die Kleine saß, und stellte es mitsamt dem Kind auf einen Tisch. Das Kind hatte nur rasch seine kostbaren Zylinder an sich gerafft und war sogleich, als sei nichts geschehen, mit seiner Übung fortgefahren. Gewohnt, Phänomene wissenschaftlich genau zu beobachten, begann Maria Montessori, die Übung des Kindes zu zählen: die Kleine wiederholte sie vierundvierzigmal, „und als sie endlich aufhörte, tat sie das ganz unabhängig von den Ablenkungen um sie her, die sie hätten stören können, und blickte glücklich umher, als ob sie von erquickendem Schlaf erwacht wäre“[6]. Und, sonderbar genug, sie schien nach der langen Konzentration tatsächlich eher erfrischt als ermüdet.
Diese Entdeckung zeigt im Keim, was später zu einer Grundeinsicht innerhalb der Pädagogik Maria Montessoris werden sollte, daß nämlich *das spontane Interesse des Kindes die wichtigste Triebfeder seiner Arbeit ist.*

Wiederholung der Übungen

In dem Wirksamwerden einer solchen Konzentration bei einem so kleinen Kinde sah Maria Montessori ein neues Phänomen — „einen ersten Spalt, der sich aus den unerforschten Tiefen der Kinderseele auftat“. Eine weitere interessante Entdeckung folgte, ein neuer Wesenszug der kindlichen Mentalität enthüllte sich — die Neigung, ein und dieselbe Übung viele Male zu wiederholen. Mit der Zeit erkannte Maria Montessori in dieser Neigung ein tiefes seelisches Bedürfnis des Kindes und ein Charakteristikum der kindlichen Art zu arbeiten. So ist es zu einem der wichtigsten Züge der Methode gekommen, dem Kinde für seine Wiederholungen unbegrenzte Freiheit zu lassen.

Liebe zur Ordnung

Da Ordnungsliebe im allgemeinen nicht gerade als charakteristische Eigenschaft kleiner Kinder gilt, erlebte Maria Montessori eine neue Überraschung, und auch diese neu enthüllte Eigenschaft kam durch einen Zufall ans Licht. Das Material, mit dem die Kinder arbeiteten, wurde in einem großen Schrank unter Verschluß gehalten. Im Gegensatz zu den heutigen Gepflogenheiten in einer Montessori-Klasse verteilte anfangs die Lehrerin selbst das Material, sammelte es auch wieder ein und schloß es in den Schrank. Nun beobachtete die Lehrerin, daß die Kinder, sooft sie ihnen das auch verboten hatte, sich um den Schrank versammelten, wenn sie die Sachen einräumte, und sie fand die Kinder ungehorsam. Maria Montessori aber erkannte mit dem Blick des Genies, das auch die kleinsten Zeichen zu deuten weiß, daß in Wahrheit die Kinder das Material gern selbst an seinen Platz zurückgebracht hätten, und sie ließ sie gewähren. Das führte zu einer Art von neuem Leben. Die Kinder rissen sich darum, die Sachen wegzuräumen und überhaupt ihre Umgebung in Ordnung zu halten. Da größere Kinder ja keineswegs von dieser Ordnungsliebe besessen sind, sah die Dottoressa später in ihrem Vorhandensein bei kleinen Kindern einen Beweis für ein allgemeingültiges Gesetz, „das Gesetz der sensitiven Perioden in der Entwicklung“[7]. Dies war die sensitive Periode für Ordnung, die vom zwölften Monat bis zu dreieinhalb Jahren dauert. Bald erfaßte Maria Montessori ihre praktische Bedeutung: wäre diese Ordnungsliebe nicht eine dem frühen Alter natürliche Eigenschaft, dann könnte man sie einem ganzen Raum voll kleiner Kinder nicht aufzwingen, dann könnte man ferner einer Gruppe von vierzig kleinen Kindern die Wahl ihrer Beschäftigung nicht freistellen noch sie sich frei bewegen lassen, ohne ein Chaos heraufzubeschwören.

Die freie Wahl

Eines Morgens hatte die Lehrerin sich verspätet, außerdem hatte sie am Abend zuvor den Schrank abzuschließen vergessen. Wiederum bot das Leben eine jener Gelegenheiten, wo, nach Hamlet, „Unbesonnenheit uns manchmal dient, wenn tiefe Plane scheitern“. Als sie ankam, hatten die Kinder den Schrank bereits geöffnet, einige standen noch davor und schauten nachdenklich hinein, andere saßen schon an ihren Plätzen und waren eifrig bei der Arbeit. Die Lehrerin fand, die Kinder hätten „gestohlen“ und man müsse sie bestrafen, aber die Dottoressa sah wiederum tiefer: gerade weil die Kinder das Material schon kannten, vermochten sie gewissen Gegenstände andern vorzuziehen, und nichts anderes hatten sie getan. Dieser Vorfall führte zur „freien Wahl der Tätigkeit“, einem ausschlaggebenden Faktor in der Montessori-Pädagogik, und auch hier wieder hat die Entdeckung die Methode nach sich gezogen. Bald danach ersetzte Maria Montessori den großen Schrank durch mehrere kleine, hübsch gestrichene Schränkchen, die sie rings an den Zimmerwänden aufstellen ließ, und in denen das Material so angeordnet wurde, daß die Kinder es sehen, auswählen, herausnehmen und zurücklegen konnten, ohne auf die Hilfe eines Erwachsenen angewiesen zu sein, was die Kleinen ihrer Unabhängigkeit einen großen Schritt näher brachte.

Lieber „arbeiten" als spielen!

Für gewöhnlich sehen wir im *Spiel* den spontanen Ausdruck der kindlichen Persönlichkeit, in der *Arbeit* aber eine Pflicht, zu der man die Kinder nötigen muß. Jedoch sollte folgende Begebenheit Maria Montessori eines anderen belehren.

Einige von Maria Montessoris reichen Freundinnen, Damen der römischen Gesellschaft, die sich für der Dottoressa Arbeit mit den armen Kindern interessierten, hatten ihr eine Menge teurer Spielsachen geschenkt, darunter kostbar gekleidete Puppen, ein Puppenhaus, eine Puppenküche und Puppengeschirr. Das alles wurde im Raum der Kinder aufgestellt, so daß es ihnen ebenso leicht erreichbar war wie das Arbeitsmaterial.

Aber die Kinder griffen nicht nach den Spielsachen. Maria Montessori war darüber so erstaunt, daß sie eingriff und zeigte, wie man damit spielen könne. Eine Weile zeigten die Kinder Interesse, dann aber wandten sie sich ab. „Niemals wählten sie sich die Sachen spontan als Spielzeug." So gelangte sie zu einer ihrer entscheidenden Entdeckungen — daß nämlich Kinder lieber „arbeiten" als „spielen"[8], was die wenigsten Menschen wissen und was jedermann zunächst unglaubwürdig findet.

Belohnungen ebenso überflüssig wie Strafen

Die Lehrerin oder vielmehr das Mädchen, das die Kinder beaufsichtigte und das ja keine ausgebildete Erzieherin war, hatte ein System von Belohnungen und Strafen erfunden. Eines Tages kam Maria Montessori herein und sah einen Jungen mit einem prächtigen Orden auf der Brust in einem der kleinen Sessel sitzen. Wie sich zeigte, saß er zur Strafe da. Den Orden hatte kurz zuvor die Lehrerin einem andern Jungen für gutes Betragen verliehen, der aber hatte ihn abgenommen und dem kleinen Missetäter umgehängt. Offensichtlich hatte der erste Besitzer nicht viel von seiner Dekoration gehalten, die ihm möglicherweise bei seiner Betätigung hinderlich gewesen war. Der „Verbrecher" seinerseits sah zufrieden um sich und schien sich seiner Strafe keineswegs zu schämen. Dieser Sachverhalt kam Maria Montessori abnorm vor. Die Lehrerin wiederholte dieselbe Sache noch viele Male, und als die zuerst gemachte Erfahrung, daß die Kinder gegen Belohnungen ebenso gleichgültig blieben wie gegen Strafen, sich voll bestätigt hatte, ließ sie das System fallen. In späteren Montessori-Schulen machte man dieselbe Erfahrung: die Kinder wurden von selbst gut und ordentlich, wenn sie selbständig arbeiten gelernt hatten. Fast immer erwies sich Ungezogenheit als Folge irgendwelcher „Abwegigkeit", also als Manifestation einer in Unordnung geratenen Persönlichkeit, und schien darauf zu beru-

hen, daß die konstruktiven Energien im Innern des Kindes nicht in den richtigen Kanälen strömen konnten. Diesen Grundsachverhalt vermochten Strafen nicht zu ändern. Wenn sich die persönlichkeitsbildenden Kräfte des Kindes durch spontan gewählte Arbeit neu ordneten, neu orientierten, dann verschwanden die Abwegigkeiten von selbst.
Vor Jahren verbrachte der Verfasser einmal einen Vormittag in einer Londoner Montessori-Schule mit über dreihundert Schülern. Der einzige Name im Strafregister war der des Inspektors, der es zu prüfen und abzuzeichnen hatte. So etwas ist kein Einzelfall. Ich verschickte einmal an eine Reihe seit langem bestehender Montessori-Schulen einen Fragebogen, der unter anderem die Frage enthielt: „Welchen Gebrauch machen Sie von Strafen?" Eine Leiterin schrieb: „Für kleine Kinder bedeutet es die größte Belohnung, wenn sie etwas Neues lernen dürfen, also sich auf eine neue Stufe der Betätigung erheben können. Darum ist es für ein kleines Kind eine Strafe, wenn es das Material nicht benutzen darf, sondern untätig stillsitzen muß." Eine andere Lehrerin mit zwanzigjähriger Montessori-Praxis schrieb: „Wenn eine Ermahnung nicht genügt, wird das störende Kind von den andern getrennt und muß sich neben die Lehrerin setzen. Bald langweilt es sich und bittet, auf seinen Platz gehen zu dürfen. Diese Strafe erweist sich als völlig ausreichend" (vgl. zehntes Kapitel).

Sie lieben die Stille

Kann man sich Kinder, vor allem, wenn sie in Gruppen beisammen sind, anders als lärmend vorstellen? Wir oft hört man Mütter sagen: „Still sind sie nur, wenn sie schlafen." Deshalb war es für Maria Montessori eine echte Entdeckung, daß Kinder im Innersten die Stille lieben. In *Kinder sind anders* berichtet sie im 23. Kapitel, wie sie eines Tages mit Hilfe eines vier Monate alten Babys zu dieser Erkenntnis kam. Auf die bekannte „Leiseübung", die sie aus dieser Erfahrung abgeleitet hat und die gerade für kleine Kinder einen besonderen Reiz besitzt, kommen wir später noch zu sprechen.

Sie wollen keine Süßigkeiten

Eines Tages wollte nach der „Leise-Übung", die ja viel Geduld und Selbstbeherrschung erfordert, die Dottoressa jedes Kind mit einer Süßigkeit belohnen. Zu ihrem Erstaunen wollten die Kinder sie nicht haben. Das kam ihr so unerwartet, und das fand sie so ungewöhnlich, daß sie es noch verschiedene Male ausprobierte. „Denn man weiß ja, wie gierig Kinder auf Süßigkeiten sind." Aber weitere Experimente bestätigten lediglich die erste

Erfahrung. Die Kinder ließen die Süßigkeiten manchmal wochenlang liegen. Was ging in ihnen vor? „Handelte es sich um ein Gefühl, wie es Mönche erleben, die das Wohlleben und alle äußeren Annehmlichkeiten fliehen, die für das wahre Leben überflüssig sind, und die die Stufenleiter des geistigen Lebens beschritten haben?“ fragte sich Maria Montessori. Daß das Sichtbarwerden geistiger Interessen beim Kleinkind ähnlich wie in den Ekstasen der Heiligen zu einer Art „Unterbindung“ der niederen Eigenschaften führen könnte, schien so unglaubhaft, daß sehr häufig Menschen eigens kamen, um sich davon zu überzeugen.
Eines Tages besuchte ein Kardinal das Kinderhaus in San Lorenzo. Da unter der Scharlachrobe seines hohen Amtes ein einfaches und gütiges Herz schlug, hatte der alte Herr eine Tüte Keks mitgebracht. Zufällig hatten die Kekse geometrische Formen wie die hölzernen Einsätze, mit denen die Kinder schon gearbeitet hatten. Der Besucher war also recht erstaunt, als die Kinder die Kekse, statt sie zu essen, eifrig betrachteten und dann begeistert ausriefen: „Das ist ein Dreieck“ „Meins ist ein Kreis!“ „Cosmo hat ein Rechteck!“ und so fort.

Sie besitzen Sinn für persönliche Würde

Was ich jetzt berichten möchte, ist ebenso amüsant wie rührend. Eines Tages kam es Maria Montessori in den Sinn, den Kindern von San Lorenzo eine für die damalige Zeit recht ungewöhnliche Unterrichtsstunde zu geben: nämlich wie man sich die Nase putzt. Zuerst erklärte sie ihnen, wie man es nicht machen sollte, und führte dann vor, wie man den ganzen Vorgang so manierlich, so leise und unauffällig wie möglich bewerkstelligen könne. Die Kinder folgten der Vorführung mit schweigendem Interesse, und als sie zu Ende war, brachen sie alle zusammen in einen echten und herzlichen Beifallssturm aus, „der an ein begeistertes Theaterpublikum denken ließ“. Über den plötzlichen Gefühlsausbruch war die Dottoressa zunächst höchst erstaunt, bis ihr seine wahre Bedeutung dämmerte. Ganz offenbar hatte sie mit ihrer Vorführung einen empfindlichen Punkt im Leben der Kleinen berührt. Beständig werden Kinder ja wegen ihrer schmutzigen Nase gerügt, beständig macht jemand abschätzige Bemerkungen wie: „Putz doch deine Nase, Kind!“, oder „Wo ist denn wieder dein Taschentuch, schmutziger Bengel!“ und so weiter und so weiter. Nie aber zeigt ihnen jemand ruhig und freundlich, wie man es macht, ohne sie zugleich anzufahren und zu kränken*.

* Die kleine Szene ist ein gutes Beispiel für Maria Montessoris Maxime „Lehre durch Lehren, nicht durch Tadeln“, zugleich auch das Musterbeispiel einer „Lektion in Anmut und Höflichkeit“ (vgl. zwölftes Kapitel).

Diese erste und zahlreiche spätere Erfahrungen verhalfen Maria Montessori zu der Überzeugung, daß schon das ganz kleine Kind einen tiefen Sinn für persönliche Würde hat — und daß, wenn dieser Sinn mißachtet wird, „sein Gemüt in einem Maße verletzt werden kann, wie der Erwachsene sich dies nie vorzustellen vermöchte". Diese Rücksichtnahme auf die persönliche Würde selbst der kleinsten Kinder wurde später zu einem der wichtigsten Punkte bei der Heranbildung von Lehrern.

Sie können spontan schreiben

So reich jene wunderbaren Monate, „da wir wie in einem Märchen lebten", auch an Überraschungen gewesen waren, die größte stand noch bevor — als nämlich bei einer Anzahl von Kindern zwischen vier und fünf Jahren die geschriebene Sprache „in einer Art Explosion hervorbrach". Der Gedanke, so kleine Kinder lesen und schreiben zu lehren, war Maria Montessori zu Beginn ihrer Arbeit gar nicht gekommen. Sie teilte, wie sie selbst sagt, das allgemeine Vorurteil, daß man mit dem Schreiben so spät wie möglich, ganz sicher aber nicht vor dem sechsten Jahr beginnen solle. Als dann einige Kinder gern lesen und schreiben lernen wollten, willigte sie erst ein, als die Eltern das Ansinnen unterstützten.

Sie wählte eine ähnliche Methode wie ehedem bei den schwachsinnigen Kindern. Mit ihren Helfern fertigte sie zwei Alphabete in Schreibschrift an. Die Buchstaben des einen wurden aus Karton geschnitten, die des andern aus Sandpapier, und die Sandpapierlettern wurden einzeln auf kleine hölzerne Brettchen geklebt. Man nannte den Kindern nicht den Namen der Buchstaben, sondern nur den Laut, den sie vertraten. Außerdem ließ man sie die Sandpapierbuchstaben mit den „Schreibfingern", also mit Zeige- und Mittelfinger der rechten Hand, nachziehen. Das war alles. Schreiben lehrte man sie nicht.

Eines Tages beobachtete Maria Montessori einen kleinen Burschen von fünf Jahren, der herumging und vor sich hin sprach: „Für Sofia braucht man S, O, F, I, A." Er hatte also herausgefunden, daß man gesprochene Wörter in ihre Laute zerlegen kann, und daß er diese Laute schon kannte. Dann begann er mit einem andern Jungen zusammen auf einem Teppich am Boden aus den beweglichen Buchstaben Wörter zusammenzusetzen. Aber damit schrieben sie ja noch nicht.

Was sich dann zutrug, war so unerhört und so unerwartet, daß wir am besten Maria Montessori selbst erzählen lassen.

„An einem Dezembertag, als die Sonne schien und die Luft nach Frühling schmeckte, ging ich mit den Kindern aufs Dach. Sie spielten frei herum, und eine Gruppe versammelte sich um mich. Ich saß nahe bei einem Kamin

und sagte zu einem fünfjährigen Jungen, der mir am nächsten saß: ‚Mach mir ein Bild von diesem Kamin!' und gab ihm ein Stück Kreide. Gehorsam setzte er sich auf den Boden und zeichnete auf das Ziegelpflaster des Dachgartens eine rohe Skizze des Schornsteins. Wie ich das immer bei kleineren Kindern tue, lobte ich sein Werk. Das Kind sah mich an, lächelte, verhielt einen Augenblick wie vor einem ungeheuren Freudenausbruch und rief dann: ‚Ich kann schreiben, ich kann schreiben!', kniete wieder auf den Boden und schrieb das Wort *mano* (Hand) auf das Pflaster. Und dann, hingerissen vor Begeisterung, schrieb er *cammino, tetto* (Kamin, Dach), und während er schrieb, rief er immer wieder: ‚Ich kann schreiben, ich weiß, wie man schreibt!' Seine Freudenschreie lockten die andern Kinder herbei, die sich im Kreis um ihn scharten und in sprachlosem Erstaunen auf sein Werk hinunterschauten. Dann sagten zwei oder drei Kinder zitternd vor Erregung: ‚Gib mir auch Kreide, ich kann auch schreiben.' Und dann schrieben auch sie verschiedene Wörter. Noch nie vorher hatte eines von ihnen je Kreide oder irgend etwas anderes zum Schreiben benützt. Sie schrieben zum allerersten Mal und sie schrieben sofort ganze Wörter, wie ein Kind, das anfängt zu sprechen, ganze Wörter spricht. Da sie natürlich die Verbindung zwischen der Vorbereitung und der Ausführung nicht erfassen konnten, hatten sie die Vorstellung, sie könnten schreiben, weil sie jetzt groß genug dazu wären.
„Ihr erstes geschriebenes Wort versetzte die Kinder in einen Freudenrausch, und nach dem ersten Wort schrieben sie gewöhnlich in einer Art von Besessenheit, wo sie gingen und standen. Sie drängten sich vor der Wandtafel, manche zogen Stühle herbei, um über den Köpfen ihrer Gefährten auf den oberen Teil der Tafel schreiben zu können. Andere schrieben auf die Fensterläden, auf die Tür, auf den Boden; während der ersten Tage gingen wir auf einem Teppich von Schriftzeichen. Wie wir von den Eltern erfuhren, hörten sie auch daheim nicht auf, und manche Mütter schenkten ihren Kindern Papier und Bleistifte, weil sie sonst ihre Fußböden und sogar ihre Brotlaibe nicht vor den schreibenden Händen bewahren konnten."
Später lernte man den Ausbruch der Schreibfähigkeit in der Weise zu lenken, daß der Augenblick der „Explosion" nicht bei allen Kindern gleichzeitig eintrat. Aber in einer gut geleiteten Montessori-Schule erleben noch immer viele Kinder den Moment der Schreibfähigkeit als stürmischen Ausbruch. Er tritt ein, wenn gewisse innere Voraussetzungen geschaffen sind, die miteinander eine Synthese eingehen. Der Verfasser selbst hat einen kleinen Jungen erlebt, der am Tage *seiner* „Explosion" jeden Menschen seiner Umgebung begeistert anfiel: „Ich kann schreiben!", worauf er jeweils nachdrücklich fortfuhr: „Aber ganz von allein, keiner hat es mir gezeigt."

Sie entdecken das Lesen

Natürlich nimmt man an, daß die Kinder, nachdem sie nun schrieben, auch lesen konnten. Doch da erlebte Maria Montessori eine neue Überraschung: sie stellte fest, daß das Schreiben dem Lesen voranging. Erst sieben Monate später fingen sie an zu lesen. Sechs Monate lang hörten sie nicht auf zu schreiben. „Die unermüdliche Tätigkeit dieser Kinder ließ wirklich an einen Wasserfall denken. Alle ihre Energien waren auf das Schreiben gerichtet, nicht auf das Lesen."

Gegen Ende dieser Periode schrieb Maria Montessori eines Tages, ohne ein Wort zu sagen, eine Reihe kleiner Sätzchen an die Wandtafel. „Wenn du mich lieb hast, dann gib mir einen Kuß!" oder „Wenn du dies lesen kannst, dann komm her!" Das machte sie mehrere Tage lang, ohne daß etwas erfolgte. „Sie nahmen wohl an, daß ich bloß zu meinem eigenen Vergnügen an die Tafel schriebe, wie ja auch sie zu ihrem eigenen Vergnügen und zu ihrer eigenen Erbauung schrieben. Am vierten Tage aber kam ein winzig kleines Ding zu mir und sagte: ‚Da bin ich', und bald danach kam ein anderes und gab mir einen Kuß."

Nun war's heraus! Auf diese geheimnisvolle Weise kann also ein Mensch sich einem andern mitteilen — ohne ein einziges Wort zu sagen! Eine unerhörte Erfahrung. „Und nun folgten sie mit gespannter Aufmerksamkeit meiner Hand, die Satz um Satz niederschrieb — lauter kleine Aufträge, die sie, sobald sie sie erfaßt hatten, mit intensiver Freude ausführten. Wenn ich zu schreiben begann, zitterten sie vor Eifer, zu begreifen, was ich ihnen so wortlos mitteilte." So kam es zu den kleinen „Lese-Aufträgen", die jetzt überall in den Montessori-Schulen in Gebrauch sind.

Spontane Selbstdisziplin

Erinnert man sich, daß das erste Kinderhaus in Rom wegen der Verwahrlosung und Zuchtlosigkeit der Kinder eingerichtet worden war, dann überrascht die nächste Entdeckung Maria Montessoris ganz besonders. Nach einigen Wochen, als die Kinder sich an die neue Lebensweise gewöhnt hatten, ging eine unerwartete und erfreuliche Veränderung mit ihnen vor. Sie waren nicht mehr ungebärdig — eher das Gegenteil, sie wirkten, als ob sich in ihren Seelen eine neue Art von Gutsein entwickelt habe, das nach und nach ihr ungeordnetes Wesen von ihnen abfallen ließ, wie die sich öffnende Blüte die Schutzblätter der Knospe abwirft. Ganz spontan begannen sie ein ungewöhnliches Maß von Selbstdisziplin zu zeigen und zugleich geistige Heiterkeit und große Achtung vor dem Recht des anderen.

Die so gewandelten Kinder bewegten sich ruhig und gesittet in ihrer kleinen Welt, beschäftigten sich jedes mit seiner eigenen Aufgabe, ohne seine Gefährten zu stören, und wenn eins fertig war, räumte es das benützte Material wieder auf. Ihre körperlichen Bewegungen wurden harmonischer und sogar ihr Gesichtsausdruck entspannt und vergnügt. Sie machten den Eindruck unabhängiger Persönlichkeiten, die selbst wissen, was sie zu tun haben — und so war es ja auch. Zudem mißbrauchten sie die ihnen gewährte Freiheit nicht, eher schien diese Freiheit das Medium zu sein, in dem sie ihre neue Selbstzucht verwirklichen konnten.

Auch minderte die neu erworbene Unabhängigkeit ihren Sinn für Autorität nicht. Sie wurden, im Gegenteil, so gehorsam, daß das sie beaufsichtigende Mädchen eines Tages zu Maria Montessori sagte: „Die Kinder tun alles, was ich ihnen sage, so bereitwillig, daß ich bei jedem Wort, das ich ausspreche, ein Gefühl der Verantwortung habe."

In allen europäischen und außereuropäischen Montessori-Schulen wird dies Phänomen der spontanen Selbstdisziplin beobachtet. Lehrer, die noch nach der alten kollektiven Methode unterrichten, halten spontan eintretende Selbstdisziplin in einer Klasse von vierzig Kindern unter sechs Jahren so lange für unmöglich, bis sie sich in einer gut geführten Montessori-Schule durch Augenschein überzeugen, und selbst dann sind manche noch skeptisch. Ich kenne einen Mann, Dozent der Pädagogik, der einfach nicht glauben wollte, was er sah, und lieber das alte Märchen aufwärmte, die Kinder seien nur scheinbar frei, in Wahrheit würden sie hypnotisiert*.

Kosmische Disziplin

Als Maria Montessori die kindliche Fähigkeit zu spontaner Selbstdisziplin zum ersten Mal wahrnahm, erweckte der schöne und so unwahrscheinliche Anblick in ihr ein an Ehrfurcht grenzendes Gefühl. Woher kam sie, was hatte sie bewirkt?

„Die Ruhe in den Klassen, wenn die Kinder bei ihrer Arbeit saßen, wirkte erstaunlich und ergreifend. *Niemand hatte sie angeordnet, ja, es wäre unmöglich gewesen, sie von außen her zu erzielen.* Hatten diese Kinder etwa die ihnen angemessene Bahn gefunden, gleich den Sternen, die unermüdlich umlaufen, dabei nie aus ihrer Ordnung heraustreten und in alle Ewigkeit weiterstrahlen? Von diesen Sternen spricht die Bibel in einer Sprache, die auf die Kundgebungen der Kinder angewandt werden kann. „Und die Sterne sagten, als man sie rief: ‚Hier sind wir.' Und mit Fröhlichkeit leuchteten sie Ihm, der sie erschuf." Natürliche Disziplin dieser Art scheint über die naheliegenden Dinge hinauszugehen und erscheint als Bestandteil einer

* Erinnert das nicht an den Mann im Zoo, der zum ersten Mal eine Giraffe sah und kopfschüttelnd sagte: „Ich kann's nicht glauben"?

großen Universaldisziplin, die die Welt zusammenhält. Es handelt sich um jene Disziplin, von der die alten biblischen Psalmen singen und die, nach jenen Worten, den Menschen verlorengegangen ist.“

Schon damals — vor einem Menschenalter — hatte Maria Montessori das Gefühl, diese Entdeckung müsse sich über den Klassenraum hinaus wohltätig auswirken. Das geht aus dem Schluß des Kapitels hervor, aus dem wir eben zitiert haben: „Und man gewinnt den Eindruck, als müsse auf dieser natürlichen Disziplin jede andere, äußerlich motivierte Disziplin wie die des geselligen Beisammenseins sich aufbauen. Das war es ja gerade, was an unsern Kindern am meisten Verwunderung erregte, zur Nachdenklichkeit herausforderte und etwas Geheimnisvolles zu enthalten schien: in diesem engen Zusammenwirken führten Ordnung und Disziplin zur Freiheit.“

Denn ihrer ist das Himmelreich

Ich weiß, daß manche dieser Berichte unglaubhaft erscheinen. Genauso ist es Maria Montessori selbst damals ergangen, wie sie ganz freimütig bekennt:

„Es dauerte eine ganze Weile, ehe ich mich davon überzeugte, daß dies keine Illusion war. Vor jeder neuen Erfahrung dieser Art verharrte ich lange ungläubig, zugleich aber betroffen, ergriffen, bebend. Wie oft geschah es, daß ich der Lehrerin Vorwürfe machte, wenn sie mir erzählte, was die Kleinen getan hatten: ‚Erzählen Sie mir doch nicht solche Hirngespinste!‘ sagte ich streng. Und ich entsinne mich noch, wie sie, ohne gekränkt zu sein, mit Tränen der Rührung in den Augen antwortete: ‚Sie haben recht. Manchmal, wenn ich diese Dinge sehe, ist mir, als gäben die Engel den Kindern das alles ein.‘

„Eines Tages legte ich tiefbewegt die Hand aufs Herz, um es in seinem Glauben zu bestärken, und bei dem ehrfürchtigen Gedanken an jene Kinder stellte ich mir die Frage: *‚Wer seid ihr?‘* War ich am Ende jenen Kleinen begegnet, die Christus auf den Arm genommen und die ihn zu den göttlichen Worten begeistert hatten: ‚Wer eins dieser Kinder aufnimmt in meinem Namen, der nimmt mich auf und ‚Wenn ihr nicht werdet wie die Kleinen, werdet ihr nicht in das Himmelreich kommen‘?“

Drittes Kapitel:

ENTWICKLUNG

Der Kreis weitet sich

Ein solches Ereignis konnte nicht verborgen bleiben. Die so ungewöhnlichen Begebenheiten im Herzen des Elendsviertels von San Lorenzo sprachen sich herum. In einem andern Wohnblock wurde ein zweites „Kinderhaus" eingerichtet — und es geschahen dieselben Wunder. Bald konnte man Besucher aller Arten durch die elenden Gassen von San Lorenzo wandern sehen, die die erstaunlichen Kinder mit eigenen Augen beobachten wollten, nicht nur Lehrer und andere Fachleute, sondern Menschen jedes Ranges und Standes bis hinauf zur königlichen Familie. Königin Margherita von Savoyen interessierte sich als eine der ersten für die Kinder von San Lorenzo und verbrachte manche Stunde bei ihnen, wie überhaupt von Anfang an urteilsfähige Menschen in Maria Montessoris Experiment ein Ereignis von großer Tragweite zu erkennen glaubten. Königin Margherita prophezeite, daß „von den Enthüllungen dieser Kinder eine neue Lebensphilosophie ausgehen" werde, und der Leiter eines religiösen Ordens nannte Maria Montessoris Entdeckung „wichtiger als die Marconis".

Mögen diese Äußerungen übertrieben klingen — es läßt sich jedoch nicht leugnen, daß viele Besucher der ersten Kinderhäuser nur in Superlativen wiedergeben konnten, was sie gesehen und empfunden hatten. Und der Eindruck des Besonderen nutzte sich mit der Zeit auch nicht ab: Menschen, die viel später mit der Bewegung in Berührung kamen, erlebten es ähnlich. Im Jahr 1918 schickte das Erziehungskomitee der Londoner Stadtverwaltung Mrs. Hutchinson, eine Schulleiterin, nach Rom zu Maria Montessori, um an einem Lehrgang teilzunehmen, die Schulen zu besichtigen und darüber Bericht zu erstatten. Als dann Mrs. Hutchinsons Bericht im Erziehungskomitee vorgelesen worden war, erhob sich einer der anwesenden Herren und sagte ironisch: „Gentlemen, das ist kein Bericht, das ist eine Rhapsodie!"

Indessen ließ Mrs. Hutchinson es nicht bei Rhapsodien bewenden. Unter großen Schwierigkeiten und auf eigene Kosten richtete sie in ihrer Schule eine Montessori-Klasse ein. Und siehe da — bald begaben sich dieselben wunderbaren Dinge auch in London, und die älteren Herren des Komitees konnten sie nicht mehr wegspötteln. Mit der Zeit ließen sie sich sogar bekehren, und als Jahre später Maria Montessori selbst nach London kam, dankte ihr der Vorsitzende des Komitees vom Rednerpult herunter im Namen der Stadt London für den weitgehenden Einfluß, den sie durch

die Ämter für Kleinkinderfürsorge auf das gesamte Londoner Erziehungswesen ausgeübt habe.
Aber wir greifen vor. Noch sind wir beim ersten Kinderhaus in Rom. Recht bald hatte die Presse entdeckt, daß da in der Tiefe des Elendsviertels etwas vor sich ging, das neu war. Nicht lange, und die Kunde von den „Wunderkindern" hatte sich mit Windeseile erst über Italien und dann über die ganze Welt verbreitet. Große Zeitschriften wie *The World's Work, The Fortnightly Review* in England und McClures Magazine in Amerika brachten Artikel über die „Kinderhäuser", die solches Aufsehen erregten, daß zwei dieser Zeitschriften Neuauflagen drucken mußten — ein im Zeitungswesen höchst seltenes Ereignis.
Nun kamen Besucher in Scharen, nicht nur aus anderen Gegenden Italiens, sondern aus allen vier Himmelsrichtungen und tatsächlich „von jenseits des Meeres". Auf einige von ihnen machte das, was sie zu sehen bekamen, einen derart tiefen Eindruck, daß es tatsächlich ihren Lebensplan änderte. So machte eines Tages ein Engländer, Mr. Bertram Hawker, in Rom Station. Er befand sich auf dem Wege nach Australien, wo er nach seinen Besitzungen sehen wollte. Zufällig hörte er von den Kinderhäusern, besuchte eins und war so gefesselt, daß er seine Abreise aufschob, um mit Maria Montessori selbst sprechen zu können. Er verschob sie dann ein zweites Mal, weil sein Interesse immer größer wurde, und schließlich machte er seine Passage rückgängig und kehrte nach England zurück, um für Maria Montessoris Ideen zu werben. Er wurde Mitbegründer der englischen Montessori-Gesellschaft und richtete in seinem Hause in Runton bei Cromer die erste englische Montessori-Klasse ein. Nicht weniger begeistert waren zwei Schwestern aus Australien, beide Lehrerinnen, die über die neue Methode gelesen hatten und ihr Haus samt Einrichtung verkauften, um nach Rom reisen und die Methode studieren zu können. Unter den „Wallfahrern" dieses Jahres war auch Tolstojs Tochter.

Ein Diplomat wundert sich

Der argentinische Botschafter in Rom hatte viel von dem wunderbaren Gehaben der San Lorenzo-Kinder gehört und wollte sich mit eigenen Augen überzeugen. Da er der ganzen Sache skeptisch gegenüberstand, wünschte er unerwartet zu kommen, damit ja keine Vorbereitungen getroffen werden könnten. Zufällig wählte er für seinen Besuch einen Donnerstag, und donnerstags war die Schule geschlossen. — Als der Hausmeister ihm das mitteilte, schnappte ein vorbeigehendes Kind etwas von dem Gespräch auf und sagte sogleich: „Ach, das macht nichts, Sie haben ja den Schlüssel" — zum Hausmeister — „und alle Kinder wohnen hier im Haus." Also schloß der Hausmeister auf, das Kind rief seine Kameraden zusammen, und alle ehrten den Gesandten damit, daß sie „wie gewöhnlich" arbeiteten. Viele der damaligen Kinderhausbesucher haben über ihre Eindrücke Bücher geschrieben. Allein in England erschienen: *Eine Montessori-Mutter von D. C. Fisher*[9], *New Examples and New Works, A. Miracle in Education, The Discovery of the Human Soul* — die sich alle in der Überzeugung einig waren, daß der neue Erziehungsweg Maria Montessoris ein „neues Kind" enthüllt habe. *The New Children* war denn auch der Titel eines dieser Bücher, und seine Verfasserin, *Sheila Radice*, die Mitherausgeberin von *The Times Educational Supplement*, scheute vor der Behauptung nicht zurück, die von den „neuen Kindern" enthüllte Lebensform widerlege das Dogma von der Erbsünde.

Ein weltweiter Appell

Sehr bald verhalfen die Besucherscharen Maria Montessori zu einer wichtigen Erkenntnis: daß nämlich der vom Tun und Lassen der „neuen Kinder" ausgehende „Appell" etwas Universales hatte. „Jeder Gast schien in ihnen seine eigenen Ideale verkörpert zu finden." Ein Sozialist fand „in verkleinertem Maßstab die menschliche Gesellschaft, wie der Sozialismus sie anstrebt — als Triumph individueller Freiheit bei vollkommener Organisation." Eine Dame der römischen Gesellschaft äußerte die Meinung, es handele sich hier um eine Erziehung, wie unsere Kinder sie brauchten, weil sie ihnen helfe, Unbeholfenheit und Schüchternheit zu überwinden. Bei einem Sozialistenkongreß in Bern wurde „Erziehung nach Dr. Montessori" als Menschenrecht proklamiert; und ein katholischer Geistlicher schrieb: „Die Demut und Geduld der Lehrerin, der Vorrang der Tat vor dem Wort, die Ruhe und Sammlung der Kinder, die der kindlichen Seele belassene Freiheit zur Selbstvervollkommnung ... die Achtung vor dem inneren Leben des Kindes — alles das sind Erziehungsprinzipien, die direkt aus dem Katholizismus hervorzugehen scheinen .. ."[10]
Auch im Laufe der Zeit verlor die Wirkung der Erziehungslehre Montessorris nichts an Universalität. In den vergangenen vierzig Jahren haben Menschen der verschiedensten religiösen und politischen Bekenntnisse Maria Montessoris pädagogisches System angewandt — und immer mit segensreiche Wirkung. Die Prinzipien ihrer Pädagogik gründen auf Eigenschaften, die den Menschen aller Rassen und Nationen gemeinsam sind.

Da auch Maria Montessoris Freunde dieser Meinung waren, drängten sie sie, möglichst bald über ihre Methode zu schreiben. „Es ist Ihre Pflicht", sagte Marchese Franchetti, in dessen Familie sie im Sommer 1909 zu Gast war. „Sie könnten plötzlich sterben, und dann bliebe nichts von Ihrer Lehre erhalten." Da die Dottoressa bei bester Gesundheit war, fand sie den Ausspruch belustigend, ließ sich aber dennoch überreden und machte sich an die Arbeit. In weniger als einem Monat lag ein Manuskript vor, das noch im selben Jahr als Buch erschien, 1913 unter dem Titel *Selbsttätige Erziehung im frühen Kindesalter* auch in Deutschland herauskam und seither in mehr als zwanzig Sprachen übersetzt worden ist[11].

Geschichtliche Wurzeln

Wenn auch besonders für Pädagogen Maria Montessoris Methode gleichsam fix und fertig — wie Athene dem Haupte des Zeus — dem Geist der Dottoressa entsprungen schien (und dabei war sie nicht einmal ausgebildete Lehrerin, sondern Ärztin) — es schien nur so, denn keine der großen genialen Schöpfungen des Menschen kommt aus dem Nichts. Mit Recht hat Emerson das Genie „den am höchsten verschuldeten Menschen" genannt, und auch Maria Montessori war in diesem Sinne „verschuldet". Nur deshalb schien ihre Pädagogik gleichsam „vom Himmel gefallen", weil ihre Wurzeln in der Tiefe der Vergangenheit den meisten Pädagogen unbekannt waren.
Über Fröbels geistige Ahnen ist sich die Geschichte der Pädagogik nie im unklaren gewesen. Man weiß, daß er ein Schüler des großen Pestalozzi war und bei ihm in Iferten praktisch gearbeitet hat; daß Pestalozzi wiederum von Rousseau beeinflußt war; und daß der Verfasser des Emile unter dem Einfluß des englischen Philosophen John Locke gestanden hat. Übrigens hörte ich Maria Montessori einmal darauf hinweisen, daß Rousseau zu seinem Emile von dem berühmten spanischen Taubstummenerzieher Pereira angeregt worden sei.
Dieser Pereira, der von 1715 bis 1780 gelebt hat, müßte auf Maria Montessoris geistiger Ahnentafel obenan stehen, vor den beiden französischen Ärzten Itard (1775—1838) und Séguin (1812—1880). Natürlich würde eine Ahnentafel, die nur diese drei Namen umfaßte, eine grobe Vereinfachung darstellen, denn es wäre ja ziemlich absurd, anzunehmen, Maria Montessori habe während der zehn Jahre, die sie an der römischen Lehrerbildungsanstalt für Frauen unterrichtete, den durch Rousseau, Pestalozzi, Herbart und Fröbel fließenden Hauptstrom pädagogischer Entwicklung

nicht kennengelernt. Dennoch baut sie nicht auf dem Werk dieser Männer auf, sondern auf den Arbeiten des Spaniers und der beiden Franzosen, von denen die pädagogische Welt vor dem Bekanntwerden mit der Pädagogik Montessoris nie gehört hatte: kein Wunder freilich, denn alle drei hatten sich fast ausschließlich mit der Erziehung Taubstummer und Schwachsinniger beschäftigt.

Immer hat sich Maria Montessori tief in der Schuld dieser Pioniere, besonders Séguins, gefühlt und ist nie müde geworden, deren Leistungen zu rühmen und auf ihre Bedeutung für ihr eigenes Werk hinzuweisen. „Den beiden Jahren von San Lorenzo“, hat sie bündig erklärt, „lagen Experimente zugrunde, die bis auf die Zeit der Französischen Revolution zurückgehen.“

Die Montessori-Bewegung entsteht

Das Jahr des San Lorenzo-Experimentes 1907/08 bildet in Maria Montessoris Laufbahn einen Markstein, denn während dieser „Heilszeit“ war ihr Name in die ganze zivilisierte Welt gedrungen — und darüber hinaus. Wie Byron hätte sie von sich sagen können, sie sei eines Morgens aufgewacht und habe sich „berühmt gefunden“.

Aus mancherlei Gründen hätte sie gern so weitergelebt wie bisher, aber aus vielen Ländern, besonders aus England und Amerika, kamen und schrieben die Menschen und verlangten dringlich nach mehr Belehrung über die Prinzipien des neuen Erziehungsweges. Jetzt hatte ihre Mission Form angenommen, das spürte sie. Ohne ihr Zutun war ihr ein Schlüssel in die Hände gelegt worden, der ungeheure Schätze für die ganze Menschheit erschließen konnte. Mußte sie nicht hinausziehen als Apostel der Kinder, der geborenen wie der ungeborenen, und für ihre Rechte und ihre Freiheit predigen?

Sie stand vor einer nicht eben einfachen Entscheidung. Da sie kein Privatvermögen besaß und ganz auf die Einnahmen aus ihrer Dozententätigkeit und ihrer kleinen Privatpraxis angewiesen war, mochte es wenig ratsam sein, beides aufzugeben und sich ganz für die neue „Mission“ freizumachen, für die sie keine „Missionsgesellschaft“ hinter sich hatte. Darum mußte sie sich fragen, ob die neue Bewegung ihr wenigstens das tägliche Brot und die Mittel zu weiteren Untersuchungen sichern werde. Verwandte und Freunde rieten zur Vorsicht, aber Vorsicht lag weder damals noch überhaupt in ihrer Natur. Sie trug genügend Pioniergeist in sich und besaß außerdem das Selbstvertrauen des Genies, verzichtete auf ihre Dozententätigkeit, ließ sich aus der Liste der praktizierenden Ärzte streichen und betrat einen neuen Lebensweg. Wie immer billigte auch diesmal ihre Mutter mit intuitivem Vertrauen den Entschluß der Tochter.

Und die Ereignisse gaben ihr recht. Fortan war Maria Montessori imstande, sich und die, die von ihr abhingen, zu unterhalten, und zwar vornehmlich durch die Ausbildung von Lehrkräften und mit den Einkünften aus ihren Büchern. In Rom gründeten einflußreiche Leute eine Montessori-Gesellschaft — die *Opera Montessori* —, die heute noch besteht und über die Königinmutter Margherita die Schirmherrschaft übernahm. Die Montessori-Gesellschaft gründete Zweiggesellschaften in Mailand, Neapel und andern italienischen Städten und eröffnete weitere Schulen. Innerhalb weniger Jahre entstanden auch in verschiedenen europäischen und amerikanischen Staaten Montessori-Bewegungen, und alle suchten bei der Gründerin Führung und Hilfe. Sie glich einem Menschen, der unerwartet einen großen Besitz geerbt hat und nunmehr seine Zeit und seine Kraft daran wenden muß, ihn zu verwalten. Und die Aufgabe, sich mit den verschiedenen Bewegungen in Verbindung zu halten und diese Woge internationaler Begeisterung zu lenken, verlangte noch weit mehr Geduld, Fleiß und Takt als die Verwaltung eines großen Besitzes.

Ein prophetischer Traum

Eines Nachts — es war im Jahre 1914, zur Zeit ihres zweiten internationalen Kursus' in Rom — hatte Maria Montessori einen ungewöhnlich lebhaften Traum. Sie sah sich in einem Ruderboot auf dem Atlantik und wußte, daß sie auf dem Weg nach Amerika war. „Ich wußte gar nicht, daß man so leicht nach Amerika kommen kann", sagte sie im Traum zu sich selbst. Am Morgen nach dieser Nacht besuchte sie ein Fremder. Er kam als Vertreter Mr. McClures, des Besitzers von *McClures Magazine* und brachte ein Angebot: falls Maria Montessori sich in Amerika niederließe, würde Mr. McClure ihr ein völlig ihren Ideen entsprechendes Institut errichten — wobei Geld keine Rolle spiele. Das Institut sollte eine Musterschule für normale Kinder, Abteilungen für zurückgebliebene, stumme und taube Kinder, dazu Vorlesungsräume, Bibliotheken und anderes mehr umfassen.

Ein großartiges Angebot! Mehrere Tage lang beschäftigte Maria Montessori sich begeistert mit Plänen für das Institut und dann gab sie urplötzlich den Plan auf und lehnte das Angebot rundweg ab. „Dies war die einzige Gelegenheit", erzählt Anna Maccheroni, ihre Schülerin und Freundin, „wo ich sie niedergeschlagen gesehen habe." Die Ablehnung eines so verlockenden Angebots muß sie natürlich einen schweren Kampf gekostet haben; dennoch lehnte sie ab, von einer jener dunklen, aber zwingenden Eingebungen getrieben, die sich in den entscheidenden Augenblicken ihres Lebens einzustellen pflegten. Ohne Zweifel hätte die Bindung an eine einzelne

Institution und an ein einzelnes Land sie in ihrer Handlungsfreiheit beeinträchtigt und den internationalen Zielen ihres künftigen Werkes Grenzen gesetzt.
Dennoch nahm sie wenig später eine Einladung zu einem Kursus nach Amerika an. Da inzwischen ihre Mutter gestorben war, konnte sie Rom leichter verlassen. Wie Anna Maccheroni erzählt, hatte der Verlust der Mutter sie so schwer getroffen, daß sie nach deren Tod drei Tage lang nicht zu bewegen gewesen war, irgend etwas zu sich zu nehmen. „Sie war wie betäubt, und erst nach den Begräbnisfeierlichkeiten fand sie zu sich selbst zurück."

Maria Montessori in Amerika

In Amerika warteten nicht nur beflaggte Straßen und von Menschenmengen überfüllte Säle auf sie, sondern auch viele interessante Begegnungen. Bald nach ihrer Ankunft war sie im Hause des berühmten Edison zu Gast, der zu ihren großen Bewunderern zählte. Binnen kurzen hatte sich eine amerikanische Montessori-Gesellschaft gegründet; die Präsidentschaft übernahm Graham Bell, der Erfinder des Telephons; ehrenamtliche Sekretärin wurde Margaret Wilson, die Tochter des damaligen Präsidenten.
In Kalifornien hielt Maria Montessori einen Lehrgang, der von Erzieherinnen aus allen Staaten besucht wurde. Da ihr Amerika-Aufenthalt in das Jahr der Weltausstellung von San Franzisko fiel, ergriff sie sogleich die sich bietende Gelegenheit, dort für ihre Pädagogik zu werben und schenkte damit der Ausstellung einen ihrer meistbesuchten und originellsten Pavillons. In einem eigens für die Zuschauer mit Glaswänden erbauten Raum wurde für die Dauer der Ausstellung von Miss Parkhurst[12], einer Schülerin Maria Montessoris, eine Montessori-Klasse eingerichtet und geführt — und die beiden einzigen auf dieser Ausstellung verliehenen Goldenen Medaillen erhielten die „neuen Kinder".

Weltweite Entwicklung

Unterdessen erschienen Maria Montessoris Schriften rasch hintereinander in mehreren fremden Sprachen — allein in Rußland existieren fünf verschiedene Fassungen ihres Buches *Selbsttätige Erziehung im frühen Kindesalter*. Auch wurde im damaligen St. Petersburg — und zwar in den kaiserlichen Gärten für die Kinder der kaiserlichen Familie und der Hofangestellten — eine Montessori-Schule eröffnet; bald danach entstanden weitere Montessori-Schulen in China, Japan, Kanada und Chile. Mit erstaunlicher Schnelligkeit verbreitete sich ihre Pädagogik. In manchen Ländern führte

ihre Schulform und Praxis des Kindergartens sogar zu einer neuen Form des Schulbaues. In Deutschland, Österreich, Holland, Amerika, Indien — um nur einige Länder zu nennen — wurden Kinderhäuser errichtet, manche in Zusammenarbeit mit Maria Montessori selbst. In diesen Häusern wurde alles im richtigen Verhältnis zur Größe und zu den geistigen und körperlichen Bedürfnissen der Kinder — nicht der Erwachsenen — eingerichtet. Ohne Zweifel verdankt der moderne Kindergarten ihr sehr viel. In Barcelona errichtete man nach ihren Angaben eine eigene „Kinderkapelle". Dort konnte Maria Montessori ein fruchtbares Experiment überwachen: die Anwendung ihrer Prinzipien auf die religiöse Erziehung kleiner Kinder. Auf diesen Versuch geht ihr schon erwähntes Buch *The Child in the Church*[13] zurück.
Die Frage des Religionsunterrichtes, vor allem kleiner Kinder, beschäftigte sie, die katholisch getauft und erzogen war, immer wieder. Ihre Schrift *La Vita in Cristo* ist eine Studie über das Kirchenjahr; *La Santa Messa spiegata ai Bambini* und *The Opened Book* sind ehrfürchtige, auf Gläubigkeit und Verständnis des Kindes beruhende genaue Darstellungen der Messe für größere Kinder. Auch ein sehr schönes und sinnreiches Missale für Kinder war geplant, ist aber wegen der Herstellungsschwierigkeiten noch nicht veröffentlicht worden. Kurz vor Maria Montessoris Tod wurde in England eine Katholische Montessori-Gilde gegründet, die es sich zum Ziel setzte, diese Seite von Maria Montessoris Werk zu fördern. Eine Botschaft für die Gründungsversammlung dieser Gilde, die Maria Montessori zwei Tage vor ihrem Tode niederschrieb, war ihre letzte Äußerung für die Öffentlichkeit.

Blick in die Zukunft

So erfreulich es für die Dottoressa gewesen sein muß, sich weithin anerkannt und geehrt zu sehen, so kam es ihr dennoch nie in den Sinn, auf ihren Lorbeeren auszuruhen. Klarer als irgendeiner ihrer Anhänger sah sie in allem bisher Vollbrachten nur einen ersten Schritt. Sie wußte, daß erst ein Teil jener schöpferischen menschlichen Energien, zu denen sie den Schlüssel gefunden hatte, befreit war, daß ihr Weg für die Erziehung kleiner Kinder erst der Anfang ihrer Bewegung war, daß ihre „Entdeckung" wie ein Sauerteig das ganze Gebiet der Erziehung bis in die Familie hinein durchdringen und auch die menschliche Gesellschaft wandeln würde. Nicht in einer, nicht in zwei oder drei Generationen — aber geschehen würde es, unabwendbar, wenn die Methode ihren pädagogischen Grundprinzipien treu bliebe. Gerade in diesem Punkt sah sie die größte Gefahr: Durchdrangen ihre Prinzipien dank der ihnen eigenen Expansionskraft Heim, Schule und

Gesellschaft, dann bestand für sie auf dem Wege des freien Laufes sehr leicht die Gefahr, mißverstanden und verwässert zu werden. Darum gab es für ihre Urheberin keine wichtigere Aufgabe, als die eigenen Kräfte im Dienste der rechten Verbreitung ihres Werkes so vorteilhaft wie nur möglich einzusetzen. Sie brauchte Zeit und Ruhe für neue Untersuchungen, brauchte Muße und Zurückgezogenheit zum Nachdenken, um neue Kraft und Einsicht zu schöpfen, ihre Prinzipien in andere Lebensbereiche hineinzutragen. Das hieß Hunderte von Einladungen ablehnen. „Auch ich habe zu tun", sagte sie einmal zu einem Freunde, „ich kann nicht immer nur reden."

Neue Untersuchungen

Volle vierzig Jahre lang hat sie, bald in diesem Land und bald in jenem, unter günstigen und unter ungünstigen Umständen, im Frieden und im Kriege ihre Forschungsarbeit betrieben. Ohne Pause, von persönlichem wie von nationalem Unglück unbeirrt, arbeitete sie stetig weiter. Kein Mensch kennt alle Ergebnisse dieser Arbeit, nirgends sind sie geschlossen gesammelt, viele ihrer Gedanken sind nie veröffentlicht worden, manches ruht in über die ganze Welt verstreuten Vortragsmanuskripten. Da Maria Montessori meist italienisch sprach, sind ihre Vorträge verdolmetscht je nachdem auf englisch, holländisch, französisch, deutsch, spanisch, hindostanisch niedergelegt worden. Es wird jahrelange Mühe kosten, falls es überhaupt möglich ist, alle ihre Arbeiten zu sammeln und zu ordnen. Und noch viel mehr Zeit wäre nötig, alles, was in ihnen verborgen liegt, in die Praxis umzusetzen.

Die Kinder von San Lorenzo, mit denen sie ihre pädagogische Tätigkeit an normalen Kindern begonnen hatte, waren zwischen drei und sechs Jahren alt gewesen. Da aber im Mittelpunkt von Maria Montessoris Interesse nicht bloßes Lernen, sondern die *Entwicklung* stand, konnte sie ihre Forschung nicht auf dieses Alter allein beschränken. „Unsere Studien", hat sie einmal in einem Vortrag gesagt, „bewegen sich in zwei verschiedenen Richtungen. Die auf dem Weg nach vorn befassen sich weitgehend mit der Übermittlung der Kultur, und dies Gebiet wird immer komplizierter, bis gewissermaßen das Kind dahinter verschwindet. Die auf dem rückwärtsweisenden Wege beschäftigen sich mit dem Kinde selbst und führen zu den geheimnisvollen Ursprüngen des bewußten Lebens."[14]

Mit diesem zweiten Wege meint sie nicht das Studium der Kinderpsychologie im üblichen Sinne. *„Wir sehen im Kinde, auch im allerkleinsten, ein menschliches Wesen, eine geheimnisvolle, unverstandene Ganzheit. Um dieses Menschenwesen mit der Würde des Menschenwesens geht es uns — nicht um psychologische Prinzipien."*

Maria Montessori im Orient

1939 war Maria Montessori einer Einladung nach Indien gefolgt und hielt, als der Zweite Weltkrieg ausbrach, in Madras vor dreihundert Lehrern und Studenten aus ganz Indien einen Ausbildungskursus ab. Als Italienerin war sie zwar automatisch zur „feindlichen Ausländerin" geworden, aber in ihrem Falle machte man eine Ausnahme. Sie konnte sehr bald ihre Arbeit fortsetzen und blieb den ganzen Krieg über in Indien. Sie hielt Kurse in Ahmedabad, Adyar, Kodaikanal, Kaschmir und in Ceylon, wo, wie auch an vielen anderen Orten, die Behörden ihre Arbeit anerkannten. Bei diesen Reisen lernte sie unter vielen anderen interessanten Persönlichkeiten auch Gandhi, Nehru und Tagore kennen.

1946 — als der Krieg zu Ende war — flog sie nach Europa zurück und leitete einen internationalen Ausbildungskursus in London. Gleichzeitig hielt man in Edinburgh einen Parallel-Lehrgang ab, zu dessen Abschluß die städtischen Behörden Maria Montessori begrüßten und die Schottische Erziehungsgesellschaft ihr die Ehrenmitgliedschaft verlieh.

1947 kehrte sie auf Einladung der italienischen Regierung nach Italien zurück, um die vom faschistischen Regime aufgelöste Montessori-Gesellschaft neu zu gründen.

1948 war sie — nunmehr achtundsiebzigjährig — wiederum in Indien zu Lehrgängen in Poona und Adyar. Während dieses Aufenthaltes wohnte sie eine Weile bei dem Maharadschah und der Maharani von Gwalior, auf deren Wunsch sie eine Musterschule für Kinder bis zwölf Jahren einrichtete. Im selben Jahre erschienen Übersetzungen ihrer Bücher in zwei weiteren indischen Dialekten, in Tamil und Marathi.

1949 hielt sie ihren ersten Lehrgang in Pakistan ab, konnte ihm aber nicht bis zu Ende beiwohnen, weil sie nach Europa zurück mußte, um im Juli einen internationalen Kongreß zu eröffnen, der ihr zu Ehren in San Remo abgehalten wurde, und zu dem mehr als zweihundert begeisterte Anhänger aus Europa, Amerika und dem Orient zusammengekommen waren[15].

Die letzten Jahre

Auch in den letzten Lebensjahren ließ ihre für sie so bezeichnende Aktivität nicht nach. Immer noch reiste sie von einem Land ins andere, bald zu Vorträgen, bald zu Lehrgängen. Im Herbst 1949 forderte die UNESCO sie auf, bei einer ihrer Versammlungen zu sprechen. Es war eine große Huldigung für sie, als am Schluß ihrer Ausführungen die ganze Zuhörerschaft aufsprang und ihr stürmischen Beifall zollte. Im Dezember desselben Jahres ehrte die französische Nation sie durch die Ernennung zum „Officier de la Légion d'Honneur". Dieser Ehrentitel wurde ihr vom Rektor der Sorbonne in einem feierlichen Akt verliehen.

In den ersten Monaten des Jahres 1950 machte sie eine Vortragsreise durch Norwegen und Schweden, und im Sommer leitete sie in Perugia in Italien einen Ausbildungslehrgang. Ihn veranstaltete das Internationale Zentrum für pädagogische Studien, das kurz zuvor im Anschluß an die Universität Perugia gegründet worden war und sie zu seiner Leiterin ernannt hatte. Um der dort geleisteten Arbeit willen machte die Stadt Perugia sie zu ihrer Ehrenbürgerin, und als der Lehrgang zu Ende war, verliehen ihr ihre Geburtsstadt Ancona und auch die Stadt Mailand dieselbe Würde. Auf dem Rückweg nach Holland, wo sie seit ihrer Heimkehr aus Indien wieder ihre Zentrale aufgeschlagen hatte, sprach sie auf Einladung der Tiroler Regierung in Innsbruck. Kaum war sie wieder in Holland, verlieh ihr Königin Wilhelmina den Rang eines „Offiziers des Ordens von Nassau-Oranien", und die Universität Amsterdam ernannte sie zum Ehrendoktor der Philosophie.

In diesem ganzen, von vielen Reisen und angestrengter Arbeit angefüllten Leben hatte sie in ihrem Sohn Mario eine zuverlässig treue, unersetzliche Stütze. Im Laufe der Jahre setzten ihn die von seiner Mutter ererbten Fähigkeiten instand, die Last der Verantwortung mehr und mehr mit ihr zu teilen. Mit ihrem Tode übertrug Maria Montessori ihm die Leitung und Koordinierung der Internationalen Montessori-Gesellschaft (AMI)[16], ein Amt, zu dem er durch seine tiefen Einsichten in die Pädagogik seiner Mutter und seine lebenslange Verbundenheit mit ihr und ihrer Sache wahrhaft berufen ist.

Diese Aufgabe umschließt auch die Veröffentlichung gewisser Forschungsergebnisse, die sich im besondern mit der Behandlung von Kindern unter drei Jahren und mit der Anwendung der Prinzipien auf die höhere Schule befassen und die Mario Montessori und seine Mutter gemeinsam ausgearbeitet haben. Gewiß ist ihm eine noch schwerere Verantwortung mit der heiklen Aufgabe übertragen, die Pädagogik Maria Montessoris in den vielen Ländern, in denen sie verwirklicht wird, rein zu erhalten. Maria Montessoris lange, aufopferungsvolle Arbeit für das Kind — und durch das Kind für die Menschheit — endete unerwartet am 6. Mai 1952, als sie einundachtzigjährig in Noordwijk op Zee in Holland starb. Sie ist auf dem kleinen Friedhof der katholischen Kirche in Noordwijk beigesetzt, und ihre vielen Anhänger haben ihr dort ein schönes Denkmal errichtet. Das ihr gemäßere Denkmal aber, vielleicht auch noch dauerhafter als das aus Stein, ist die heitere und frohe Atmosphäre, die überall auf der Welt von Abertausenden glücklicher Kinder ausgeht.

Viertes Kapitel:

EINE GROSSE UND REPRÄSENTATIVE PERSÖNLICHKEIT

Vor vielen Jahren hat in der *Times* ein Schreiber Maria Montessori „die interessanteste Frau Europas" genannt, und aller Voraussicht nach wird die Geschichte dieses Urteil bestätigen. Sie war eine von jenen Persönlichkeiten, die Menschen zur Nachfolge zu begeistern vermögen — eine bedeutende Gabe, die freilich auch ihre Gefahren hat.

Internationale Ausbildungskurse

Natürlicherweise wollten ihre Anhänger ihr pädagogisches Gedankengut möglichst weit verbreitet wissen. Maria Montessori war sich aber von Anfang an darüber klar, daß Begeisterung allein zum „Apostelamt" nicht ausreicht. Wirkliche Kenntnis der Methode setzt inneres Vertrautsein mit ihren verschiedenen Grundgedanken voraus, die sowohl für sich wie auch in der richtigen Beziehung zueinander und zum Ganzen gesehen werden müssen. Da sie das wußte, arbeitete sie für die Verbreitung ihrer Ideen und für die Ausbildung von Lehrkräften in ihrer Pädagogik ein eigenes System aus: die bekannten „Internationalen Ausbildungslehrgänge", die einen wesentlichen Teil ihres Lebenswerkes ausmachen.

Den wichtigsten Teil dieser gewöhnlich halbjährigen Lehrgänge bildeten Maria Montessoris Vorlesungen über die psychologischen Voraussetzungen ihrer Pädagogik, die aus ihren eigenen Erfahrungen und Beobachtungen an Kindern gewonnen waren; über Wesen und Zweck des Arbeitsmaterials; über die bei der Führung einer Montessori-Schule sich ergebenden praktischen Probleme und, in späteren Jahren, über philosophische und soziologische Fragen, bei denen es um die Ausweitung ihrer Grundsätze auf die Familie und auf die menschliche Gesellschaft ging, im besonderen um „die kosmische Mission des Menschen auf Erden" und um „die Erziehung als einer Waffe des Friedens".

Wichtig bei diesen Lehrgängen war auch das genaue Studium des Arbeitsmaterials und dessen praktische Durchübung unter Leitung von Maria Montessoris Assistenten und schließlich Hospitationen und praktische Arbeit in anerkannten Montessori-Schulen. Jeder Kursteilnehmer mußte mindestens fünfzig Stunden auf die Beobachtung der Methode in der Praxis verwenden, worauf Maria Montessori streng bestand. „Denn", sagte sie häufig, „nicht eigentlich ich werbe für meine Methode. Gewiß, ich halte Vorträge und schreibe Bücher, aber schließlich müssen die Kinder sie den Menschen glaubhaft machen. Sie sind mein bestes und unumstößliches Argument.“ Wer sich ein selbstangefertigtes „Materialbuch“ erarbeitet und die schriftliche und mündliche Prüfung am Schluß des Lehrgangs bestanden hatte, erhielt ein von Maria Montessori unterzeichnetes Diplom, das den Inhaber berechtigte, eine Schule zu eröffnen und sie Montessori-Schule zu nennen. Hatten die Studierenden dann zwei Jahre lang in einer Montessori-Klasse gearbeitet und sich als Montessori-Lehrer ausgewiesen, wurde ihnen das auf dem Diplom bestätigt.

Daß diese Diplome eine Klausel enthielten, die den Inhaber oder die Inhaberin ausdrücklich zur Eröffnung einer Schule, nicht aber zur Ausbildung Dritter in der Methode berechtigte, ist häufig als kurzsichtige Politik kritisiert worden, die die Ausbreitung der Montessori-Pädagogik unnötig hemme. Maria Montessori hatte aber stichhaltige Gründe, nicht davon abzuweichen.

Der persönliche Kontakt

Mit Recht hießen diese Lehrgänge, von denen viele in England, andere in Rom, Mailand, Paris, Berlin, Amsterdam, Nizza, San Franzisko, Innsbruck, Barcelona, Ceylon, Madras, Karachi, Ahmedabad und Kodaikanal abgehalten wurden — mit Recht hießen sie international, denn nicht selten gehörten die Teilnehmer dreißig bis vierzig verschiedenen Nationen an, und Maria Montessori muß im Laufe der Jahre mindestens vier- bis fünftausend Studierende aus allen Gegenden des Erdballs selbst ausgebildet haben. Eine ungeheure Leistung, wobei nicht vergessen werden darf, daß sie daneben unaufhörlich ihre Forschungen betrieb.

Ein Lehrgang von einem halben Jahr reichte nicht aus, sich Grundsätze und Praxis der Montessori-Pädagogik völlig zu eigen zu machen. Dennoch kamen Jahr für Jahr Menschen vom Ende der Welt, manchmal unter sehr großen Opfern, um von Dr. Montessori zu lernen. Die persönliche Ausstrahlung des Genies entzieht sich der Analyse. Unzweifelhaft war Maria Montessori eine geniale Persönlichkeit. Die Klarheit ihrer Vision von den unbegrenzten — erzieherischen wie sozialen — Möglichkeiten des „befreiten Kindes“, vor allem aber ihre Persönlichkeit selbst schlug ihre Hörer in Bann. Wo konnte man schon aus einer so klaren Quelle pädagogischer Inspiration schöpfen, die zudem so reich und freigebig spendete? Hätten die Kursteilnehmer das, was sie — über die Fülle neuen pädagogischen Wissens hinaus — von diesen Lehrgängen mitnahmen, in Worte fassen müssen, obwohl es sich eigentlich dem Wort entzog, sie hätten etwa von Glaube, Hoffnung, Liebe gesprochen: Glaube an den neuen Beruf, den sie sich erwählt hatten, neue Hoffnung für die Menschheit und tiefere Liebe zum Kind.

Um es noch deutlicher zu sagen: Die Teilnehmer waren gekommen, um über Kinderpsychologie und Hygiene, über Arbeitsmaterial und Klassenführung zu hören, und stellten am Schluß des Kurses fest, daß sie außerdem über sich selbst und ihre eigene Lebensführung Neues wußten. Sie hatten zu hören gehofft, wie sie dem Kinde in der Entwicklung wirksamer helfen könnten, und merkten dann, daß ihnen bei ihrer eigenen Entwicklung geholfen worden war. Neue Horizonte waren ihnen aufgetan worden, sie hatten in der Seele des Kindes eine neue Welt erschauen dürfen, von deren Existenz sie sich kaum hatten träumen lassen. Eine Art „gelobtes Land" lag vor ihnen, und sie sollten es betreten und besitzen. Kurzum, sie hatten echten geistigen Reichtum gewonnen und damit zugleich eine Wandlung ihres Wesens erfahren.

Der Auftrag

Je mehr sich die Kurse jeweils ihrem Ende zuneigten, um so mehr verstärkte sich bei den Teilnehmern das Gefühl der Verbundenheit in einer großen Aufgabe. Kein Wunder, daß der der Diplomverteilung dienende Abschluß einen feierlichen Charakter trug. Die folgenden Sätze entstammen einer aus dem Stegreif gehaltenen Abschiedsrede Maria Montessoris am Ende eines dieser Lehrgänge. Nachdem die Teilnehmer sie mit einem Geschenk und einer Ansprache geehrt hatten, erwiderte sie:

„Es fällt mir schwer, meine Gefühle und meine Dankbarkeit auszudrücken. Wir haben mehrere Monate miteinander verbracht und sind uns bewußt geworden, daß das Band, das uns einigt, fester geworden ist. Ich bin überzeugt, daß es niemals reißen wird. Sie und ich, wir sind Pilger auf dem Weg zu einer Idee, wir haben uns zusammengetan, weil wir für den Sieg eines Prinzips kämpfen, das nicht uns selber betrifft, sondern das Kind.

„Sie und mich hat etwas Schönes und Tiefes im Kinde angelockt — nicht nur in all den reizenden Einzelgeschöpfen, die wir lieben, auch in jenem beinah symbolischen Wesen, das ein Geheimnis in sich birgt, ein Geheimnis, das wir nie völlig ergründen werden und das uns darum auf immer in Bann halten wird.

„Das Kind wollten wir schützen und haben erkannt, daß wir selber Schutz brauchen. Wir haben nach Methoden zur Erziehung und Bildung des Kindes gesucht, und wissen jetzt, daß das Kind unser Lehrmeister ist. Bilden kann dieser Lehrmeister uns nicht, aber er kann uns wie keiner sonst unsere Natur und ihre Möglichkeiten zeigen. Darum zieht das Kind uns an: uns als Individuen, als Glieder der menschlichen Gesellschaft und zum Wohle der ganzen Menschheit.

„Ich spreche eine Sprache, die viele von Ihnen nicht verstehen. Sie selber gehören verschiedenen Rassen und Nationen an, aber Sie sitzen beieinander

ist, dann muß etwas an ihr ganz und gar falsch sein. Die überwiegende Mehrheit der Menschen will keinen Krieg — und dennoch brechen immer wieder Kriege aus. Die sichtbaren Ereignisse aber, die dazu führen, sind — davon wollte Maria Montessori uns überzeugen — nicht die eigentlichen Kriegsursachen: Sie liegen vielmehr tief im Kollektiv-Unbewußten der Menschheit.
Maria Montessori sieht die wahre Ursache darin, daß beim Aufbau unserer Kultur ein lebenswichtiger Faktor übersehen worden ist, und zwar das Kind als gesellschaftsbildende Kraft. Alle bisherigen Kulturen, einschließlich unserer eigenen, ruhen daher auf mangelhaften Fundamenten. Immer haben nur die „Lebenswerte des Erwachsenen" gezählt, das Kind hat seinen rechtmäßigen Platz noch nicht eingenommen. Von jeher gilt die Kindheit lediglich als eines der Stadien, die das Individuum durchlaufen muß, um erwachsen zu werden. Aber die Kindheit ist mehr, ist eine geschlossene Ganzheit mit eigener Aufgabe, die Kindheit ist „der andere Pol" der Menschheit.
„Das Kind und der Erwachsene sind zwei ganz verschiedene Teile der Menschheit: sie müssen zusammenarbeiten und sich gegenseitig helfen. Nicht nur muß der Erwachsene dem Kind helfen, sondern auch das Kind dem Erwachsenen. Mehr noch! In diesen krisenhaften Augenblick der Geschichte ist die Hilfe des Kindes für die Menschheit zur unabdingbaren Notwendigkeit geworden. Bisher haben wir beim Aufbau unserer Gesellschaftsordnung die Gestalt des Kindes außer acht gelassen, und darum ist die Menschheit einem Manne vergleichbar, der auf einem Bein vorwärtskommen will statt auf beiden."
Wie aber kann das Kind beim Aufbau der Gesellschaft helfen? Indem man ihm erlaubt, *seinen* Beitrag zu leisten, *seine* „Arbeit", zu tun, die in nichts Geringerem besteht als im Aufbau des kommenden Menschen. Bisher hat das Kind diesen seinen Beitrag noch niemals leisten dürfen, weil man ihm niemals Mittel oder Gelegenheit dazu gegeben hat. Warum nicht? Weil wir bislang nicht erkannt hatten, daß es die Funktion des Kindes ist, der potentielle Erbauer der späteren Gesellschaft zu sein.
Dem, der die „Normalisierung des Kindes durch Arbeit" mit allen Folgeerscheinungen aus eigener Erfahrung kennt, dem eröffnen sich bedeutsame Ausblicke auf eine bessere menschliche Gesellschaft. Diese „erwachten" Kinder, daran besteht kein Zweifel, stellen einen neuen und höheren Persönlichkeitstyp dar.
Mit visionärem Blick hat Maria Montessori etwas vorausgeschaut, das noch nicht existierte, für das die Basis aber bereits gegeben war: die Eigenschaften des normalisierten Kindes.
„Wir dürfen", sagt sie, „vor dieser Vision des Kindes, vor den Forderungen des noch Unsichtbaren nicht erschrecken." Indem wir den Schwerpunkt

vom Erwachsenen und seinen Werten auf das Kind und seine Werte verlegten, würden wir den Lauf der Kultur gänzlich verändern. Wir würden statt des bisherigen äußeren einen inneren Stützpunkt besitzen. Der Mensch selbst würde den höchsten Wert darstellen, und alle anderen Werte müßten ihm nachgeordnet werden. Die äußeren Werte gälten nur mehr als notwendige Mittel, deren wichtigster Zweck darin bestünde, die „kosmische Mission der Menschen auf Erden zu gewährleisten". „Wahrlich, ich glaube, daß Gesetze und Verhandlungen nicht genügen. Was wir brauchen, ist eine Welt voller Wunder, wie wir sie erlebt haben, als das kleine Kind spontan nach Arbeit und Selbständigkeit verlangte und uns damit einen Schatz an Begeisterung und Liebe kundtat." Wie einst die Jünger, so streiten sich die Nationen herum, „welcher unter ihnen sollte für den Größten gehalten werden". Maria Montessori möchte das Kind in ihre Mitte stellen, damit es ihnen den Weg zum Frieden zeige.

Je tiefer das Wellental, um so höher die Woge

Daß zwei große Entdeckungen verborgener und unvermuteter Kräfte — der im Atom gefesselten materiellen und der im Kind verborgenen geistig-seelischen Energien —, daß zwei solche Entdeckungen in eine Epoche fallen, hält Maria Montessori nicht für einen Zufall, sondern für das Werk der Vorsehung, „jenes Geistes, der die Ereignisse bestimmt und lenkt und häufig im Gegensatz zu den Wegen der menschlichen Logik. Zerstörung und Wiederaufbau, Krieg und Frieden treffen aufeinander, wenn eine Epoche sich ihrem Ende nähert und eine neue anhebt".

Maria Montessori in den Augen ihrer Freunde

Wenn es schon an und für sich nicht leicht ist, einen Menschen, der einem dreißig Jahre lang vertraut gewesen ist, in wenigen Sätzen zu schildern, so hat das in diesem Falle seine besonderen Schwierigkeiten, weil Maria Montessoris Persönlichkeit sich in so vielen verschiedenen Seiten ausdrückt. Der hervorstechendste Zug ihres Wesens dürfte eine mächtige und unerschütterliche Charakterstärke gewesen sein, die etwas von einem Fels hatte, dem Sturm und Brandung nichts anhaben können. Sie gehörte zu jenen seltenen Menschen, für die es keine Hindernisse zu geben scheint, denen — Napoleon ist ein gutes Beispiel dafür — die Zeitgenossen beinah übernatürliche Leistungen zutrauen, und die darum gelegentlich eine Art Furcht einflößen, wie sie einen in der Nähe von Naturgewalten überkommt.

und es wundert Sie nicht. Wir haben zusammengefunden, weil etwas uns eint, das allen Kulturen, allen Gesellschaftsschichten und allen Konfessionen gemeinsam ist — ‚das Kind‘.“ —
Vierzehn Jahre später hat Maria Montessori, im Mai 1951, zum Abschluß des Neunten Internationalen Montessori-Kongresses in London gesprochen. Der Augenblick war feierlich und denkwürdig, denn viele der Anwesenden ahnten, daß sie Maria Montessori zum letztenmal sprechen hörten, ein Vorgefühl, das sich bewahrheiten sollte.
Der Kongreß war ein großer Erfolg gewesen. Hervorragende Persönlichkeiten, die Fülle — vom Kultusminister bis zu den, freilich nicht weniger wichtigen, kleinen Kindern, die ihr einen Blumenstrauß überreichten —, hatten die große Pädagogin geehrt. Nachdem sie für alle Huldigungen gedankt hatte, schloß sie mit folgenden Worten:
„Bei der großen Ehrung, die Sie mir erwiesen haben, meine Damen und Herren, ist mir ein Gleichnis eingefallen. Haben Sie schon einmal beobachtet, wie Ihr Hund sich verhält, wenn Sie ihn auf etwas aufmerksam machen wollen? Er blickt nicht in die Richtung, in die sie weisen, sondern starrt auf Ihren ausgestreckten Zeigefinger. Darf ich Ihnen sagen, daß Sie etwas ganz Ähnliches tun, wenn Sie *mir* soviel Beachtung schenken? Seit nunmehr vierzig Jahren deute ich auf jemand hin — Sie aber sehen gewissermaßen meinen Finger an und sagen vielleicht: ‚Was für einen hübschen Finger sie hat, und was für einen schönen Ring sie trägt!‘ Die höchste Ehre aber und die tiefste Dankbarkeit können Sie mir erweisen, wenn Sie dahin schauen, wohin ich deute — auf das Kind!“

Vertreterin des Jahrhunderts des Kindes

Jedes Zeitalter besitzt seine „repräsentativen Gestalten“, wie Emerson sagt, Menschen nämlich, die ausdrücken, was wir unter dem „Zeitgeist“ verstehen. Wünsche, Strebungen, die sich in Tausenden ihrer Zeitgenossen dumpf regen, sehen sie klar und in Zusammenhängen. Was solche Menschen tun und sagen, hat mehr als individuelle Bedeutung, und mit dem Feuer ihres Genius rufen sie neue Bewegungen ins Leben. Sie verkörpern, was Shakespeare „die prophetische, vom Kommenden träumende Seele der weiten Welt“ genannt hat.
Ohne Zweifel wird die Weltgeschichte Maria Montessori zu den ihr Zeitalter repräsentierenden Persönlichkeiten zählen, falls sie es nicht schon tut. Wer die erzieherischen Entwicklungen unseres Jahrhunderts kennt, weiß, welchen Einfluß sie auf die Pädagogik in fast allen Ländern ausgeübt hat. Sie ist heute schon ein Fixstern am Himmel der Pädagogik und wird dort neben Comenius, Pestalozzi, Fröbel und anderen auf immer leuchten. Und

dennoch hat sie letztlich nicht als Pädagogin, als Gründerin der nach ihr benannten Methode und Schule Anspruch auf unsere Dankbarkeit: etwas in ihrer Botschaft ist tiefer, reicht weiter und ist wichtiger als alles das.

Reform der Gesellschaft und Friedensproblem

Eine ausführliche Darlegung dieser tieferen Aspekte würde nicht nur den Rahmen dieses Buches sprengen, es hieße auch gewissermaßen das Pferd beim Schwanz aufzäumen; denn man kann die Sozialreformerin in Maria Montessori erst sehen, wenn man von der Bedeutung ihrer psychologischen „Entdeckungen" überzeugt ist, auf die allein sich die sozialreformerischen Hoffnungen gründen. Deshalb hier nur ein kurzer Hinweis.

Mit Recht nennen wir unser Jahrhundert das Jahrhundert des Kindes, denn noch nie zuvor hat es so viele Bestrebungen zum Wohle des Kindes gegeben. Mehr als irgendeinem anderen Menschen unserer Epoche ist Maria Montessori der allen diesen Strömungen zugrunde liegende Sinn bewußt geworden. Mit der Hellhörigkeit des Genies hat sie wahrzunehmen vermocht, was da aus dem Unterbewußtsein der Menschheit ans Licht dringen wollte.

Schon 1926 hat sie in einem Vortrag über „Erziehung und Frieden" vor dem Völkerbund in Genf folgendes geäußert:

„Die Krise, deren Zeugen wir sind, ist keine von denen, die einen Übergang von einer Ära in eine andere kennzeichnen, sie ist vielmehr nur mit dem Anbruch einer neuen geologischen oder biologischen Epoche vergleichbar, wenn neue, besser entwickelte, vollkommenere Wesen die Szene betreten, während sich auf Erden Lebensbedingungen verwirklichen, die es nie zuvor gegeben hat. Verlieren wir diesen Tatbestand aus dem Auge, werden wir uns alsbald in eine Weltkatastrophe verwickelt sehen . . . Wenn Menschen siderische Kräfte, von denen sie doch im Grunde nichts wissen, blindlings handhaben, um einander zu vernichten, so wird dieser Versuch rasch zum Erfolg führen — denn die verfügbaren Kräfte sind unendlich groß und sie sind allen jederzeit und überall zugänglich."

Diese prophetischen, viele Jahre vor der Schaffung der Atombombe gesprochenen Worte haben sich in den apokalyptischen Blitzen von Hiroshima und Nagasaki schrecklich erfüllt. „Die heutige Menschheit", fuhr Maria Montessori in jener Völkerbundansprache fort, „gleicht einem Kinde, das sich im nächtlichen Wald verlaufen hat und nun von den Schatten und den unheimlichen Geräuschen der Nacht geängstigt wird. Immer noch haben die Menschen nicht klar genug erkannt, welche Kräfte sie in den Krieg hineintreiben — und deshalb sind sie wehrlos dagegen!"

Wenn der Bestand unserer Kultur in solcher Weise von *innen* her bedroht

Ihr großer Kopf war wohlgeformt, ihre Stirn mächtig, ihre braunen Augen blickten durchdringend, ihr Mund war sensitiv und ihre ganze Mimik von typisch italienischer Lebhaftigkeit. Sie war alles andere als blaustrümpfig, vielmehr sehr weiblich und darum immer elegant und geschmackvoll gekleidet. Mit ihren überragenden intellektuellen Fähigkeiten verband sie eine bezaubernde Art sich zu geben und eine große Herzensgüte, die besonders bemerkbar wurde, wenn sie mit kleinen Kindern sprach. Dann ging geradezu ein Strahlen von ihr aus.

Dies Gewinnende und Liebenswürdige, das für ihr Wesen ebenso charakteristisch war wie die schon erwähnte unbeugsame Willenskraft, machte sie noch anziehender. Für die Schwachen, Unentwickelten und Unterdrückten empfand sie eine mütterliche Zärtlichkeit, und wo immer sie mit solchen zusammenkam, drängte ihr hilfsbereites Herz, zu schützen und zu ermutigen. Weswegen sie auch für alle die, die ihr am nächsten gestanden haben, „Mammolina", die kleine Mutter, ist und bleibt.

In der Unterhaltung und auf dem Podium sprach sie einfach, geradezu und ohne auf Effekt auszugehen. Was sie auch sagte oder tat, wirkte mühelos und natürlich, immer erweckte sie den Eindruck, als verfüge sie über unerschöpfliche Kraftreserven, die niemals bis zum letzten beansprucht würden. Auf ihren vielen Reisen, unter den verschiedensten Umständen war sie immer auf der Höhe der Situation, immer ruhig, auf eine stille Weise selbstsicher und stets Herrin der Lage.

Sie war eine brillante Rednerin mit einem ganz eigenen Stil, einem unverdorbenen Sinn für das Gewicht des Wortes, einem makellosen und faszinierenden Vortrag. Außer in französisch sprechenden Ländern hielt sie ihre Vorträge immer italienisch, wenn nötig mit Dolmetscher. Aber ihr Italienisch war so klar und schön, ihre Redeweise und ihr Ausdruck so lebendig, daß selbst Menschen, die nicht italienisch konnten, ihr mit Vergnügen zuhörten.

Nicht weniger Eindruck als ihr Vortrag machte die Art, wie sie ihre Themen entwickelte, wobei ihr ihre lebhafte Phantasie aus einem offenbar unerschöpflichen Reservoir spontan Gleichnisse über Gleichnisse, Metaphern über Metaphern lieferte. Ein Beispiel für hunderte. Bei irgendeiner Gelegenheit wollte sie klarmachen, daß der psychologische Schlüssel zum ganzen Problem der Selbsterziehung das *Interesse* sei. Manchmal habe das Kind durchaus verstanden, was der Lehrer sage, aber es bringe kein Interesse auf. Das illustrierte sie folgendermaßen:

„Ein Fremder, der die Landessprache nur flüchtig kannte, wurde von einem Bettler angesprochen. Der Fremde, der reich, aber geizig war, hörte dem Bettler, der sich bemühte, ihm sein Anliegen verständlich zu machen, zu, und es dauerte ziemlich lange, bis er begriffen hatte. Er schwieg eine Weile und sagte dann: ‚Ich verstehe — aber ich gebe nichts!'"

Die breite Wirkung ihrer Vorträge hängt aber vermutlich auch damit zusammen, daß sie Erziehungsprobleme nie vom rein fachlichen oder nützlichkeitsbezogenen Standpunkt aus sah, daß sie vielmehr immer die Menschen zentral anzusprechen wußte.

Auch bei der Ausbildungsarbeit stand dieser Appell allem andern voran. „Der Lehrer wäre im Irrtum, der glaubte, er könne sich auf seine Aufgabe allein durch Studium und Wissenserwerb vorbereiten. Was er vor allem andern braucht, ist eine klare innere Haltung.“ Das Bewußtsein vom Vorrang des Geistigen bildete gleichsam den Hintergrund aller ihrer Vorträge. Nicht daß sie jemals „predigte“ oder ihre eigenen religiösen Ansichten in den Vordergrund schob. (Ihr hätte Charles Lamb, wenn er sie gekannt hätte, bestimmt nicht geantwortet, was er einmal seinem Freunde Coleridge, als der ihn fragte: „Hast du mich eigentlich je predigen hören, Charles?“, entgegnete: „Ich hab dich nie etwas anderes tun hören!“) Auch bei Dingen wie Mathematik und Grammatik ließ sie nie das geistige Element außer acht. Das soll jedoch nicht heißen, daß sie je die Religion hineinzog. Sie sah in jedem Unterrichtsobjekt eine Äußerung des Geistes und behandelte es mit entsprechender Achtung.

Hatte sie sich für einen Weg, den sie gehen zu müssen glaubte, einmal entschieden, dann konnte weder Kritik noch Gegnerschaft sie beirren. Als in Italien der Faschismus an die Macht kam, begriff sie sofort, daß ein Erziehungssystem mit dem Ziel einer freien Persönlichkeitsbildung in einer totalitären Atmosphäre nicht gedeihen kann; und die Faschisten ließen auch alle ihre Schulen schließen. Im nationalsozialistisch regierten Deutschland und Österreich waren die Maßnahmen noch drastischer: in Berlin und Wien verbrannte man auf Scheiterhaufen aus ihren Büchern ihr Bild. Sie ging nach Spanien und schlug ihr Zentrum in Barcelona auf. Der spanische Bürgerkrieg brach aus, und da sie Katholikin war und Bücher über modernen Religionsunterricht geschrieben hatte, war sie an Leib und Leben gefährdet. Mit Hilfe der britischen Regierung konnte sie — innerhalb einer Stunde — auf ein englisches Kriegsschiff entkommen. Sie ließ sich in Holland nieder und eröffnete als nunmehr Fünfundsechzigjährige in Laren bei Amsterdam eine neue Schule und ein Ausbildungsseminar. Und während all dieser Wechselfälle unterbrach sie weder ihre halbjährigen Ausbildungskurse noch ihre wissenschaftlichen Untersuchungen.

Nie sah man sie in Eile, und doch erledigte sie eine Unmenge Arbeit. Eines Tages besuchte ich die Schule in Laren, wo auch sie an diesem Vormittag weilte, die Klassen besichtigte und mit dem Lehrerkollegium ein paar Zweifelsfragen besprach. Dann fuhr sie nach Amsterdam, aß zu Mittag, flog nach Croydon und hielt um halb sieben den Teilnehmern des Ausbildungskurses in London einen Vortrag.

1948 flog sie von Holland nach London, aß dort zu Mittag und trat noch am selben Tage die Luftreise nach Indien an. Damals war sie achtundsiebzig! Bei diesem Lunch war der Verfasser anwesend und erinnert sich, daß die Dottoressa von ihrem Tageslauf keineswegs überwältigt, sondern in guter Form schien und lebhaft die Bedeutung des Unterbewußten für die Erziehung diskutierte, wobei sie die Meinung äußerte, die verschiedenen Erziehungssysteme sähen im großen und ganzen Funktion und Rolle des Unterbewußten für die geistige Entwicklung nicht klar genug. Einer der Gründe ihrer Leistungsfähigkeit lag ohne Zweifel in ihrer Begabung, ihre Energien nicht nutzlos zu verschwenden. Als sie einmal gefragt wurde, warum sie einem gewissen Professor, der ihre Pädagogik heftig angegriffen hatte, nicht antworte, erwiderte sie ohne Zögern: „Wenn ich eine Leiter hinaufsteige, und ein Hund will mich in den Knöchel beißen, dann bleibt mir nur zweierlei übrig — nach ihm treten oder höher hinaufsteigen. Ich steige lieber höher hinauf."

Nicht viele Pädagogen haben wie sie Theorie und Praxis nahtlos miteinander zu verbinden gewußt. Im Nu erkannte sie in der kleinsten Einzelheit das verborgene Gesetz; vermochte sie auf die kleinsten praktischen Details die allgemeinen Prinzipien anzuwenden. Jedermann weiß, daß kleine Kinder gern einer Linie auf dem Pflaster folgen — sie aber erkannte die psychologische Bedeutung dieser Eigenheit, die damit zusammenhängt, daß es den Kindern wegen ihres noch unverhältnismäßig großen Kopfes schwerfällt, das Gleichgewicht zu wahren. Aus dieser Erkenntnis heraus entwickelte sie die Gleichgewichtsübungen, die noch heute in den Kinderhäusern zu den beliebtesten Punkten des Tagesprogramms gehören.

Obwohl sie den Kurs ihres Lebens manchmal eher auf Grund einer Eingebung als verstandesmäßig setzte, bewahrte sie doch ihr wohlausgewogenes Temperament immer vor Überspanntheiten. Ihr gesunder romanischer Formsinn bestimmte ihr Urteil und verlieh ihrem Tun Klugheit. Ich habe sie erlebt, wie sie nach einem Vortrag voll hoher Gedanken vor einer vielköpfigen gelehrten Hörerschaft daheim für ihre Gäste ein ausgezeichnetes Omelett zubereitete — und beide Male war sie gleich aufmerksam und gleich heiter bei der Sache.

Ihr Sendungsbewußtsein beeinträchtigte keineswegs ihren Humor, der ihren Vorträgen besonderen Charme verlieh und die Unterhaltung mit ihr noch reizvoller machte. Immer sprach sie originell, aber nie gesucht, anregend, aber ungekünstelt. Ihr Humor hinderte sie auch daran, sich selbst übertrieben ernst zu nehmen, eine Gefahr, der Menschen, denen die Welt zu Füßen liegt, bekanntlich selten entgehen. Ich habe glühende Anbeter (deren Begeisterung ja häufig ihre Intelligenz übersteigt) von ihr als einem „neuen Messias", als der „Stifterin einer guten Weltreligion" sprechen hören. Sie selbst war weit skeptischer und der Kritik wie den Vorschlägen anderer

immer sehr zugänglich. Einige ihrer besten Bücher wären ohne Zureden ihrer Freunde niemals geschrieben worden.
Sie war Wissenschaftlerin, hat bis zu ihrem vierzigsten Jahr in einer durch und durch wissenschaftlichen Atmosphäre gelebt und ihre wissenschaftliche Einstellung auch niemals aufgegeben. Ein großer Teil ihres Erfolges ist tatsächlich auf die Fähigkeit zurückzuführen, die Dinge mit dem objektiven Geist des wissenschaftlichen Forschers zu sehen. Auch die demütige Bereitschaft des echten Forschers, um beobachteter Tatsachen willen traditionelle Vorurteile aufzugeben, hat sie ihr ganzes Leben lang nie abgelegt. Aber sie hat auch dem Wissenschaftler in sich niemals erlaubt, seine Grenzen zu überschreiten, weil ihr immer gegenwärtig war, daß die Wissenschaft es mit Folgeerscheinungen zu tun hat, nicht mit den letzten Geheimnissen des Lebens, nicht mit der *Ersten Ursache*, nicht mit der *Metaphysik*. Deshalb ist sie auch nie mit der Religion in Konflikt geraten wie so viele Wissenschaftler und konnte als weltberühmte Kapazität Bücher über den Religionsunterricht schreiben, die die Anerkennung höchster kirchlicher Autoritäten fanden. Gerade diese glückliche Verbindung von Wissenschaftler und „Mystiker“ verlieh ihrer Persönlichkeit wie ihrer Leistung die Einheitlichkeit und Harmonie, ihrer pädagogischen Methode die innere Folgerichtigkeit, das heißt die logische Klarheit und Exaktheit auf der einen und die moralische und geistige Gesundheit auf der andern Seite. Das war wohl auch der Grund, warum die von ihr ins Leben gerufene Bewegung alle Menschen ansprach und tief in die Seelen drang.
Und schließlich war sie selbst die Verkörperung dessen, was sie als Ideal eines Lehrers bezeichnet hat, eines Menschen, der „die Selbstaufopferung des Wissenschaftlers mit der Liebe des Jüngers Jesu verbindet.“

II. ZUR SEELISCHEN ENTWICKLUNG DES KINDES

Fünftes Kapitel:

DER KLEINE ENTDECKER

Wie schon die Besucher der ersten Montessori-Schulen vor allem von der spontanen Arbeitsfreude der Kinder frappiert waren, so macht auch heute noch jeder, den man auf seinem ersten Gang durch eine Montessori-Schule begleitet, über kurz oder lang unweigerlich dieselbe Bemerkung: „Wenn ich es nicht mit eigenen Augen gesehen hätte, würde ich nicht glauben, daß die Kinder tatsächlich ganz aus sich heraus arbeiten."

Und doch ist es so. Die Pädagogik Maria Montessoris gründet sich geradezu auf die spontane geistige Aktivität des Kindes. Frühere Lernmethoden setzten ohne weiteres voraus, daß Kinder ohne Anregung durch einen äußeren Beweggrund nicht ausdauernd arbeiten können — *spielen* wohl, aber nicht *arbeiten*. Deshalb mußte der Lehrer vor allem die Aufmerksamkeit der Kinder zu fesseln verstehen, das heißt „die Pille immer wieder einmal anders verzuckern", wozu auch Belohnungen und Strafen gehörten.

Maria Montessori ist völlig anderer Meinung: Arbeiten Kinder nicht gern und spontan, dann liegt der Fehler nicht bei den Kindern, sondern bei der Unterrichtsmethode. Zeigen Kinder sich gelangweilt, unaufmerksam und begriffsstutzig, dann setzen wahrscheinlich die Unterrichtsmethoden dem „spontanen Funktionieren" des kindlichen Geistes unübersteigbare Hindernisse entgegen. Bemerkenswerterweise wurde eine ähnliche Ansicht schon von Aristoteles und den Scholastikern vertreten. Nach ihnen „muß — wenn alle Hindernisse aus dem Wege geräumt sind — eine Fähigkeit sich auswirken, was in der Tat der Beweis ihres Vorhandenseins ist". Für den Verstand ist es ebenso natürlich, zu funktionieren — wenn alle Hindernisse beseitigt sind! —, wie es für das Herz natürlich ist, zu schlagen. Es ist ebenso natürlich für das Kind, eines Tages Vergleiche und Klassifizierungen vorzunehmen, wie im gegebenen Augenblick zu laufen.

Einem aufgeschlossenen Menschen braucht man zum Beweis alles dessen nur eine arbeitende Montessori-Klasse zu zeigen, was aber leider nicht immer möglich ist. Ein anderer Beweis ist leichter zu führen und nicht weniger stichhaltig: man braucht sich nämlich nur einmal wirklich klarzumachen, welche Arbeitsleistung der völlig ungeleitete kindliche Geist in den ersten drei bis vier Lebensjahren — also ehe das Kind zur Schule oder in den Kindergarten geht — spontan vollbringt. Nur die Gewohnheit macht uns blind gegen die Wunder, die Tag für Tag vom Morgen bis zum Abend vor unseren Augen geschehen.

Vergleichen wir den geistigen Horizont eines Dreijährigen mit dem eines Neugeborenen — wozu ein nicht geringer Aufwand an Phantasie gehört, der sich aber lohnt —, dann geht uns nach und nach auf, was die erleuchtende Kraft des Verstandes in diesem winzigen Stückchen Menschheit bewerkstelligt hat.

Wie muß ein solches Geschöpfchen, das eben erst mit Ach und Weh eine eigene Existenz begonnen hat, die Welt erleben? Aus der Stille und Geborgenheit seines vorgeburtlichen Daseins, wo ihm alles, selbst Ernährung und Verdauung, von einem andern Wesen abgenommen wurde, findet es sich plötzlich nackt und bloß in eine andere, fremde Welt geworfen. So anders, so fremd ist diese Welt, daß es nichts in ihr wiedererkennt, nicht einmal sich selbst. Es weiß nichts, erinnert sich an nichts, begreift nichts. Wohl aber drängen sich aus der fremden Welt durch alle seine Sinne, die grade erst zu funktionieren begonnen haben, Hunderte von verwirrenden Eindrücken auf. Wie *James* sehr richtig sagt, ist die Umwelt des Neugeborenen nichts als „ein gewaltig summendes, dröhnendes Chaos". Weder hat das Kind eine Vorstellung von Zeit, Raum, Form und Farbe, von Ursache und Wirkung, noch kennt es auch nur den Unterschied zwischen Selbst und Nicht-Selbst. Es hat überhaupt keine Vorstellung von irgend etwas, denn Vorstellungen setzen Sinneserfahrungen voraus, die es noch nicht hat (vgl. neuntes Kapitel). Keine Erinnerungen aus der Vergangenheit helfen ihm bei der Anpassung an die verwirrende Gegenwart. Es weiß nicht, wie die Dinge heißen, noch, wozu sie gebraucht werden. Wenn es sich schlecht fühlt, kann es nicht sagen, wie ihm zumute ist, denn wie Tennyson es ausdrückt, ist es nur

„Ein weinend' Kind in dunkler Kammer
das nach dem Licht verlangt und noch
Nicht Worte hat für seinen Jammer."*

Das große „Puzzle-Spiel"

Aus diesem „gewaltig summenden, dröhnenden Chaos", bloßer „Dasheit", aus all den gleichzeitig andringenden Sinneseindrücken muß das winzige Menschenwesen allmählich ein regelrechtes „Welt-Bild" aufbauen. Und alsbald macht es sich ans Werk, das ungegliederte Chaos in einen geordneten

* Zitiert nach der Übersetzung von Robert Waldmüller-Duboc in *Freundes-Klage* nach Tennysons *In Memoriam*, Hellmuth Henklers Verlag, Dresden, 5. Aufl., o. J.

Kosmos zu verwandeln, und das gigantische Ausmaß der Aufgabe ficht es nicht an. Genau genommen muß es sogar zwei Welten erschaffen: eine innere und eine äußere Welt.

Gleich nach der Geburt beginnt das große Werk. „Ein Junge von vier Wochen hatte noch nie das Haus verlassen. Die Pflegerin hielt ihn im Arm, als der Vater zusammen mit einem im Hause lebenden Onkel vor ihn hintrat. Die beiden Männer waren ungefähr von gleichem Wuchs und gleichem Alter. Der Kleine vollführte eine Bewegung heftigen Erstaunens, beinahe des Schreckens. Die beiden Herren, die etwas von unserer Kinderpsychologie wußten, bemühten sich hierauf, dem Kleinen zu Hilfe zu kommen und ihn zu beruhigen. Sie blieben in seinem Gesichtsfeld, traten jedoch auseinander, der eine nach rechts, der andere nach links. Sichtlich beruhigt, wandte sich das Kind einem von beiden zu, starrte ihn an und begann hierauf zu lächeln.

Plötzlich aber zeigte es von neuem den früheren beängstigten Gesichtsausdruck, und mit einem Ruck des Kopfes sah es zu dem anderen Herrn hinüber. Es fixierte ihn längere Zeit, um schließlich auch ihm zuzulächeln.

Etwa zehnmal wiederholte sich der Wechsel von Beängstigung und Lächeln, stets begleitet von Kopfbewegungen nach links und rechts, bis das Kind begriffen hatte, daß es sich hier um zwei Männer handelte. Es waren die einzigen Männer, die es bisher überhaupt gesehen hatte, und jeder von ihnen hatte es bereits des öfteren auf den Arm genommen und mit Liebkosungen und zärtlichen Worten bedacht. So hatte der Kleine begriffen, daß es ein von der Mutter, der Pflegerin und den anderen ihm bekannten Frauen verschiedenes Wesen gab; doch da es die beiden Männer noch nie gleichzeitig vor sich gehabt hatte, hatte es gemeint, es gebe nur einen einzigen Mann. Daher sein Schreck, als es sehen mußte, daß dieses Wesen, das es mit soviel Mühe aus dem Chaos herausgelöst und in seine Welt eingeordnet hatte, plötzlich in verdoppelter Gestalt auftrat."

Der Satz, „das es mit soviel Mühe aus dem Chaos *herausgelöst* hatte", beschreibt unübertrefflich die Art der Tätigkeit, die der menschliche Verstand von allem Anfang an spontan leistet.

Die Rätsel des Raumes

Sehen wir uns einige Bestandteile des Puzzle-Spiels, als welches die Welt dem Kinde bei seiner Geburt erscheinen muß, genauer an und beobachten wir, wie der noch unerfahrene kindliche Geist die Arbeit vornimmt. Nehmen wir beispielsweise den Raum, die Stellung der Gegenstände zueinander und ihre Größenverhältnisse. Für ein kleines Kind ist das alles höchst problematisch und bleibt es auch noch für den Erwachsenen, wie Einstein nachgewiesen hat. Jeder kennt das eigenartige Gefühl beim Eisenbahnfahren, wenn man meint, der eigene Zug habe sich in Bewegung gesetzt, und dann plötzlich merkt, daß gar nicht der eigene Zug fährt, sondern der vom Bahnsteig gegenüber. Solcher Überraschungen muß das Dasein des kleinen Kindes voll sein. Noch hat es ja keine Vorstellung von der Entfernung zwischen den Gegenständen und sich selber, noch von ihrer Größe, und darum streckt es die Hand nach dem Mond aus.

Meine Schwester nahm einmal ihre kleine anderthalbjährige Tochter mit aufs Feld, wo das Kind zum erstenmal eine Kuh sah. Bis dahin hatte die Kleine nur eine Spielzeugkuh gekannt, mit der sie daheim spielte. Sofort identifizierte sie in der wirklichen Kuh dieselbe Gattung, begann vor Aufregung zu zappeln, streckte die Händchen aus, die sie im Vorgefühl öffnete und schloß und rief energisch: „Haben! Haben!“ Meine Schwester machte ihr klar, daß sie ihr die Kuh nicht geben könne, weil sie viel zu groß sei, aber das sagte der Kleinen nichts. Selbst als ihre Mutter sie zu der Kuh hinbrachte, verlangte sie immer noch mit unverminderter Heftigkeit, sie in die Hand zu nehmen.

Dieser Vorfall erinnert mich an eine Erzählung des Physikers Helmholtz, der als kleiner Junge einmal mit seiner Mutter in der Nähe von Potsdam spazieren ging. Hoch oben auf einem Kirchturm sahen sie ein paar Menschen. Er glaubte, sie seien so klein, wie sie ihm vorkamen und bat seine Mutter, ihm einige herunterzuholen, damit er sie mit heimnehmen könne. Und er sei sehr bös gewesen, daß sie es nicht tat.

Wenn man sich diesen Mangel an Erfahrung mit der Größe der Gegenstände und ihrem Verhältnis zueinander vor Augen hält, dann versteht man, warum die Montessori-Zylinder das noch unerfahrene kleine Volk so erregen, warum sie sich so freudig mit diesen sonderbaren und so wenig „romantischen“ Sachen einlassen und wochenlang, manchmal monatelang Tag für Tag mit ihnen arbeiten. Von der immer besseren Beherrschung der Übung rührt ihre Befriedigung nicht allein her — vielmehr führt die neue Fertigkeit zu einem Gefühl wachsender Macht, die sie instand setzt, Größe und Umfang der Gegenstände immer leichter zu erkennen und zu vergleichen. Und weil dieses Können sie befähigt, sich immer sicherer in ihrer Umgebung zu orientieren, ihrer also „mächtig zu sein“, darum verhilft es ihnen zu einem neuen Gefühl innerer Befriedigung und Ausgeglichenheit.

Das Rätsel des Selbst und des Nicht-Selbst

Ein sehr wichtiger Bestandteil des großen Puzzle-Spiels ist das Selbst des Kindes. Zunächst das körperliche Selbst, dann aber auch seine Persönlichkeit, sein „Ich“ oder „Ego“. Gelegentlich kann man kleine Kinder auf dem

Rücken liegen und aus reiner Lebensfreude blindlings mit Ärmchen und Beinchen herumstrampeln sehen. Plötzlich bekommt das Händchen ganz zufällig ein Füßchen zu fassen, und alsbald nimmt das kleine Gesicht einen entschieden interessierten, um nicht zu sagen überraschten Ausdruck an, den man etwa so deuten könnte: „Nanu, was ist denn das? Ich fühle an beiden Enden? Sehr sonderbar! Muß ich nochmal probieren."

Ich erinnere mich einer Vorlesung, bei der Maria Montessori ein Baby von sechs Monaten beschrieb, das in seinem Kinderwagen saß und irgend etwas — eine Rassel vermutlich — in der Hand hielt. Den Blick starr und konzentriert auf das eigene Händchen geheftet, öffnete das Baby langsam die Finger, einen nach dem andern, bis die Rassel zu Boden fiel. Als man sie ihm wieder in die Hand gegeben hatte, wiederholte es den Prozeß und wiederholte ihn noch viele Male. Offensichtlich, meint Maria Montessori, war das Kind nicht vom Gegenstande selbst und seinem Herunterfallen fasziniert, sondern von der Entdeckung seiner eigenen Finger und der Fähigkeit des Greifens.

Ist nun schon der eigene Körper für das kleine Kind ein rätselvolles Geheimnis — wieviel mehr seine menschliche Individualität! Anfangs kann das Kind zwischen sich und der Umgebung nicht unterscheiden; erst die Arbeit des Verstandes, dessen Wesen es ist, Unterscheidungen zu machen, bringt das Kind nach und nach zum Bewußtsein seiner selbst als eines Einzelwesens, was kein Tier je erreicht.

Vorstellungsvermögen, Traum, Wirklichkeit

Irgendwo macht Maria Montessori die Anmerkung, die meisten Bücher über Kinderpsychologie fingen mit Band X an. Die ersten neun Bände existierten noch nicht und würden auch vermutlich nie geschrieben werden. Wenn aber, würden sie von jenen ersten geheimnisvollen Verrichtungen des dämmernden Verstandes handeln, die vor sich gehen, ehe das Kind sprechen kann; von jenen wunderbaren inneren Schöpfungen, die dem kindlichen Geist gewissermaßen vom Nichts zum Sein verhelfen. Was in diesem dämmernden Geiste vor sich geht, wissen wir nicht, können es auch nur vage vermuten, indem wir die kindlichen Handlungen und Äußerungen interpretieren. Wenn das Kind sprechen kann, hat es diese ersten Erfahrungen vergessen, wie auch wir Erwachsenen sie vergessen haben. Aber ihre Wirkung ist da und ergibt das Fundament für den ganzen späteren Aufbau.

Wie spannend müßten diese „ersten neun Bände" zu lesen sein! Aber sie werden immer Geheimnis des Kindes bleiben. Denn jedes kleine Kind ist, wie Wordsworth sagt, ein Entdecker, „der allein durch fremde Meere fährt".

Nun aber zurück zu den Problemen, die das Kind ohne jede Hilfe lösen soll. Wie zum Beispiel — und wann — gewinnt es eine klare Unterscheidung zwischen einer Erfahrung und der lebhaften Erinnerung an eine Erfahrung? Oder zwischen wirklichen und eingebildeten Erfahrungen? In einem gewissen Stadium verwechseln die Kinder das Wirkliche mit dem Eingebildeten, die Erwachsenen erschweren ihnen zum Teil diese Unterscheidung, indem sie ihnen Phantasiegeschichten erzählen, als seien sie wirkliche Begebenheiten, und soundso oft bestrafen eben diese Erwachsenen die Kinder, „weil sie schwindeln". Manchmal liegt einer kindlichen Lüge die Erinnerung an eine lebhaft geträumte Erfahrung zugrunde, die das Kind noch nicht genau von den Erfahrungen des wachen Lebens zu unterscheiden vermag. Sagen nicht selbst wir Erwachsenen gelegentlich: „Hab ich das jetzt geträumt oder ist es wirklich passiert?"
Doch eines Tages ist es soweit: das Kind kann die Welt des Traumes, die wirkliche Welt und die vorgestellte Welt voneinander unterscheiden. Aber haben die Kinder auf diesem Wege nicht vielleicht verwirrende oder sogar schmerzliche Augenblicke zu durchleben, wie das kleine Mädchen im „Punch"[17], das nachts nach seiner Mutter rief und schluchzend jammerte: „Mammi, Mammi, ich hab' geträumt, ich hätt' mich selbst verschluckt! Ist das wahr?" Auch die ständige Frage Sechs- bis Siebenjähriger: „Ist das wahr?" gewährt uns einen flüchtigen Einblick in den inneren Aufbauprozeß.
Maria Montessori findet es unklug, gerade in diesem Stadium des noch unausgereiften Unterscheidungsvermögens das Kind mit Geschichten von Fabelwesen wie Hexen, Feen, Gnomen, Geistern zu verwirren, weil es sie allzu leicht als Realitäten auffaßt (vgl. neunzehntes Kapitel).

Ursache und Wirkung — auch ein Problem

Von Ursache und Wirkung haben kleine Kinder zunächst nur vage Vorstellungen, weshalb auch in dieser Hinsicht das alltägliche Verhalten der Dinge ihnen Interessantes und Überraschendes bietet. In irgendeinem Augenblick muß es jedem von uns zum erstenmal aufgegangen sein — anfangs vermutlich nur ganz unbestimmt —, daß Gegenstände fallen, Wasser näßt, Feuer brennt, Rauch aufsteigt, Geräusche tönen, Spiegel reflektieren, der Wind mit unsichtbarer Hand Dinge bewegt, eine andere geheimnisvolle Hand die Pfützen auf der Straße trocknet, Wasser gefriert, Schnee schmilzt, Regen und Schnee vom Himmel fallen, daß die Sonne und andere Lichtquellen Schatten erzeugen und so weiter durch die unendliche Kette der Erscheinungen. Diese und zahllose andere Verkettungen von Ursache und Wirkung, die für uns Erwachsene ohne weiteres selbstverständlich sind, müssen die „jungen Forscher“ zunächst als Probleme von größter Bedeutung empfinden, die untersucht sein wollen. Immerfort suchen sie die Beziehungen zwischen den Dingen zu erkunden, das, was Fröbel die „inneren Zusammenhänge“ genannt hat.

Mein kleiner Neffe kam eines Tages zu seiner Mutter hereingelaufen und verkündete aufgeregt: „Mammi, ich hab‘ geniest, und da hat die Uhr geschlagen!“ Ich erinnere mich noch, als wenn es gestern gewesen wäre, obwohl es mehr als ein halbes Jahrhundert zurückliegt, meiner eigenen Aufregung, als ich mit sechs Jahren am Strand spielte und entdeckt zu haben glaubte, wie man Steine in Lederstückchen verwandeln könne! Je mehr man sich das vergegenwärtigt, um so klarer wird einem, daß das kleine Kind in einer Welt lebt, in der Alltäglichkeiten sich wie köstliche Wunder ausnehmen. Rollen Sie, lieber Leser, eine Zeitung zu einem langen Rohr, blasen Sie den Rauch Ihrer Zigarette hindurch, und das Kind von zwei oder drei Jahren wird vor Entzücken außer sich geraten, wenn es den Rauch vorn aus dem Rohr aufsteigen sieht. Ich wette eins zu hundert, daß Sie die Vorstellung ein dutzendmal wiederholen müssen und daß Ihre Geduld rascher zu Ende ist als die des Kindes. Das Faszinierende liegt vermutlich darin, daß der Rauch *unsichtbar* — und also geheimnisvoll — innen durch den Tunnel zieht und an einem ganz andern Platz von selbst zu entstehen scheint.

Eben weil das kleine Kind das gewöhnliche Verhalten der Dinge noch nicht kennt, entlockt ihm oft das wirklich Ungewöhnliche keinerlei Interesse. Einem kleinen Kinde Zauberkunststücke zu zeigen, ist verlorene Liebesmüh. Möglicherweise zuckt es noch nicht einmal mit der Wimper, wenn der Zauberkünstler mit größter Geschicklichkeit aus seinem Zylinder ein Kaninchen produziert. Seine Erfahrung ist noch so begrenzt — warum sollte das bei Kaninchen nicht so üblich sein? Das Kaninchen selbst mit seinem Knopfnäschen und seinen langen Ohren ist schon interessant genug, zumal wenn das Kind noch nie eines gesehen hat. Und auf seine Weise hat es ganz recht: ist es nicht wirklich viel wunderbarer, ein Kaninchen zu erschaffen (nach Art des lieben Gottes), als eins aus einem Zylinder zu produzieren?

Das Geheimnis der Zeit

Nicht weniger geheimnisvoll als der Raum ist die Zeit mit ihren Unterteilungen. Die Fähigkeit, vorwärts- und zurückzublicken, eine wesentlich menschliche Gabe, ist anfangs nur potentiell vorhanden, und auf lange Zeit hat das Kind nur sehr vage Vorstellungen davon. So hatte sich zum Beispiel für Tony (zweieinhalb) jedes Ereignis — ob es nun gestern oder schon vor

einem halben Jahr geschehen war — „gestern abend" abgespielt, und entsprechend lagen alle künftigen Ereignisse in einem ungeheuren, ungegliederten „morgen". Für das Kind (wie übrigens meist auch für uns) treten die kleineren Unterteilungen der Zeit zunächst als *praktische Ereignisse* ins Bewußtsein: Zeit zum Aufstehen, Zeit zum Essen, Zeit ins Bett zu gehen und so weiter. Aber auch dann noch bleibt der Zeitbegriff zunächst verschwommen, und es kann vorkommen, daß ein Kind am Nachmittag plötzlich fragt: „Haben wir schon zu Mittag gegessen?" Mit größtem Interesse lernen die meisten Kinder die Uhr, die Namen der Wochentage, der Monate und der Jahreszeiten.
Im Grunde bleibt uns das Wesen der Zeit unser ganzes Leben lang ein Geheimnis, nur daß sich die meisten Menschen darüber nie Gedanken machen, weil sie mit Polonius der Meinung sind, „zu erörtern, warum Tag Tag; Nacht Nacht; die Zeit die Zeit: Das hieße Nacht und Tag und Zeit verschwenden".

Die Schöpfungsordnung

Das erste Unterteilen der Zeit in Vergangenheit, Gegenwart und Zukunft ist, wie bei meinem kleinen Freunde Tony, ein recht bezeichnendes Phänomen und beleuchtet eines der interessantesten Gesetze, nach denen der kindliche Geist sich selber aufbaut. Wenn Michelangelo eine Statue erschaffen wollte, haute er zunächst die Gestalt in rohen Formen aus dem Block heraus. Nicht anders verfuhr der Schöpfergeist bei der Erschaffung der Welt. Wie die Genesis berichtet, war die Erde wüst und leer, dann aber regte sich der Geist Gottes über den Wassern und schuf die erste große Teilung: in Licht und Finsternis. Dann schied er „das Wasser unter der Feste von dem Wasser über der Feste", dann das Land vom Meer und erst *nach diesen ersten großen Scheidungen* schritt er zur Erschaffung der feineren Einzelheiten — der Pflanzen, der Tiere und des Menschen.
Ebenso verfährt — beim Aufbau seiner selbst — der menschliche Geist; der Mikrokosmos spiegelt in seiner Entwicklung die Gesetzlichkeit im Aufbau des Makrokosmos wider. Als Beispiel mag uns der „Farbensinn" dienen. Lange ehe das Kind die Farben unterscheiden und benennen kann, hat sein Geist schon, ganz aus sich selbst, die allgemeine Kategorie „Farbe" angelegt. Ebenso hat das Kind, lange ehe es richtig zählen und sich unter den Namen der Zahlen etwas vorstellen kann, doch schon eine geistige „Zahlen-Abteilung" geschaffen. Fragt man zum Beispiel ein Kind nach der Farbe eines bestimmten Gegenstandes, dann antwortet es vielleicht „blau" statt „rot", aber es antwortet nicht „sechs". Fragt man ein Kind nach der Zahl der Kirschkerne auf seinem Teller, dann sagt es vielleicht „vier" statt „sechs", aber es sagt nicht „rosa" oder „gestern". Dies scheinbar so Neben-

sächliche zeigt, daß der Geist schon am Werk war und große, allgemeine Einteilungen vorgenommen hat, auf deren Grundlage nun die feinere Schöpfungsarbeit weitergehen wird. Für uns Lehrer haben diese Tatsachen eine unmittelbar praktische Bedeutung, und wir werden im achten Kapitel sehen, daß sie wegweisend für uns sind, wenn wir dem Kinde bei seiner geheimnisvollen Arbeit des Selbstaufbaues zu Hilfe kommen wollen. In diesem Zusammenhang sei ein bezeichnendes Ereignis von meinem schon erwähnten kleinen Freunde Tony berichtet. Er hatte ganz von selbst zählen gelernt, und zwar wie folgt: 1, 2, 3, 4, 5, 6, 9, ... 14. Immer wieder forderte ich ihn auf, nach 14 weiter zu zählen, aber er hörte bei 14 auf und fing von vorn an. Eines Tages aber drängte ich ihn ganz unverantwortlich, mir doch zu sagen, was nach 14 käme, und in einem verärgerten Ton, so als müsse er sich Gewalt antun — und ganz offenbar, um mich loszuwerden —, platzte er plötzlich heraus: „1, 2, 3, 4, 5, 6, 9, ... 14, Dienstag, Freitag, Samstag!" und ging zornig davon.

Das Geheimnis der Sprache

Zeit, Raum, Kausalität, Eigenschaften und Reaktionen der „vier Elemente", Selbst und Nicht-Selbst gehören also zu den großen Problemen des kleinen Kindes auf seiner Reise vom „Nichts" zur geistigen Existenz. Man sollte denken, ihre Bewältigung allein vermöchte schon seine geistige Aktivität zu erschöpfen. Weit gefehlt! Als wenn es damit noch nicht genug hätte, beginnt es gleichzeitig auch noch mit dem großen Problem der Sprache zu ringen.

Man stelle sich vor, was das bedeutet. Wir alle wissen aus Erfahrung, wie schwer es uns fällt, eine fremde Sprache zu lernen, sogar wenn wir uns in dem Lande aufhalten, wo sie gesprochen wird. Das Kind nun muß nicht nur eine neue Sprache lernen, nicht nur die Namen der Gegenstände, sondern zugleich auch die Tatsache, daß Gegenstände Namen haben.

So haben wir Erwachsenen beim Erlernen einer fremden Sprache dem Kind gegenüber einen großen Vorteil. Denn ehe es ein Wort lernen kann, muß es die entsprechende Erfahrung der Realität durchlaufen haben. Ehe es zum Beispiel wissen kann, was „auf" und „ab" bedeutet, muß es die Erfahrung von „oben" und „unten" gemacht haben, und nicht nur das, ihm muß außerdem das Glück widerfahren sein, daß im richtigen Augenblick jemand seine Erfahrung gewissermaßen „etikettiert" hat. Auf uns Erwachsene übertragen, sieht sich das etwa so an: um zu begreifen, was „sich verlieben" auf französisch heißt, müßten wir uns erst verlieben, und dann müßte noch in unserer Hörweite jemand zufällig unsern Zustand bezeichnen.

Dies sind längst nicht alle Schwierigkeiten, die das Kind beim Sprechenlernen zu überwinden hat. Beispielsweise dürfen wir nicht vergessen, daß das wohlartikulierte Sprechen obendrein einen regelrechten Sieg über die Sprechmuskeln darstellt. Hier schlägt das Kind während seiner „sensitiven Periode für die Sprache“ uns Erwachsene glanzvoll aus dem Felde.

Der kleine Entdecker

Daß das Kind aus dem Kampf mit diesen enormen Aufgaben frisch, lächelnd und zu neuen Taten bereit hervorgeht, müßte, wenn wir es nur richtig verstehen wollten, als unumstößlicher Beweis für die ungeheuren spontanen Aufbaukräfte des menschlichen Geistes gelten. Ganz von selbst hat er gewissermaßen die noch diffuse, ungeordnete Welt, in der das Kind sich vorfand, sinnvoll geordnet und gegliedert.

Man kann den kleinen Dreijährigen mit einem Entdecker vergleichen, der weite Strecken eines unbekannten Landes kartographiert hat. Sein Weltbild erinnert an die wunderlichen Landkarten mittelalterlicher Geographen: in der Mitte liegt ein Gebiet mit schön klar gezeichneten Länderumrissen, genauen Einzelheiten und Benennungen, rund herum aber erstrecken sich Länder und Meere mit vagen Grenzen, und alles umgibt ein ungeheurer Ozean mit Fabeltieren, die an den Küsten sagenhafter Länder ihr Wesen treiben.

Entsprechend der Natur des menschlichen Geistes ist jedes Kind ein geborener Entdecker. Wenn es die Augen zum ersten Mal aufschlägt, sind sie bereits voller Staunen. *G. K. Chesterton* schreibt in seinem Buch *Das Abenteuer des Glaubens*: „Wenn wir noch sehr klein sind, brauchen wir keine Märchen, sondern nur Geschichten. Ein Kind von sieben ist hingerissen, wenn man ihm erzählt, Tommy habe die Tür aufgemacht und einen Drachen gesehen. Das Dreijährige aber ist allein von der Tatsache hingerissen, daß Tommy die Tür aufmachte. Knaben lieben abenteuerliche Geschichten, kleine Kinder aber realistische — weil sie die Realität romantisch finden.“

Man braucht nur die spontanen Handlungen eines kleinen Kindes von zwei oder drei Jahren zu beobachten, um zu erfahren, was Chesterton meint: wieviel Zeit verwendet es auf das Erkunden, Ausprobieren, Zerlegen und Untersuchen der Gegenstände! Seine kleinen Hände halten fast immer irgendeinen kostbaren Schatz, den es gerade aufgelesen hat, das jeweils neueste Objekt seiner unermüdlichen Untersuchungen. Alles in seiner Umgebung interessiert es — auch die kleinsten und unbedeutendsten Dinge, die uns Erwachsenen viel zu winzig und nichtig vorkommen, um die Aufmerksamkeit des Kindes zu erregen: ein auf dem Wasser treibendes Stück

Holz, das Wasser selbst — ohne Zweifel eines von Gottes Meisterstücken! — ein Kieselstein, eine Muschel, eine leere Dose mit einem Stein darin, ein Stück Kohle (man hört förmlich die Mutter rufen: Leg den Dreck sofort hin! — Klatsch!), ein Stückchen buntes Papier, eine Blume, ein Käfer, ein Endchen Schnur, ein Fetzchen Leder, eine Nuß oder eine Nußschale — alles und jedes.

Was das Kind mit seinen kleinen Händen nur greifen kann, das versucht es auch mit dem Geist zu erfassen, das versucht es zu „begreifen". Alles und jedes ist Anregung für seinen unermüdlichen Forschungsdrang.

Der „Philosoph" im Kinderwagen

Aber das Kind wird nicht erst zum Entdecker, wenn es laufen kann. Draußen vor dem Laden sitzt in seinem Kinderwagen das Baby, und wenn wir es beobachten, bemerken wir, daß es auf eigene Faust ein bißchen Forschung treibt — falls es nicht von seinen Gurten so festgehalten wird, daß es den Kampf aufgibt, das beste daraus macht und schläft. Schläft es aber nicht, greifen die winzigen Fingerchen, „Fühler des erwachenden Geistes", nach allem, was sie nur erlangen können: nach einem Lederriemen vielleicht, oder nach Mutters Handtasche, nach einem Papierfetzchen, oder nach einem Zipfel der Wagendecke. Was das Baby nur findet, ergreift es, prüft und befühlt es, dreht es herum, reißt es in Stücke (wenn es geht), und dabei zeigt sein Gesichtchen einen Ausdruck von Spannung und angestrengtem Tätigsein.

Irgendwie profitiert es von jedem wachen Augenblick seines Lebens, jede Sekunde ist ihm kostbar. Kein Wunder — denn anders könnte es das Geheimnis des geistigen Aufbaus nicht in so kurzer Zeit vollenden. Mögen die Mütter herumstehen und die kostbaren Morgenstunden mit Geschwätz vertrödeln. Babys tun das nicht, dafür sorgt die Natur, die sie nicht gern müßig sieht und sie darum keinen Augenblick in Ruhe läßt. „Tu etwas, mein Kind", flüstert sie in die kleinen Ohren, „nimm dies Papierfetzchen, schau es dir an, befühl es, krumple es zusammen, hör' es knistern, sieh, wie es seine Form verändert!" Oder: „Nimm dies kleine Stöckchen und schlag es im Takt gegen die Seitenwand des Wagens, und du wirst ein Geräusch hören. Jetzt schlag damit auf die Wolldecke! Sieh da, das gibt kein Geräusch! Tu's noch mal und überzeuge dich. Jetzt schlag erst gegen das eine und dann auf das andere und beachte den Unterschied. Mach's ruhig noch ein paarmal. Nein, mein Schatz, ein Zufall ist das nicht, es *ist* ein Unterschied." Oder: „Wenn du sonst nichts hast, mein Kind, dann nimm deinen eigenen Fuß, deine Nase, deine Finger, deine Haare. Auch das wird dich etwas lehren, eine Menge sogar. Es wird dich nämlich auf den Weg bringen,

der zur Entdeckung eines großen Geheimnisses führt: daß ‚Ich ich bin', die sonderbarste Sache von der Welt."
Was könnten uns die kleinen Forscher alles erzählen, wenn sie sprechen könnten! Hätten die Mütter eine Ahnung von dem spannenden Drama, das da in ihrer unmittelbaren Nähe sich abspielt, käme ihnen ihr eigenes Geschwätz dagegen wie Wasser gegen edlen Wein vor.
Aber die meisten Erwachsenen, einschließlich der Eltern des Kindes, merken von diesem riesigen Entdeckungswerk und der damit verbundenen Selbstschöpfung nichts, denn, wie alle großen Schöpfungswerke der Natur, geht sie *in der Stille* vor sich. Immer aber gehen Erforschen und inneres Wachstum Hand in Hand, denn in Wirklichkeit sind sie nur verschiedene Aspekte eines einzigen Prozesses.

„Spione Gottes"

Der kleine Entdecker ist deshalb niemals müßig, weil er in der Welt — wie in einem Spiegel von tausend Facetten — sich selber suchen muß. Deshalb auch zieht ihn alles an, denn wenn er die Gegenstände seiner Umgebung untersucht, stiehlt er ihnen sozusagen ihre Eigenschaften — ihre Form, ihre Oberflächenbeschaffenheit, ihre Struktur, ihre Farbe, ihr Gewicht, ihre Größe, ihre Zusammensetzung (vgl. neuntes Kapitel), und dies alles baut das Kind auf geheimnisvolle Weise in sich selber auf und errichtet daraus seine Welt. In alles dringen die „kleinen Wissenschaftler" ein und „nehmen das Geheimnis der Dinge an sich wie Spione Gottes". Ihnen ist jedes Wort ein Geheimwort, jeder Teppich ein Zauberteppich, jedes Tier ein Fabeltier, jeder Spaziergang eine Entdeckungsreise in die Südsee. Jedes kleine Kind, das wir „im Bug" seines Kinderwagens über das Pflaster segeln und die Welt betrachten sehen, ist, wie Kolumbus, zur Entdeckung einer neuen Welt ausgezogen. Ein hoffnungsvoller Entdecker ist das Kind des Menschen, kein skeptischer Philosoph des zwanzigsten Jahrhunderts — und Mirandas Wort: „Wie schön der Mensch ist! Wack're neue Welt; Die solche Bürger trägt!" paßt auf ihn.
Miranda sollten sie alle heißen, denn ihre Augen glänzen vor Staunen, und das Staunen unserer Kinder sollte in uns diese wunderbare Fähigkeit lebendig halten, ohne die geistiges Leben verkümmert. „Staunen überströmt die Seele wie ein Strom frischen Wassers. Kinder sind so glücklich, weil es für sie so vieles zu bewundern gibt. Die tiefe Feierlichkeit ihrer ungetrübten Augen ist die Feierlichkeit des Staunens. Wehe dem Menschen, der über nichts mehr staunt!" *(Vonier: Die Persönlichkeit Christi.)*
In ihrer wunderbaren Barke mit den „fünf" Sinnen und dem Verstande als unerschrockenem Kapitän führen unsere kleinen Entdecker die Hoffnungen der Menschheit und das Schicksal des Menschengeschlechtes mit sich.

Sechstes Kapitel

ENTWICKLUNGSSTADIEN ODER WACHSTUM UND GESTALTWANDEL

Der Hauptgrundsatz

Wo soll man bei einer Darstellung der Montessori-Pädagogik beginnen? Von welchem ihrer Grundsätze kann man als dem wichtigsten ausgehen? In einem Organismus sind alle Organe gleich wichtig, weil jedes innerhalb des Ganzen seine Funktion hat. Auch die Montessori-Methode ist ein lebendiger Organismus. Die *vorbereitete Umgebung* zum Beispiel wäre ohne die *Lehrerin* als Bindeglied zu den Kindern ebenso sinnlos, wie das Prinzip der *Nichteinmischung* ohne die *Freiheit der Wahl* und die *Freiheit der Wahl* ohne die *vorbereitete Umgebung.*

Immerhin hat Maria Montessori selbst einen Grundsatz allen andern übergeordnet, weil er in gewissem Sinne die andern einbegreift, nämlich den, daß zwischen Kind und Erwachsenem ein fundamentaler Unterschied besteht.

Nur weil das Kind klein ist und der Erwachsene groß? Weil das Kind schwach ist und der Erwachsene stark? Weil das Kind vorwiegend in einer Welt konkreter Beziehungen lebt und der Erwachsene in einer Welt der Begriffe? Das alles macht den *fundamentalen* Unterschied nicht aus: *aber das Kind befindet sich noch in einem Zustand des Wachstums und der Metamorphose, während der Erwachsene die Norm der Gattung erreicht hat.*

Metamorphose

Wie so oft, wendet Maria Montessori auch hier biologische Begriffe an. Wort und Begriff Metamorphose sind beinah jedermann bekannt, denn fast jedermann weiß zumindest oberflächlich über das Musterbeispiel einer Metamorphose, die Entwicklung des Schmetterlings, Bescheid. Man weiß, daß der Schmetterling Eier legt, daß die Eier sich zu winzigen Räupchen entwickeln, die rasch wachsen, aber ihre Form beibehalten. Eines Tages indes bahnt sich bei der ausgewachsenen Raupe ohne jeden äußeren Anlaß eine einschneidende Veränderung an. Sie hört auf, gierig zu fressen und macht sich daran, wozu sie vorher niemals die leiseste Neigung gezeigt hat, sich eine Art seidener Hängematte oder Kokon zu spinnen. Dann sinkt sie in einen tiefen Schlaf, in dem sie eine Reihe von Veränderungen erleidet, die bis an die Wurzel ihres Daseins reichen. Auch in dieser Epoche geht das

Wachstum weiter, nimmt aber eine ganz andere Richtung. Organe verschwinden und neue, Flügel zum Beispiel, treten an ihre Stelle. Dann erfolgt eine Übergangsperiode — kurz, kritisch und gefährlich —, und der Schmetterling schlüpft aus. Er hat die „Norm der Gattung" erreicht, er ist erwachsen.
Nach Maria Montessori müssen wir Erzieher wissen, daß auch in der kindlichen Entwicklung Perioden mehr oder minder gleichmäßigen Wachstums mit Perioden des Übergangs, der Metamorphose, abwechseln. Unterscheiden sich auch die einen nicht so auffallend von den andern wie beim Schmetterling, so stellen sie doch echte „Umformungen" dar, „weil weder der äußere noch der innere Mensch sich selber gleich bleibt", wie es im Hamlet heißt. Die Umwandlungen gehen im körperlichen, geistigen und sozialen Bereich vor sich.

Entwicklungsstadien

Die körperlichen Entwicklungsstadien des Kindes zwischen Säuglings- und Schulalter sind jedermann bekannt. Von weit größerer Bedeutung für Eltern und Erzieher ist die Kenntnis der *geistigen* Entwicklungsstadien, die natürlich eng an die körperlichen gebunden sind. Von der Geburt bis zur Reife wächst das Kind nicht wie ein Eichbaum, der einfach größer wird, sondern eher wie ein Schmetterling, das heißt: in den verschiedenen kindlichen Entwicklungsperioden haben wir es jeweils mit einer verschiedenen Geisteshaltung zu tun.
Die einzelnen Stadien unterscheiden sich so stark voneinander, daß mit einigen andern Psychologen auch Maria Montessori die menschliche Entwicklung mit einer Reihe von „neuen Geburten" vergleicht. Natürlich übertreibt der Vergleich, aber es hat ganz den Anschein, als ob in manchen Lebensphasen eine geistige Individualität stürbe und eine neue geboren werde.
Die erste Periode oder das erste Kindheitsstadium reicht von der Geburt bis zum sechsten Jahr und ist eine Zeit der Wandlungen. Sie ist in zwei gleich lange Unterperioden aufgeteilt, die beide im Zeichen des „absorbierenden Geistes" stehen. Die zweite Periode vom sechsten bis zum zwölften Jahr ist eine Zeit gleichmäßigen Wachstums und wird zweites Kindheitsstadium benannt. Die dritte Periode vom zwölften bis zum achtzehnten Jahr ist wie das erste Kindheitsstadium eine Zeit der Übergänge und gliedert sich in zwei deutlich unterscheidbare Perioden, die als Pubertät — von zwölf bis fünfzehn — und als Jugend- oder Reifungsalter — von fünfzehn bis achtzehn — bekannt sind.

Das erste Kindheitsstadium bildet eine Art in sich selbst geschlossenen Lebens, zerfällt zwar durch die einschneidenden Veränderungen, die das Kind in dieser Zeit durchmacht, in die schon erwähnten Unterperioden, aber die ganze Periode wird von jenem „Geistestyp" beherrscht, den Maria Montessori den „absorbierenden Geist" nennt und der sich vom Geist des Erwachsenen wesensmäßig unterscheidet. Natur und Arbeitsweise des absorbierenden Geistes sind voller Geheimnisse, die um so undurchdringlicher werden, je weiter wir zu den Anfängen des kindlichen Lebens zurückgehen. Es ist unmöglich, im Rahmen dieses Buches den absorbierenden Geist genau darzustellen, aber es würde eine Unterlassungssünde gegenüber Maria Montessori bedeuten, wenn wir nicht wenigstens eine kurze Darstellung versuchten. Leser, die mehr darüber erfahren wollen, seien auf ihr Buch *The Absorbent Mind*[14] verwiesen.
Zwischen Geburt und drittem Lebensjahr absorbiert der Geist des Kindes unaufhörlich Eindrücke aus der Umwelt, er tut es unbewußt und ohne Willen, denn noch hat das Kind ja kein Bewußtsein seiner selbst entwickelt. Durch die moderne Psychologie sind wir mit der Vorstellung vertraut, daß das Bewußtsein sich erst später entwickelt. „Erfahrung lehrt uns", sagt Jung, „daß das Gefühl des Ich-Bewußtseins aus dem Unbewußten erwächst. Das Seelenleben des kleinen Kindes ist ohne nachweisbares Ich-Bewußtsein, weswegen auch die ersten Jahre im Gedächtnis kaum Spuren hinterlassen."[18]
In dieser ersten Kindheitsperiode, besonders in der Zeit zwischen Geburt und drittem Lebensjahr, bilden sich, neben anderen seelischen Fähigkeiten, die der Vernunft und des Verstandes, des Menschen wichtigste Werkzeuge. „Darum, weil vorher ‚nichts' da war, ist sie eine Schöpfungsperiode, denn die Individualität beginnt mit dem ‚Nichts', von einer potentiellen Energie natürlich abgesehen. Um dieses Schöpfungswunder vollziehen zu können, braucht das neugeborene Kind natürlich eine *andere Geistesartung* als wir, muß sein Geist mit anderen Kräften ausgestattet sein als der unsere."
Maria Montessori versichert, daß das Kind in den ersten Lebensmonaten, ehe es sich noch bewegen kann, seine ganze Umwelt in sich aufnehme, und zwar durch jene Aufnahmefähigkeit des noch unbewußten Geistes, dessen Arbeitsweise sie daran erläutert, wie das Kind seine Muttersprache erlernt: einfach, indem es in einer Umgebung lebt, in der sie gesprochen wird.
Bei einem Lehrgang in Ahmedabad in Indien (1947) verglich sie die Art, wie der Erwachsene und wie das kleine Kind eine Sprache lernt, mit dem Unterschied zwischen dem Herstellen einer Zeichnung und eines Photos. Wollte man statt eines Menschen zehn Menschen zeichnen, so würde das zehnmal soviel Mühe machen, aber die photographische Platte nehme einen

Menschen ebenso schnell auf wie zehn oder hundert. „Auch der absorbierende Geist arbeitet so schnell und nimmt alles und jedes ohne Mühe auf." Sie führte dann das Gleichnis weiter und machte darauf aufmerksam, daß der Film, der das Bild aufnimmt, im Dunkeln ruhe, daß das Bild ferner im Dunkeln entwickelt und fixiert werde und dann erst ans Licht komme, wo es sich nicht mehr verändere. In der Tiefe des Unbewußten nehme der absorbierende Geist den Eindruck auf, dort werde er entwickelt und „fixiert" und trete dann ins Bewußtsein, wo er als dauernder Besitz verbleibe.

Vom Unbewußten zum Bewußten

Noch heute betrachtet die Mehrzahl der Menschen das Kind unter einem halben Jahr als Wesen ohne geistiges Leben, als „kleines Tierchen", das sich lediglich mit Essen, Trinken und Schlafen beschäftigt. Gegen diese falsche Vorstellung setzt Maria Montessori das überraschende Bild des kleinen Kindes, das unbewußt „die ganze Welt" absorbiert und sich dann in Stufen vom Unbewußten zum Bewußten entwickelt. Wie aber geht dieser Übergang vor sich?

„Durch Bewegung, die dem Pfad von Lust und Liebe folgt . . . . . Wenn das Kind sich zu bewegen anfängt, hat sein aufnahme- und empfängnisbereiter Geist die Umwelt schon in sich aufgenommen. Durch Bewegung gewinnt es dann Bewußtsein. Das zweijährige, ja sogar das einjährige Kind hat bekanntlich immer etwas in der Hand: während es so mit seinen Händen tätig ist, überprüft es ‚spielend', das heißt erprobend und ausprobierend den früher empfangenen Eindruck, erlangt dadurch mit der Zeit Klarheit und Bewußtheit und baut sich hierdurch selbst auf. Die Hand ist das Werkzeug seiner Intelligenz."

Auch der zweite Teil der ersten Kindheitsperiode zwischen drei und sechs Jahren ist eine Aufbauperiode, nur geschieht der Aufbau jetzt bewußt, denn das Kind nimmt seine Umwelt bewußt auf.

Von den Ereignissen und Erfahrungen der vorangegangenen ersten Epoche hat es sich entlastet; aber nur indem es die in diesen drei Jahren aufgebauten und entwickelten Fähigkeiten benutzt, kann es jetzt wollen, denken und sich erinnern. Auch die Erinnerung ist eine der neu entwickelten Fähigkeiten. Mit dem Willen ist es nicht anders. Das Kind setzt den Prozeß der Selbstwerdung fort, wendet dazu in der neuen Periode aber seinen Willen an, der ebenfalls ins „Dasein" getreten ist. Schien vorher eine unbekannte Kraft das Kind zu treiben, so ist es jetzt des Kindes eigenes Ich, sein eigener Wille, der lenkt und befiehlt. Jetzt bereichert das Kind seine Erfahrungen „bewußt" durch die Tätigkeit seiner Hände und betreibt damit zugleich seinen Aufbau.

Die sechs Jahre der ersten Kindheitsperiode dienen also vor allem dem Aufbau der menschlichen Individualität. Noch ist das Kind kein soziales Wesen im vollen Sinne des Wortes, denn noch sind seine Energien auf Erwerb und Vervollkommnung neuer Funktionen gerichtet.
In diesem geheimnisvollen Prozeß des Übergangs vom Unterbewußten zum Bewußten können wir nicht eingreifen. Auch braucht das Kind in diesem Stadium keine *direkte Hilfe*, die sein Wachstum eher hemmen würde, vielmehr braucht es jetzt nur eines: sich frei und vor dem oft unverständigen Eingreifen des Erwachsenen geschützt betätigen zu dürfen. Um dies so gut wie möglich zu gewährleisten, findet Maria Montessori es am besten, das Kind in eine eigens dafür vorbereitete Umgebung zu bringen, wo es seine Tätigkeit wählen kann und soziale Kontakte findet. Darf es in ihr unabhängig sein eigenes Leben führen, dann lernt es nicht nur aus sich selbst zu handeln, erwirbt nicht nur neue moralische und soziale Fähigkeiten, es macht auch überraschend schnell Fortschritte im Erwerb der Bildungselemente. Da ihm noch immer die Fähigkeiten des absorbierenden Geistes eigen, lernt es spontan und ohne zu ermüden schreiben und lesen, entwickelt Mengenvorstellungen und Zahlenbegriffe und vieles andere mehr. Wenn es in diesen ersten sechs Jahren Gelegenheit bekommt, durch unabhängige „Arbeit" seine Individualität aufzubauen, dann entfaltet es jene höhere Normalität, die so viele Beobachter als „Enthüllung eines neuen Kindes" bezeichnet haben.

Die zweite Kindheitsperiode

Verglichen mit der ersten Kindheitsperiode und dem Jugendalter ist die zwischen beiden liegende zweite Kindheitsperiode vom sechsten bis zum zwölften Lebensjahr eine Periode großer Stabilität. Für lange Zeit geht das Wachstum in derselben Richtung weiter, zeigt das Kind denselben „Geistestyp" und eine ähnliche Gruppe psychologischer Merkmale. Wir haben es mit einer Wachstumsperiode ohne größere Umformungen zu tun, während wir die beiden anderen Perioden besser Perioden von Wachstum *und* Gestaltwandel[19] nennen würden.
Zwischen sechs und zwölf zeichnet das Kind sich im allgemeinen durch körperliche und geistige Robustheit aus, worauf unter anderem auch die merklich zurückgehenden Erkrankungs- und Sterbeziffern hinweisen. Das Kind ist verhältnismäßig ruhig und vermag eine große Fülle geistiger Arbeit zu leisten. Es sind „Jahre der Anreicherung", und mit der rechten Gelegenheit und den rechten Mitteln vermag das Kind sich jetzt einen großen Wissensvorrat anzulegen.

Den Übergang von der einen in die andere Periode begleiten gewisse körperliche und geistige Veränderungen. Die runde Fülle der Kindheit schwindet, das Kind wird knochiger, die Zähne wechseln, indem sich das zweite Gebiß bildet. Charakterlich wird es widerstandsfähiger, zugleich aber in sich befangener, was sich zum Beispiel im Hang zum Aufschneiden äußert. („Ich kann viel weiter werfen als du!") Die Mutter erwacht eines Morgens und muß feststellen, daß ihr „Kind" verschwunden ist und einem richtigen Rauhbein Platz gemacht hat. Wie Maria Montessori die Kennzeichen dieser Epoche von der Wißbegierde bis zum Herdentrieb für die moralische und soziale Entwicklung der Buben und Mädchen genutzt wissen wollte, werden wir im zwanzigsten Kapitel erfahren.

Verschiedene Stadien — Verschiedene Prinzipien

Da wir es in den beiden aufeinanderfolgenden Stadien mit zwei nahezu grundverschiedenen Wesen zu tun haben, können wir selbstverständlich nicht beide Male dieselben pädagogischen Grundsätze anwenden. „Die Methode für die Unterstufe" weicht denn auch von der Methode für das Kleinkindalter ebensoweit ab wie die geistigen und sozialen Kennzeichen der zweiten Kindheitsperiode von denen der ersten.

Dritte Epoche: Jugendalter

Streng genommen gehören Probleme des Jugendalters und der höheren Schulbildung nicht in den Rahmen dieses Buches, weshalb denn dies Kapitel über die Entwicklungsstadien auch nur mit ein paar allgemeinen Hinweisen über die Jahre zwischen zwölf und achtzehn abgerundet werden soll. Die ersten Jugendjahre zwischen zwölf und fünfzehn ähneln als Jahre großer Umformungen den ersten Kindheitsjahren. Das Einsetzen der Pubertät beendet die Kindheit, und mit den tiefgreifenden körperlichen Veränderungen zeigt die Natur selbst deutlich an, daß ein neues Entwicklungsstadium begonnen hat.

Nur zu leicht erliegen wir dem Irrtum, das Kind müsse, weil es älter werde, nun auch geistig und körperlich erstarken. Bis zu einem gewissen Grade geschieht eher das Gegenteil. „Wegen der schnellen Entwicklung und der damit verbundenen Veränderungen im Organismus ist diese Periode gefährlich und schwierig. Tatsächlich wird der Organismus so anfällig, daß einige Ärzte die Pubertätsjahre mit der Geburt und der schnellen nachgeburtlichen Entwicklung vergleichen." Das Wort „neugeboren", das Maria Montessori dem Individuum in der Pubertät beilegt, meint nicht nur die neuen physischen, sondern mehr noch die psychologischen Kennzeichen: „Zweifel, Unentschlossenheit, Erregbarkeit, Mutlosigkeit und unerwartetes Nachlassen der intellektuellen Fähigkeiten". Weiterhin stellt sie am Heranwachsenden Erwartungszustände fest, Neigung zu schöpferischer Arbeit und ein starkes Bedürfnis nach Hebung des Selbstvertrauens. „Diese Züge gehen manchmal mit Zuchtlosigkeit und Auflehnung gegen die Autorität einher, besonders, wenn die Autorität es an Sympathie und Verständnis fehlen läßt."

„War in der vorangegangenen Epoche das Individuum eher extravertiert, nach außen gerichtet, so blickt der Heranwachsende mehr nach innen. Mit oder ohne seinen Willen geht ein ‚Schöpfungsgeheimnis' in ihm vor, die Erschaffung des seiner selbst und seiner sozialen Funktionen bewußten Individuums."

Und hier liegt, meint Maria Montessori, der springende Punkt, dessen sich alle bewußt sein sollten, die mit der Erziehung Heranwachsender zu tun haben. Im jungen Menschen wird eine neue „sensitive Periode" geboren, und sie äußert sich in einer sehr verstärkten Empfindlichkeit gegenüber allen Tatsachen, die sich auf sein Leben als Einzelner und als soziales Wesen beziehen. Zum ersten Mal wird er sich klar seiner selbst bewußt, nicht nur als Individuum, als Mitglied einer Gruppe oder Bande, sondern als Einzelner und als Glied der menschlichen Gesellschaft mit allem, was damit verbunden ist. Zum Beispiel verlangt es ihn danach, mit einer neuen Art von Würde und Achtung behandelt zu werden, zugleich wird er hochempfindlich gegen jede Kritik und hat sehr leicht das Gefühl, ausgelacht zu werden, er fühlt sich beobachtet und ist darum besorgt, ebensoviel zu gelten wie die andern. Er wird sich der Unterschiede in der sozialen Stellung empfindlich bewußt. Dinge wie Kleidung, persönliche Erscheinung, Taschengeld und andere mehr, die ihm früher nicht allzu viel bedeutet haben, werden ihm jetzt wichtig.

Neben dem rauhbeinigen Burschen zwischen acht und zwölf nimmt sich der Jugendliche wie ein Krebs aus, der seine harte Schale abgeworfen hat, und dessen neue noch weich und empfindlich ist. Ohne Zweifel ein gefährlicher Zustand. „Und weil jetzt der soziale Mensch entsteht, aber noch nicht voll entwickelt ist, nehmen in dieser Periode viele Anpassungsschwierigkeiten ihren Anfang. Ein Gefühl der Unterlegenheit zum Beispiel kann jetzt zum ‚Minderwertigkeitskomplex' werden, es kann sich gegen das soziale Leben ein Widerwille bilden, der jahrelang anhält. Für das Individuum können solche Anpassungsschwierigkeiten gefährliche Folgen haben, indem sie sich zum Beispiel in Schüchternheit, Unsicherheit, Depressionen und Minderwertigkeitsgefühlen auswirken; aber auch die Gesellschaft muß mit an den Folgen tragen, weil solche Störungen oft genug zu Arbeitsunfähigkeit, Faulheit, Abhängigkeit von andern und sogar zu ‚Kriminalität' führen. Die soziale Anpassung ist das eigentlich lebenswichtige Problem der Jugendlichenerziehung, nicht das erfolgreiche Ablegen der Examina.“ Maria Montessori dachte sich das Leben der Heranwachsenden in der Weise ablaufend, daß dieser dominierenden Notwendigkeit der richtigen sozialen Anpassung Genüge geschähe. In den Jugendsiedlungen, die sie plante, sollte der Jugendliche durch eine besondere Form sozialen Lebens, eine seinem jetzigen Stadium entsprechende „vorbereitete Umgebung“ gewissermaßen, für das „große“ Leben in der Erwachsenengesellschaft vorbereitet werden. Wie es in jedem vorherigen Stadium neue Formen der Unabhängigkeit zu erwerben gab, so auch jetzt: für den Heranwachsenden wäre es besonders notwendig, die ökonomische Unabhängigkeit zu erstreben. Wie dies im einzelnen gedacht ist und wie es sich in der Praxis auswirken soll, kann im Rahmen dieses Buches nicht ausgeführt werden. Wir nennen nur das Ziel: „Das ganze Leben des Jugendlichen müßte so organisiert sein, daß er, wenn die Zeit gekommen ist, nicht geschwächt, vereinsamt und entmutigt ins soziale Leben eintritt, sondern glanzvoll, erhobenen Hauptes und seiner selbst sicher. Erfolg im Leben hängt von jenem Selbstvertrauen ab, das der wirklichen Kenntnis der eigenen Fähigkeiten entspringt, verbunden mit einem vielseitigen Anpassungsvermögen — von dem, was wir die ‚Aufwertung oder Werterfüllung‘ der Persönlichkeit nennen.“

Siebtes Kapitel:

„SENSITIVE PERIODEN“ IN DER ENTWICKLUNG

Ein Entwicklungsgesetz

Der Begriff „Sensitive Entwicklungsperiode“ geht auf den berühmten holländischen Biologen *Hugo de Vries* zurück, der ihn bei seinen Untersuchungen über die Entwicklung gewisser Tiere zum erstenmal angewandt hat. Maria Montessori hat ihn auf die menschliche Entwicklung übertragen, was abermals die biologische Orientierung ihres Denkens zu erkennen gibt. Das Gesetz der sensitiven Perioden dürfte einen wichtigen und originären Teil ihres Werkes ausmachen.

Um das Wesen der sensitiven Periode kurz zu erläutern: es gibt einen Schmetterling — Porthesia —, der seine Eier in die Rinde der Bäume legt, und zwar dorthin, wo die Äste aus dem Stamm hervorwachsen. Aus den Eiern entwickeln sich winzige, sehr zarte Räupchen. Ihre Freßwerkzeuge sind so schwach, daß sie nur die jüngsten und zartesten Blättchen bewältigen können. Diese Blättchen wachsen aber natürlich an der Spitze der Zweige, weit vom Geburtsort der Räupchen entfernt. Wer soll ihnen den Weg dorthin zeigen? De Vries hat nun entdeckt, daß die neu geschlüpften Larven mit einer besonderen Lichtempfindlichkeit ausgestattet sind, die sie mit unwiderstehlicher Gewalt dem Licht entgegenzieht. Also kriechen sie zu den Zweigspitzen und finden dort ihre Nahrung. Sind sie größer und kräftiger geworden, so daß sie alle Blätter vertilgen können, verliert sich die spezifische Sensibilität.

Am besten definiert man die sensitive Periode als eine besondere Empfindlichkeit und Empfänglichkeit, die in der Entwicklung periodisch auftritt und die an bestimmte Umweltreize gebunden ist, auf die der Organismus spontan reagiert. Diese Perioden haben den biologischen Sinn, in einem Lebewesen bestimmte Funktionen und Eigenschaften auszubilden. Ist das erreicht, verliert sich die Empfänglichkeit, und häufig tritt eine neue, völlig andere an ihre Stelle.

Sensitive Perioden in der menschlichen Entwicklung

Ihre lange Erfahrung mit Kindern hat Maria Montessori zu der Überzeugung verholfen, daß auch in der kindlichen Entwicklung ähnliche Phänomene im Spiel sein müßten. „Kinder durchlaufen bestimmte Perioden, in denen sie seelische Fähigkeiten und Möglichkeiten enthüllen, die später wieder verschwinden. In solchen Perioden ist das Kind mit einer speziellen Sensitivität begabt, die es drängt, seine Aufmerksamkeit auf bestimmte Seiten seiner Umwelt zu konzentrieren und andere unbeachtet zu lassen. Diese Art Aufmerksamkeit ist nicht das Ergebnis bloßer Neugier: sie hat eher etwas von einem leidenschaftlichen Interesse. Aus den Tiefen des Unterbewußten entwickelt sich eine starke Emotion und setzt eine wunderbare schöpferische Tätigkeit in Gang, die bei ihrer lebendigen Berührung mit der Umwelt zur Ausbildung des Bewußtseins führt."

Auf ihrem Höhepunkt gleicht die sensitive Periode einem Scheinwerfer, der im Innern der Seele aufleuchtet und gewisse Bezirke der Umwelt anstrahlt, das übrige aber in verhältnismäßigem Dunkel läßt. Dieser Strahl konzentrierter Aufmerksamkeit hinterläßt Ordnung und Unterscheidung, wo zuvor Chaos und Durcheinander geherrscht haben.

Eine Flamme, die brennt, ohne zu verzehren

Die von einer sensitiven Periode hervorgerufene intensive Aktivität verursacht keine Ermüdung, eher das Gegenteil. Nach einer spontanen Aktivitätsperiode fühlt das Kind sich wohler, kräftiger, ruhiger, denn es ist mit dieser „Arbeit" am Aufbau seiner selbst tätig gewesen. Deshalb vergleicht Maria Montessori die sensitive Periode mit einer hell leuchtenden Flamme, die wie „die Flamme im brennenden Dornbusch" nicht verzehrt. „Solche Instinkte sind weniger Reaktionen auf die Umwelt als feinste innerliche Sensitivität, so wie das reine Denken eine völlig innerliche Qualität des Verstandes ist. Man könnte ... sie jenen göttlichen Gedanken gleichsetzen, die im Innersten der lebendigen Wesen sich regen und diese dazu bringen, auf die äußere Welt einzuwirken und den Schöpfungsplan zu verwirklichen."

Die sensitive Periode für die Sprache

In jeder sensitiven Periode ist also das Kind mit besonderen Kräften ausgestattet, die ihm helfen, seine Persönlichkeit aufzubauen, indem es die eine oder die andere genau umgrenzte Eigenschaft oder Funktion hinzuerwirbt. Eine der frühesten und wunderbarsten sensitiven Perioden ist die, die zum Erwerb der Sprache führt. Ohne die Hilfe eines ausgebildeten Verstandes, ohne Unterricht und ohne bewußte Anstrengung erlernt das Kind die Sprache seiner Umgebung, es schnappt sie, wie man zu sagen pflegt, beim Hören auf. Diese Tatsache ist so allgemein bekannt, daß manche Familien bewußt ausländische Erzieherinnen nehmen, damit ihre Kinder zweisprachig aufwachsen.

Diese sensitive Periode hatte im Kind lange, bevor es sprechen konnte, zu wirken begonnen. Maria Montessori war die erste, die dieses Phänomen und seine Bedeutung erkannte. Das vier Monate alte Baby kann man gespannt die Lippen sprechender Menschen beobachten sehen und „unbestimmte Laute" ausstoßen hören. Es erweckt den Anschein, als ob sich die Muskeln seines Mundes und seiner Lippen, die es bisher nur zum Saugen und Schreien verwendet hat, jetzt in einer Art Übereinstimmung mit den gesprochenen Lauten, die es hört, zu bewegen begännen. Mit sechs Monaten bildet es richtige Laute, das Urmaterial der kommenden Sprache, und wir wissen, mit welcher Ausdauer und mit welchem Vergnügen das Baby diese Laute „übt". Aber das Kind ahmt keineswegs papageienhaft alle Laute nach, die es hört. „Zuerst bilden die Geräusche, die aus der Umwelt auf das Kind eindringen, ein wirres, unfaßbares Durcheinander, dann aber wird das Kind mit einem Male gerade von jenen Lauten, die der ihm noch unverständlichen artikulierten Sprache angehören, bezaubert und angezogen." Der Geist des Kindes lauscht nunmehr freiwillig der gesprochenen Sprache, die „wie eine Art Musik seine Seele füllt". Man beobachtet das entzückte Lächeln des Kindes, wenn man ihm langsam und klar Wörter vorspricht. Zuerst, also auch hier, wie bei allen sensitiven Perioden, ein seelischer Faktor, der die entsprechende Aktivität auslöst. „Die sensitive Periode scheint einem göttlichen Anhauch zu entsprechen, der die tote Materie durch den Geist belebt. Das Kind ahmt nach und weiß nicht warum. Die Worte dringen ein, wie von einem geheimen Magneten angezogen. Sie ordnen sich von selbst. Alles erscheint so klar und einfach und geschieht auf eine Weise, als sei der Geist gar nicht in Anspruch genommen ... Es mutet an wie eine unmittelbare Reaktion zwischen diesem Wesen, das das Instrument für den Ausdruck seiner geistigen Möglichkeiten bereitet, und der Sprache, die in seiner Umgebung gesprochen wird."
Keiner der Prozesse der „Inkarnation"* ist ähnlich schwierig und verwickelt, und deshalb dauert auch die sensitive Periode für die Sprache länger als alle andern. Wer je Taubstumme sprechen zu lehren versucht hat, weiß, welche Unzahl von Muskeln beim Sprechen arbeitet, wie kompliziert ihre Bewegungen sind und welch schmerzliche Anstrengungen zu ihrer Erlernung notwendig ist, wenn die normalen Möglichkeiten dazu fehlen. Das Kind auf der Höhe der sensitiven Periode erledigt die große Aufgabe mit Freude, eifrig und durch den Erfolg befriedigt und zwar einfach, indem es lebt. Übrigens hat die sensitive Periode für die Sprache neben der individuellen noch eine allgemeine, mehr nationale Bedeutung. Durch die Kinder eines Landes wird die Kontinuität der Sprache erhalten. Stellen wir uns vor, man brächte alle Babys gleich nach der Geburt in ein anderes Land und erst,

* vgl. elftes Kapitel.

wenn die sensitive Periode für die Sprache abgeklungen ist, in die Heimat zurück. Was würde dann aus unseren Sprachen! Treffend sagt Maria Montessori, der Erwachsene könne zwar sein Land verteidigen und seine Grenzen schützen, das Kind aber bewahre der Nation — durch die Sprache — die geistige Einheit.

Die sensitive Periode für Ordnung

Soviel ich weiß, hat Maria Montessori als erste auf das so erstaunliche wie geheimnisvolle Phänomen dieser sensitiven Periode aufmerksam gemacht, die eine der interessantesten und pädagogisch wichtigsten ist, die das Kind bei seiner Entwicklung durchläuft. Mit dem zweiten Lebensjahr beginnt sie sich zu äußern, hält etwa zwei Jahre lang an und fällt im dritten ganz besonders ins Auge. Während der ganzen Periode zeigt das Kind ein fast leidenschaftliches Interesse an der Ordnung der Dinge, und zwar im Raum wie in der Zeit. Offensichtlich bedeutet es ihm eine Art Lebensnotwendigkeit, daß jeder Gegenstand seinen bestimmten Platz hat und daß der Tag immer gleich abläuft. Man weiß, daß kleine Kinder aus solchen Dingen geradezu ein Ritual machen können und ihre diesbezüglichen Forderungen oft „tyrannisch" durchzusetzen versuchen. Vielleicht steht ein Sessel oder sonst ein Möbelstück nicht genau an der richtigen Stelle, oder eine Teppichecke ist umgeschlagen, oder ein Familienmitglied sitzt bei Tisch am „falschen" Platz, oder jemand hat fahrlässigerweise einen Schirm auf einen Tisch gelegt — immer ist es das *kleine* Kind, das die Abweichung vom *status quo* bemerkt und beanstandet. Größeren Kindern fiele das nicht ein. Manchmal können kleine Kinder sich über die geringfügigsten Verstöße gegen die gewohnte Ordnung maßlos aufregen und ihren Protest in verzweifeltem Geschrei ausdrücken. Der das Kind betreuende Erwachsene hat meist nicht die geringste Ahnung, warum das Kind schreit, hält den Ausbruch für „viel Lärm um nichts", auf jeden Fall aber für eine der sogenannten „Launen", die man energisch unterdrücken muß. In *Kinder sind anders* erzählt Maria Montessori unter anderen Begebenheiten, die den Protest kleiner Kinder gegen Veränderungen ihrer Umwelt ausgezeichnet illustrieren, die folgende:
„Ich befand mich mit einer kleinen Gesellschaft in Neapel beim Durchschreiten der Grotte des Nero. Unter uns war eine junge Frau und führte an der Hand ein Kind, das eigentlich zu klein war, um diesen langen unterirdischen Weg zu Fuß zurückzulegen.
Tatsächlich wurde das Kind nach einer Weile müde, worauf die Mutter es auf den Arm nahm. Doch sie selber hatte ihre Kräfte nicht richtig eingeschätzt. Ihr wurde heiß, und sie blieb stehen, um ihren Mantel auszuziehen

und über den Arm zu legen. Als sie darauf das Kind wieder aufnehmen wollte, begann dieses zu weinen und immer heftiger zu schreien. Vergebens bemühte sich die Mutter, es zu beruhigen. Sie war erschöpft und wurde sichtlich nervös. Das Gebrüll des Kindes ging der ganzen Gesellschaft auf die Nerven, und man suchte der Mutter zu Hilfe zu kommen. Das Kind wanderte also von Arm zu Arm und wurde dabei nur immer aufgeregter. Jeder suchte ihm gut zuzureden oder schalt es aus, was die Situation nur noch weiter verschlimmerte.

Ich überlegte, daß dergleichen Reaktionen stets eine psychologische Ursache haben, die mit einer Sensibilität des Kindes zusammenhängt, und beschloß, einen Versuch zu wagen. Ich trat also auf die Mutter zu und sagte: ‚Gestatten Sie, daß ich Ihnen helfe, Ihren Mantel wieder anzuziehen?' Sie sah mich verdutzt an, denn ihr war heiß, aber in ihrer Ratlosigkeit gehorchte sie mir. Sofort beruhigte sich das Kind und sagte mehrmals: ‚To palda', was wohl soviel heißen sollte wie: ‚Auf die Schulter', also: ‚Ja, die Mutter soll den Mantel über den Schultern tragen.' Es war, als dächte es: ‚Endlich habt ihr mich begriffen!' Die Hände nach der Mutter ausgestreckt, lächelte es ihr zu, und der Rest der Wanderung verlief völlig friedlich. Der Mantel war nach Ansicht des Kindes eben dazu da, über den Schultern und nicht wie ein nutzloser Fetzen auf dem Arm getragen zu werden. Diese Unordnung an der Person der Mutter hatte in der Seele des Kindes einen quälenden Konflikt hervorgerufen."

Dem Verfasser selbst erzählte die Pflegerin eines dreijährigen Mädchens, sie sei ein paar Wochen in Ferien gewesen und eine andere Pflegerin habe sie vertreten. „Und wie hat dir die neue Nanny gefallen?", fragte sie das Kind bei der Heimkehr. „Die war bös", sagte das kleine Mädchen ganz ernst. „Was hat sie dir denn getan?" „Immer hat sie mich an der falschen Seite der Wanne gebadet."

Zum Schluß noch ein kleines Erlebnis: Ich war eines Tages zu Besuch bei einer Familie mit einem zweijährigen Töchterchen. Nach dem Tee durfte Audrey in den Salon kommen. Kaum hatten wir einander kennengelernt, holte sie schon ein großes Buch mit Bildern herbei, blätterte die Seiten um und wollte mir offenbar ein bestimmtes Bild zeigen. Schließlich fand sie es: ein Mann, der anscheinend vom Pferd gestürzt war, lag am Boden, das Pferd, mit Zaum und leerem Sattel stand geduldig daneben und wartete offenbar, daß sein Herr wieder aufsteige. Kaum hatten wir das Bild aufgeschlagen, als Audrey auf den Mann deutete und ihn alsbald mit offensichtlicher Abneigung zu bearbeiten begann. Der arme Bursche sah nach seinem Sturz ziemlich angegriffen aus und schien mir eher Mitleid als Züchtigung zu verdienen. Da Audreys Mutter grade ins Zimmer trat, erkundigte ich mich bei ihr nach dem strafwürdigen Vergehen des gestürzten Ritters. „Ich weiß auch nicht", sagt sie, „Audrey interessiert sich ganz besonders für das

Bild. Immer wieder schlägt sie es auf, und doch scheint es sie irgendwie zu ärgern."
Da fiel mir Maria Montessoris Lehre von der sensitiven Periode für Ordnung ein, und ein Licht ging mir auf: hier war in Audreys kleiner Welt etwas nicht in Ordnung. Der am Boden liegende Mann hätte *auf* dem Pferd sitzen sollen, was sogar das Pferd wußte — und diese Schlamperei war dem Kind höchst ärgerlich. Ich nahm einen Bleistift und zeichnete auf das Pferd einen im Sattel sitzenden Mann, der nicht halb so hübsch war wie der gestürzte Bursche, in Audreys Augen aber den unvergleichlichen Vorzug hatte, daß er da war, *wo er hingehörte*. Nachdem sie ihn ein paar Augenblicke freudig betrachtet hatte, stieß sie einen Seufzer der Erleichterung aus. — Ein paar Wochen später berichtete mir die Mutter, daß Audrey sich nicht mehr über das Bild aufgeregt habe. Bei der Gelegenheit erzählte sie mir noch, daß das Kind sich immer sehr erbittere, wenn es auf einer Zeitungsanzeige einen Hut ohne Gesicht darunter sehe. Offenbar war es mit Hamlet der Meinung, daß die Mütze an ihren Platz gehöre, nämlich auf den Kopf.

Die psychologische Bedeutung der Ordnungsperiode

Selbst wenn Maria Montessori lediglich auf diesen geheimnisvollen Zug des Kleinkindes aufmerksam gemacht hätte, so wäre schon das ein wichtiger Beitrag zur Kinderpsychologie gewesen. Aber sie hat diesen Zug auch interpretiert. Die Ordnungsliebe des Erwachsenen — falls vorhanden — ist völlig anderer Art und entspringt auch andern Motiven. *Wir* wollen unsere Umgebung ordentlich haben, weil das angenehm und nützlich ist. Das Kind aber *braucht* die Ordnung, weil es mit Hilfe der Elemente seiner Umwelt *sich selbst* aufbaut. Sein Geist wirft nicht wie ein Spiegel die Außenwelt zurück: von allem Anfang an trifft es bei der Sammlung seines Bildervorrats eine Auswahl. Der Ordnungssinn ist von allem Anfang an da und leitet die Sammelarbeit. Dieser *innere* Ordnungssinn aber verlangt als eine Art Unterstützung die stabile Ordnung der Dinge *außerhalb*.
Darum begehrt das Kind auf dieser Stufe so leidenschaftlich nach einer Umwelt, in der die Gegenstände ihre gewohnten Plätze haben und nur zu ihren eigentlichen Zwecken gebraucht werden. Das Kind, das an einem Nullpunkt beginnt, ist auch mit zwei Jahren — im Vergleich zu uns — noch nicht sehr weit gekommen. Wir sind reich, das Kind ist arm an Erfahrung und daher von seiner Umgebung weit abhängiger als wir, die wir eine geordnete Erfahrung mit Schubfächern für Erinnerungen und wohlerwogene Grundsätze besitzen. Für das Kind ist die Ordnung der Dinge in seiner Umwelt beinahe alles, was es besitzt; sie ist der Boden, auf dem es steht. Unaufhörlich ist es ja bemüht, in das anfängliche Chaos irgendeine Art von

Ordnung zu bringen. Ist es da ein Wunder, daß es sich aufregt, wenn ihm dies bißchen gewonnene und gesicherte Ordnung gestört wird?

Versteckspielen

Überrascht stellen Erwachsene manchmal fest, daß man mit sehr kleinen Kindern nicht richtig Verstecken spielen kann. Das Spiel geht auf immer dieselbe Weise daneben. Tom versteckt sich hinter einem Vorhang; kommt man aber in die Nähe, quietscht er vor Freude und gibt sich keinerlei Mühe, seine Anwesenheit zu verheimlichen. Und nachher will er sich immer wieder am selben Platz verstecken. Uns Erwachsenen kommt es ziemlich läppisch vor, jemand dort zu suchen, wo man weiß, daß er ist. Aber gerade darauf kommt es den Kleinen an: für sie besteht der Genuß des Spiels darin, einen Menschen oder einen Gegenstand an „seinem Platz" zu finden, ihn dort zu wissen, auch wenn man ihn nicht sieht*.
Also können wir kleinen Kindern, noch ehe sie laufen und sprechen, dadurch beistehen, daß wir in ihrer Umgebung und an ihrem Tageslauf möglichst nichts ändern. Als Beispiel für solche Hilfe führt Maria Montessori eine Kinderpflegerin an, die das Kind in seinem Wagen alle Tage denselben Weg fährt und möglichst einen Weg mit allerlei gut erkennbaren „Marksteinen". Bald wird das Kind sich freudig wiedererkennen, besonders, wenn die Pflegerin an den Dingen, die des Kindes Interesse erwecken, nicht rasch vorüberfährt. Wir vergessen ja so leicht, daß die Kinder in einem viel langsameren Rhythmus leben als wir, und daß wir darum unser „Tempo" bremsen müssen, damit das Kind bei seinen Erfahrungen verweilen kann. Leicht können wir durch Eile die zarten Eindrücke, die im bildsamen Innern des Kindes entstanden sind, auslöschen, wie die steigende Flut Fußspuren im Sande verwischt.

Die sensitive Periode für Ordnung im Montessori-Kinderhaus

In der Montessori-Schule spielt die sensitive Periode für Ordnung eine große Rolle. „Wie ist es nur möglich", wird man manchmal gefragt, „daß vierzig kleine Kinder sich ihre Beschäftigungen selbst wählen! Entsteht denn da nicht ein riesiger Tumult und eine schreckliche Unordnung?" Nein, das tut es nicht. Infolge der Empfänglichkeitsperiode für Ordnung nehmen die Kinder vom Platz jedes Gegenstandes eine Art innerer Photographie auf, und es macht ihnen großes Vergnügen, besonders den allerkleinsten, jedes

* vgl. *Kinder sind anders* S. 77 ff.

Ding an diesen Platz zurückkehren zu sehen. Die geistige Ruhe der Kinder im Kinderhaus geht zum Teil darauf zurück, daß dort jeder Gegenstand seinen Platz hat und behalten muß. Natürlich ließe sich die freie Wahl der Beschäftigung nicht durchführen, wenn die Lehrerin dreißig bis vierzig kleinen Kindern Ordnung erst „beibringen“ müßte.
Im allgemeinen klingt die sensitive Periode für Ordnung mit dem dritten Lebensjahr ab. Dann reagiert das Kind nicht mehr so heftig und störend auf „Unordnung“ in seiner Umgebung, und in der Folge ist es für die Erziehung wichtig, mit einer stetigen Periode der Selbsttätigkeit die Anwendung des Ordnungssinnes zu verbinden.

Interesse an kleinen Gegenständen

Der sensitiven Periode für Ordnung verwandt, aber vielleicht noch weniger bekannt ist eine gleichzeitig in Erscheinung tretende Eigenart des Kleinkindes: die sonderbare, aber unanzweifelbare Tatsache, daß es von winzigen Gegenständen besonders angezogen wird. Man könnte sagen, das kindliche Interesse habe sich den kaum mehr sichtbaren Dingen an der Grenze des Wahrnehmbaren zugewendet.
„Ich konnte diese Empfänglichkeit zum erstenmal bei einem Mädchen von fünfzehn Monaten feststellen. Ich hörte es vom Garten her lachen, so laut, wie dies bei Kindern dieses Alters eher ungewohnt ist. Die Kleine war allein hinausgelaufen und saß auf den Steinplatten der Terrasse. In der Nähe befand sich ein Spalier herrlicher, unter einer fast tropischen Sonne erblühter Geranien. Doch die Kleine sah nicht die Blumen an, sondern hielt den Blick starr auf den Boden geheftet, auf dem nichts zu sehen war. Hier zeigte sich also ein anderes Geheimnis kindlichen Lebens. Angezogen von ihrem rätselhaften Verhalten, trat ich vorsichtig näher, ohne das mindeste bemerken zu können. Da erklärte mir das Kind mit stark betonten Worten: ‚Hier bewegt sich etwas Kleines.‘ Erst auf Grund dieses Hinweises vermochte ich ein winziges, nahezu unsichtbares Insekt von der Farbe der Steinplatten zu erkennen, das mit großer Geschwindigkeit hin und her lief. Was auf das Kind Eindruck gemacht hatte, war gerade dies: daß es ein so kleines Wesen gab, daß es sich bewegte, daß es umherlief!“
Bei uns Erwachsenen gilt es als ausgemacht, daß Kinder unter zwei Jahren nur auf lebhafte Reize wie Fahnen, Glocken, leuchtende Farben, helles Licht und dergleichen reagieren. Gewiß reagieren sie auf solche Dinge, aber Maria Montessori behauptet, sie seien dennoch nicht die eigentlichen Gegenstände ihres Interesses. Man müsse sich einen Mann vorstellen, der in die Lektüre eines Buches vertieft dasitze, aber, wenn eine Musikkapelle durch die Straße ziehe oder unten eine laute Stimme ertöne, aufspringe und

ans Fenster eile. Könne man nun sagen, die Geräusche auf der Straße fesselten den Mann mehr als sein Buch? Durchaus nicht! Ähnlich ist es bei den kleinen Kindern: das tieferliegende, formbildende Element ihres Geistes ist nur nicht so leicht zu erkennen wie ihre Reaktionen auffälligeren Reizen gegenüber.

Verfeinerung der Sinne

Eine sensitive Periode bringt den Geist des Kindes nicht nur zu gewissen Gegenständen der Umwelt in Beziehung, sie hat auch die Tendenz, Funktionen neu herauszubilden und zu vervollkommnen. Bekannt „ist die Tatsache, daß das Kind vor bewußt verstandesmäßigem Handeln besonders auf Sinneseindrücke reagiert; weniger bekannt ist, daß in diesem Alter eine sensitive Periode für die Verfeinerung der Sinne besteht. Beiden natürlichen Interessen des Kindes antwortet Maria Montessori mit dem „Sinnesmaterial".

Daß die Übung der Sinne ihr so wichtig ist, hat zu dem Mißverständnis geführt, sie sei überhaupt der entscheidende Zug ihrer Methode. Daß das nicht stimmt, wird an anderer Stelle noch deutlich werden. Immerhin ist es richtig, daß sie die Übung der Sinne für sehr wichtig hielt und daher entsprechende Übungsmittel, das „Sinnesmaterial"[20] ersann, die in allen ihren Kinderhäusern verwandt werden. Sie sieht in der Übung der Sinne vor allem die Grundlage, auf der das Kind eine geordnete schöpferische Phantasie und später dann auch klare Vorstellungen aufbauen kann.

In dieser Zeit erhöhter Ansprechbarkeit der Sinne ist das Kind stark auf den eigenen Körper und seine Bewegungen gerichtet. Deshalb ist sie so besonders für den Erwerb guten Benehmens geeignet. Die „Lektionen für Anmut und Höflichkeit", von denen später noch eingehend die Rede sein wird, sollten möglichst in diesem psychologisch günstigen Augenblick gegeben werden, der auch für das leichte und vollkommene Erlernen des richtigen Verhaltens beim Gottesdienst der geeignete Zeitpunkt ist. Leise gehen, Kreuzzeichen machen, Knie beugen, eine geweihte Kerze anzünden und tragen, ohne Wachs zu verträufeln, alles dies kann sehr gut erlernt sein, ehe das Kind für den Katechismus alt genug ist oder einem „durchdachten Gespräch" folgen kann.

Die Bedeutung der sensitiven Perioden für pädagogisches Handeln

Wenn Maria Montessoris Lehre von den sensitiven Perioden häufig als ihr wertvollster und originellster Beitrag zur Pädagogik betrachtet wird, dann vor allem wegen der praktischen Ergebnisse. Ihr Studium der sensitiven

Perioden im Aufbau der kindlichen Persönlichkeit läßt das ganze Erziehungsproblem in neuem Licht erscheinen und hat tatsächlich ein neues Kapitel der Erziehungslehre eröffnet.

Trägt der Erzieher den sensitiven Perioden der Kinder Rechnung, dann können sie mit einer Begeisterung und einer Ausdauer arbeiten, die man erlebt haben muß, um sie für möglich zu halten. Dann „ist alles leicht, alles ist Eifer, alles ist Leben und jede Bemühung bringt Zuwachs an Können". Wie ganz anders als unsere Erwachsenenarbeit mit ihren äußerlichen Motiven, ihren kalten Bemühungen und ihrer ermüdenden Wirkung! Angetrieben von der „brennenden geistigen Liebe", wie Maria Montessori die sensitive Periode ihrem Wesen nach gekennzeichnet hat, kann das Kind fast unvorstellbare Fortschritte machen. Darum erreicht es in der Freiheit der Montessori-Schule oftmals innerhalb weniger Wochen in einem bestimmten Bereich dasselbe, wozu es im „Tempo" des gewöhnlichen Klassenunterrichts Monate gebraucht hätte.

In Anbetracht dieser erstaunlichen Arbeitsleistungen verfallen mit dem System wenig vertraute Menschen manchmal in das andere Extrem und werfen die Frage auf, ob es nicht geradezu gefährlich sei, Kinder so frühzeitig zu solchen Anstrengungen zu veranlassen. Aber dabei wird übersehen, daß niemand die Kinder „veranlaßt", daß sie jeden Augenblick mit der Arbeit aufhören, sich eine andere Beschäftigung suchen oder ausruhen können, daß aber „unter der Wirkung der sensitiven Periode die Arbeit eine Lebensfunktion ist und darum nicht mehr anstrengt als das Atmen oder das Schlagen des Herzens".

Sicherlich wird der Tag kommen, da die Pädagogen mehr und mehr einsehen werden, wie notwendig es ist, sich dieser natürlichen Kräfte, dieser Phasen besonderer geistiger Ansprechbarkeit und Intensität zu bedienen. Dann werden uns unsere jetzigen pädagogischen Methoden vielleicht vorkommen wie unseren Technikern die der alten römischen Architekten, die mit ungeheurem Arbeitsaufwand riesige Aquädukte errichteten, um das Wasser von einer Talseite auf die andere zu leiten, weil sie die Gesetze der Hydrostatik nicht kannten. Oder wir werden uns an die Eingeborenen Madagaskars erinnert fühlen, denen man Schubkarren gegeben hatte, worauf sie sie mit Erde füllten und auf ihren Köpfen transportierten, denn sie hatten vom Prinzip des Rades so wenig Ahnung wie wir von dem der sensitiven Perioden.

Gefallene Maschen

Selbstverständlich wird der Mensch auch dann erwachsen, wenn er die eine oder andere seiner sensitiven Perioden nicht nutzen konnte, aber mit jeder, die wir versäumen, verlieren wir eine Gelegenheit, uns auf einem bestimmten Gebiet zu vervollkommnen, und manchmal verlieren wir sie auf immer.

Diesen Sachverhalt illustriert Maria Montessori mit einem hübschen Gleichnis. „Großmutter sitzt am Ofen und strickt einen Strumpf. Da sie sehr alt ist und nicht mehr besonders gut sieht, läßt sie ab und an, ohne es zu merken, eine Masche fallen. Dennoch wird der Strumpf fertig, aber wegen der gefallenen Maschen ist er nicht so gut und haltbar, wie er hätte sein können. Ähnlich geht es dem Menschen, der während seiner Entwicklung die eine oder andere seiner sensitiven Perioden versäumt: der Erwachsene, zu dem er heranwächst, wird weniger kräftig und gut ausgerüstet, als er hätte sein können, wenn er sich der aufbauenden Kraft aller seiner sensitiven Perioden voll hätte bedienen können."

Stellen wir nicht alle gelegentlich schmerzlich fest, daß in unserer körperlichen, geistigen oder sozialen „Ausstattung" manche „Maschen gefallen sind"? Daß wir vielleicht, hätten wir zur rechten Zeit die rechten Mittel gehabt, nicht so linkisch wären, nicht so schlecht spielten, nicht so schlecht rechneten, in Gesellschaft nicht so schüchtern wären, nicht so unentschlossen, nicht so abhängig von der Meinung anderer und so weiter durch die endlose Liste „gefallener Maschen"? Aber wenn sie vorbei sind, können wir die sensitiven Perioden so wenig einholen wie den Bus, den wir versäumt haben und der zu einem bestimmten Ziel der letzte und einzige gewesen ist. „Wenn wir auf einer höheren Ebene angekommen sind, können wir meist das, was uns auf einer niederen erreichbar war, nicht mehr erreichen."

„Schwierigkeit ist keine Frage des Alters"

Je genauer wir das Wesen der sensitiven Perioden studieren, um so klarer erkennen wir, wie unbegründet manche unserer allgemeinsten Ideen von geistiger Entwicklung und den ihr entsprechenden pädagogischen Verfahren sind. Vertreter der landläufigen Meinung zum Beispiel, daß Kinder nicht vor dem sechsten oder siebten Jahr schreiben lernen sollten, übersehen, daß die Sprache auch eine rein sensorische Seite hat. Die Kinder selbst haben Maria Montessori offenbart, daß das beste Alter zum Schreibenlernen zwischen dreieinhalb und viereinhalb liegt. Dann interessiert sich das Kind noch keineswegs für „Wörter" oder „Sätze", es wird von der sensorischen Seite der Sache gefesselt, zum Beispiel von der *Gestalt* der Sandpapier-Buchstaben, wenn es sie mit seinen Schreibfingern nachfährt, und von der ebenfalls rein sensorischen Tatsache, daß zu jedem Buchstaben ein entsprechender Laut gehört. Immer wieder macht man folgende Erfahrung: kann ein Kind dieses Alters den phonetischen Laut eines Buchstabens nicht wiedergeben, wenn es den Buchstaben *sieht*, so erinnert es sich meist sofort,

wenn es ihn mit den Fingerspitzen nachzieht, denn in diesem Alter sagt ihm Berühren mehr als Sehen.
Der Sinn für die sensorische Seite, beispielsweise der Sprache, weicht einer mehr intellektuellen Zuwendung, die Maria Montessori „die zweite sensitive Periode für die Sprache“ nennt. Jetzt ist es der Bau der Sprache, der das Kind fesselt, und jetzt interessiert es sich für die Beziehungen zwischen den Wörtern. Etwa vom siebten bis zum neunten Jahr erlebt das Kind eine sensitive Periode für die Grammatik, die man in der Montessori-Schule mit einer Fülle sinnreich ausgedachten, zur Tätigkeit auffordernden Materials befriedigt: es befaßt sich mit Wortunterscheidungen (Nachsilben, Vorsilben, Einzahl- und Mehrzahlformen), mit der Verwandtschaft zwischen verschiedenen Wortarten, die nach ihren Funktionen eingeteilt sind, mit der Zerlegung einfacher und zusammengesetzter Sätze. Maria Montessori hat die kühne Behauptung aufgestellt, wir müßten, selbst wenn das Studium der Grammatik keinen praktischen Wert hätte — den es natürlich hat! —, die Kinder damit befassen, weil das für sie eine „geistige Notwendigkeit“ darstelle, also etwas für ihre Entwicklung Unumgängliches.

Bildungsgut und Sensitivität

In der Geschichte der Montessori-Schulen ist es immer wieder vorgekommen, daß Kinder einer jüngeren Klasse älteren Kindern bei ihrer Arbeit zusahen und, wenn sie Gelegenheit dazu hatten, das didaktische Material mit in ihre eigene Klasse nahmen und damit arbeiteten. So ist es zu einer Verschiebung des Materials nach unten gekommen. Das trat derart häufig ein, daß Maria Montessori tatsächlich einmal gesagt hat: „Wenn wir merken, daß eine Arbeit für ein Kind zu schwer ist, geben wir sie manchmal einem jüngeren.“
Viele Lehrgegenstände wie Geometrie, Grammatik, Geographie, Biologie galten bisher für Kinder unter sechs Jahren als ungeeignet. Nach Maria Montessori „haben uns die Kinder aber die Existenz einer frühen Epoche enthüllt, die für die Geistesbildung elementare Bedeutung hat, indem viele Kenntnisse durch die Sinne und durch sinnvoll ausgeübte Bewegungen eindringen und auf wunderbare Weise im Gedächtnis gespeichert werden, wo sie zunächst ruhen. Ist dann die Zeit gekommen, da sie im Unterricht bewußt gemacht werden, bilden sie — beinah wie eingeborene Ideen — schon einen Teil der geistigen Ausrüstung. Das führt dann in einem späteren Stadium zu einem rascheren und genaueren Verständnis auf abstrakterer Ebene.“
Was Maria Montessori hier beschreibt, ist genaugenommen nur eine mehr ins einzelne gehende Anwendung des in vielen Erziehungslehren aufge-

stellten Prinzips, daß nämlich der Lehrgegenstand aufgegliedert und den Kindern in einer mehr psychologischen als logischen Weise dargestellt werden müsse, nur daß ihr Genie mehr Anwendungsmöglichkeiten für dieses Prinzip gesehen hat als andere.
Es mag absurd klingen, daß man Kinder mit dem Dezimalsystem bekannt macht, ehe sie zählen können — und doch tut sie es. So ist zum Beispiel die längste der Blau-roten Stangen, mit denen das Kind von zweieinhalb Jahren arbeitet, genau einen Meter lang, die kürzeste zehn Zentimeter. Der kleinste Würfel des Rosa Turms mißt einen Kubikzentimeter, der größte einen Kubikdezimeter, was alles nicht erwähnt wird, wenn die Kinder mit dem Material arbeiten. Lernen sie aber, Jahre später, diese Maße kennen und mit ihnen rechnen, dann entwickeln sie mehr Interesse und Verständnis, weil diese Maße, als sensorische Erfahrung, in einer früheren Lebensepoche ja schon einmal eine Rolle gespielt haben. Das Kind empfindet sie gewissermaßen als alte Freunde, die es von jeher kennt, von deren „Bedeutung" es nur bisher nichts gewußt hat.

Leben im Jetzt

Noch eine weitere allgemein verbreitete Ansicht wird durch das Studium der sensitiven Perioden widerlegt: daß das Kind nämlich alle Tage dasselbe Quantum lerne, daß seine Intelligenz bei kleinem, in geringen, aber regelmäßigen Dosen zunehme und vom „Bekannten zum Unbekannten" gleichmäßig fortschreite „wie der Zeiger der Uhr". „Beim freien, normalen Kind ist das nicht der Fall: sein geistiger Fortschritt erfolgt in *Sprüngen* — wie es das Lebensgesetz sowohl für das Individuum als auch für die Art vorzuschreiben scheint" *(Hugo de Vries: Die Mutationstheorie).*
Nur zu häufig muß um des Lehrplans willen ein Lehrer seine Schüler zur Eile drängen, um in einer bestimmten Zeit ein gegebenes Ziel zu erreichen. Seine und seiner Schüler Augen sind in die Zukunft gerichtet, wodurch die ganze Atmosphäre eine eigentümliche nach „vorne" gerichtete Spannung bekommt. Das ist nicht richtig: sensitive Perioden sind „Perioden besonderer geistiger Mächtigkeit", aber sie sind unmittelbar an die Gegenwart gebunden, sie halten nicht an. Wenn wir sie also wirklich nutzen wollen, müssen wir das Kind *ganz in der Gegenwart* leben und das wunderbare Geschenk des Augenblicks nutzen lassen.
Das Leben trifft seine Vorbereitungen gewöhnlich indirekt. Der Schmetterling beginnt sein Leben nicht als kleiner Schmetterling, der von seiner Mutter Honig saugen lernt. Will der Naturforscher seine Raupe zum vollkommenen Schmetterling werden sehen, gibt er der *Raupe*, was sie braucht, denn er weiß, daß nur das zum Ziele führt.

So dürfen auch wir nicht zu sehr um den nächsten Tag sorgen, noch uns daran ärgern, wenn des Kindes gegenwärtige Interessen und Tätigkeiten nicht direkt auf das Erwachsenenleben zielen. Am besten und vollkommensten entwickelt sich das Kind in einer Reihe aufeinanderfolgender „Gegenwarten", deren jede durch die Glut ihrer sensitiven Periode erhellt ist, und besser und vollkommener kann es sich nicht auf die Pflichten des Erwachsenenlebens vorbereiten.

Also sollten wir möglichst die Natur den „Studienplan" des Kindes von Jahr zu Jahr aufstellen lassen. Wie das Bildungsgut in Übereinstimmung mit den sensitiven Perioden umgeordnet werden sollte, gehört nicht in den Rahmen dieses Buches, wir werden es aber im vierten Teil noch kurz andeuten. Ohne Zweifel lassen sich auf alle Bildungsgegenstände (wie zum Beispiel Arithmetik, Geschichte, Geographie) dieselben Prinzipien anwenden, und wir Pädagogen schädigen uns selbst, wenn wir sie nicht nützen. Im Fahrtwind der sensitiven Perioden kommen die Kinder leichter und schneller vorwärts. Zudem errichten manche, wenn wir ihrer jeweiligen Sensitivität entgegenwirken, einzelnen Lehrgegenständen gegenüber „seelische Schranken", die möglicherweise für den Rest ihres Lebens bestehen bleiben werden[21].

Nicht weniger, sondern mehr und anders lernen!

Maria Montessori meint, man neige heute dazu, das Erziehungsproblem durch eine Verminderung des Lehrstoffes zu lösen. Aber das stelle eine negative Lösung dar, die wahre Lösung sei in einer Neuordnung des Lehrstoffes *im Hinblick auf die sensitiven Perioden* zu suchen. Diese Lösung werde die Bildung nicht vermindern, sondern intensivieren. Zur Erfüllung seiner Bedürfnisse müsse das wachsende Individuum mehr lernen, nicht weniger — aber auf andere Weise als bisher. Dann werde es nicht, wie bei der anderen Lösung, zum Rückschritt kommen, den man damit rechtfertige, daß man das Kind nicht überanstrengen wolle, sondern zu glänzenderen und beglückenderen Resultaten auf allen Entwicklungsstufen.

Achtes Kapitel:

DIE „ARBEIT“ DES KINDES: DER ERWACHSENE MENSCH

Ein Vergleich

Eine Dame beobachtete ein kleines Mädchen, das langsam und sorgfältig ein Paar Gamaschenhosen zuknöpfte. Gern hätte sie geholfen, erinnerte sich aber an Maria Montessoris Mahnung, Kinder ihre Arbeit allein tun zu lassen, und widerstand ihrem Impuls. Höher und höher hinauf mühten sich die kleinen Finger, bis endlich der letzte Knopf geschlossen war und die Zuschauerin einen Seufzer der Erleichterung ausstieß. Wie groß war ihr Erstaunen, als das Kind unverzüglich sämtliche Knöpfe wieder aufmachte und von vorn begann.

Solche Dinge passieren in einer Montessori-Schule alle Tage. Ein Kind von dreieinhalb Jahren nimmt ein dutzendmal alle Zylinder aus den Öffnungen und steckt sie wieder hinein; und vermutlich wird es das morgen auch wieder tun und vielleicht noch die ganze Woche lang. Wäre die Zylinder einzusetzen das Ziel seiner Arbeit, dann genügte ein einziges Mal.

In einer holländischen Schule sah ich einmal Kinder Schlange stehen, um *dieselben* Messingsachen zu putzen! „So vergeuden wir Erwachsenen unsere Kräfte denn doch nicht“, sagen wir, „wir arbeiten, um fertig zu werden. Der ist der beste Läufer, der zuerst durchs Ziel geht, die die beste Näherin, die am flinksten arbeitet, die die beste Putzfrau, die am wenigsten Zeit braucht.“ Die Bezeichnung „flinke Arbeiterin“ bedeutet für uns Erwachsene eine Anerkennung.

Dem Kinde dagegen scheint es mit dem Beenden einer Arbeit keineswegs zu eilen. Wenn es sie fertig hat, wird es in der Regel wieder von vorn anfangen. Aber nur nach unsern Erwachsenenmaßstäben ist dies Wiederholen überflüssig: die kindliche Arbeit *hat kein äußeres Ziel*, sondern ein inneres. Das Kind arbeitet, weil es „wachsen“ muß, und darum ist das Ziel seiner Arbeit nicht sichtbar, liegt vielmehr im Dunkel der Zukunft verborgen. Freudig, unermüdlich, unaufhaltsam arbeitet das Kind an der Erschaffung des Menschen, der es eines Tages sein wird.

Natürlich weiß das Kind von diesem Ziel nichts, aber seine Heiterkeit deutet darauf hin, daß es mit seinem Tun ein tiefes Lebensbedürfnis befriedigt. Das Kind, das einen Eimer füllt, die Tafel abwäscht, mit den Zylindern arbeitet, die Blau-roten Stangen zählt, die Farbtäfelchen ordnet oder was es auch gerade tun mag — es gehorcht gewissen Wachstumsgesetzen, „inneren Direktiven“: daher seine Zufriedenheit. „Gesegnet das

Kind“, sagt Maria Montessori, „das, wenn auch unbewußt, den göttlichen Kräften in sich freudig Folge leistet. Sein ist die Freude des Schöpfers. Ist aus dem dumpfen, stummen, unbeholfenen Neugeborenen ohne Bewußtsein ein fertiger, intelligenter Erwachsener mit reichem Seelenleben und strahlendem Geist geworden, so verdankt er das alles dem Kinde . . . Denn das Kind bildet den Menschen, das Kind ist, wie Wordsworth[22] sagt, ‚der Vater des Menschen'“.

Der Rhythmus der kindlichen Arbeit

Je genauer wir die Arbeitsart des Kindes studieren, um so klarer wird uns, wie tief sie sich von der des Erwachsenen unterscheidet — so sehr, daß nur die Begrenztheit der Sprache uns zwingt, für beide Arbeitsarten dasselbe Wort zu benützen. Mehr als einmal habe ich Maria Montessori darüber klagen hören, daß uns für die genaue Beschreibung der Natur des Kindes und seiner Tätigkeiten ein „Vokabularium“ fehle, denn die Begriffe in ihrer landläufigen Bedeutung stifteten eher Verwirrung als Klarheit.

Deshalb müssen wir diesen Sachverhalt genauer untersuchen. Außer dem erwähnten Gegensatz gibt es noch einen: den Unterschied im inneren Rhythmus, im geistigen Tempo. Zur Klärung ein paar Beispiele. In der Montessori-Schule kann man beobachten, wie ein dreieinhalbjähriges Kind, das auf einem Teppich am Boden mit den zehn Würfeln des Rosa Turmes arbeiten will, zehnmal zwischen Schrank und Teppich hin- und hergeht, zehnmal durch den ganzen Raum zwischen all den kleinen Tischen hindurch wandert und jeden Würfel einzeln herbeiholt, obwohl es ganz leicht zwei oder drei auf einmal tragen könnte. Kein siebenjähriges Kind würde so handeln, geschweige denn ein Erwachsener. Oder sieht man Kindern bei den „Übungen des praktischen Lebens“ zu, wie sie sich etwa die Hände waschen: es ist nicht abzusehen, wann sie damit fertig werden, denn bei jeder der etwa dreißig Phasen des Prozesses vom Aufrollen der Ärmel bis zum Abtrocknen verweilen sie, als hätten sie den ganzen Vormittag über nichts anderes vor, mit der Andacht eines Benediktiners, der eine liturgische Zeremonie begeht.

Wir Erwachsenen können das kaum mit ansehen und müssen an uns halten, daß wir nicht hinspringen und die Sache selbst in die Hand nehmen. Warum wir so empfinden? Da wir einen völlig anderen Arbeitsrhythmus haben, stört uns das Verhalten des Kindes. Wir haben immer den Zweck unseres Tuns vor Augen, den wir so schnell und so rationell wie möglich erreichen wollen. Unsere Tage, Wochen und Monate liegen gleichsam eingeteilt vor uns, und ein innerer Zwang treibt uns, unsere Aufgaben zu erfüllen, so daß unsere Gegenwart immer auf die Zukunft gerichtet ist.

Nicht so beim Kinde! Es lebt in einer Art ewiger Gegenwart. Mit dem

Ziel seiner Tätigkeit eilt es ihm nicht, denn das Tun selbst ist sein Ziel, und in diesem Tun drückt es sein ganzes Wesen aus. Es liebt seine Arbeit, lebt sie, genießt sie, wiederholt sie, weil sie das Mittel zu seiner Selbstvervollkommnung ist.

Es gehört schon eine intensive Anstrengung unserer Phantasie dazu, uns vom eigenen Arbeitsrhythmus frei zu machen und in den der Kinder zu versetzen. Immerfort drängen wir die armen Kleinen: „Mach doch vorwärts! Himmel, wie langsam du bist!" Oder noch schlimmer: „Gib her, laß mich das machen!" Und doch drängen wir genau so vergebens wie jener Mann, auf dessen Grabstein zu lesen stand: „Hier liegt der Mann, der dem Orient Beine machen wollte."

Ebenso sinnlos ist es, die Arbeit des Kindes beschleunigen zu wollen. „Es kann nicht zwanzig sein, ehe es zwanzig ist", sagt Maria Montessori. Die Natur selbst hat ja dem Kinde sein Programm aufgestellt, und auch wir können es nicht abändern. „Es richtet sich, wie der fleißigste Student, nach einem Stundenplan und befolgt ihn mit der Unwandelbarkeit, mit der die Gestirne ihre Bahn ziehen."

Achtung vor dem Lebensrhythmus des Kindes

Wenn wir kleinen Kindern helfen wollen, müssen wir vor allem diesen ihren Lebensrhythmus achten lernen, statt ihn beschleunigen und dem unsern anpassen zu wollen. Hierzu berichtet Maria Montessori folgendes eigene Erlebnis: Eines Tages sah sie einem etwa fünfjährigen Mädchen zu, das mit dem Rechenrahmen Zahlen zusammenstellte. Dieser Rahmen ähnelte den hölzernen Tafeln in unseren Kirchen, in die die Nummern der Lieder eingeschoben werden. Geduldig steckte die Kleine die Kärtchen ein und nahm sie wieder heraus. Vor sich hatte sie die Aufgabe, nach der sie die Zahlen von eins bis hundert einzeln zusammenstellen sollte. Maria Montessori fand die Sache furchtbar stumpfsinnig und wollte der Kleinen helfen, schneller zum Ziel zu kommen. Also schlug sie ihr vor, jeweils einen Teil der Zahlen stehenzulassen und nur die sich ändernden Ziffern auszuwechseln. Schweigend gehorchte das Kind eine Weile, plötzlich aber, als könne es nicht mehr an sich halten, sagte es höflich, aber bestimmt: „Würden Sie nicht bitte lieber weggehen und mich allein machen lassen?" Dann ging das Kind zu dem Punkt in der Zahlenreihe, an dem es unterbrochen worden war, zurück, und arbeitete in *seinem* Tempo weiter. Maria Montessori empfand die Zurechtweisung als völlig verdient. „Ich hatte mich dumm benommen, hatte fälschlicherweise angenommen, es komme dem Kind auf das Ende des Prozesses an und nicht auf den Prozeß selbst." Sagt nicht R. L. Stevenson, hoffnungsvoll zu reisen sei besser als anzukommen?

In gewisser Weise ähnelt der innere Rhythmus des Kindes dem des Mystikers, denn beide leben in einer Art von „ewigem Jetzt". Auch die Versenkung des Mystikers hat keinen „praktischen" Zweck, sie birgt ihr Ziel, die Selbstvervollkommnung, in sich. Ist der Mystiker „wie ein kleines Kind" geworden, kümmern ihn Eile und Geschäftigkeit des täglichen Lebens nicht mehr. Daß uns die großen liturgischen Zeremonien manchmal so breit und langweilig vorkommen, liegt auch daran, daß wir noch am eiligen Tempo unseres Alltags haften und nicht im majestätischen Rhythmus solcher Handlungen schwingen, die mehr nach der Ewigkeit als nach der „Zeit" sich richten.

Dem Künstler ähnelt das Kind, weil es wie er ein Werk zu schaffen hat: in seinem Fall den künftigen Menschen. Deshalb darf man es ebensowenig drängen wie den Künstler. Sollte jemand meinen, den Künstler könne man sehr wohl drängen, so mag er in Vasaris *Lebensbeschreibung der Künstler* die Geschichte vom ungeduldigen Pater Prior nachlesen, der Leonardo zur Vollendung seines berühmten Abendmahls zu drängen versuchte.

Verdrehte moderne Ansichten von der Arbeit

Nach Maria Montessoris Ansicht hat die industrielle Gesellschaft den Sinn für den echten Wert und die wahre Bedeutung der Arbeit eingebüßt, teilweise deshalb, weil beim gegenwärtigen Stand der Gesellschaft die Arbeitsteilung, wie wir sie kennen, auf falschen Fundamenten ruht, denn sie geht auf die ungehemmte Besitzsucht einzelner Menschengruppen zurück. Besitzsucht und Machtstreben, „Abweichungen"* vom Normalen haben einen sozialen Zustand heraufgeführt, der manchen Menschen gestattet, parasitenhaft von der Arbeit anderer zu leben. „So gewiß ist die Arbeit der natürliche Ausdruck ‚normalisierten' Menschentums — da ja jede auf Erden lebende Art ihre ‚kosmische Mission' hat —, daß der Mensch eher *homo laborans*, der arbeitende Mensch, als *homo sapiens*, der wissende Mensch heißen sollte. Wie aber die Dinge heute liegen, haben viele Menschen diesen ‚Artinstinkt' eingebüßt, und nur in außergewöhnlichen Menschen, den Künstlern, Entdeckern, Eroberern, Reformern, die wie die Kinder nicht von ihrer Arbeit lassen können, lebt er, trotz der unglücklichen Bedingungen, die ihn in der Mehrzahl der Menschen unterdrückt haben, als unwiderstehlicher Trieb fort."

Ließe man, meint Maria Montessori, dem Kind, dem Knaben, dem Jüngling in jedem Entwicklungsstadium die Möglichkeiten dazu, die Art von Arbeit

* vgl. zehntes Kapitel.

zu tun, zu der die Natur sie treibt, würde das zu einer harmonischeren Menschheit führen, einer nicht mehr so von Besitzsucht und Machttrieb versklavten Menschheit.
Die in unserer Gesellschaftsordnung bestehende unselige Kluft zwischen Hand- und Geistesarbeit hat uns „Hände ohne Hirne“ und „Hirne ohne Hände“ eingebracht. Die Montessori-Pädagogik zielt grundsätzlich darauf ab, beide Elemente von allem Anfang an zu vereinen, oder besser noch, sie sich nie trennen zu lassen.

Arbeit des Kindes, Arbeit des Erwachsenen — ihre Gesetze

Die Gesetze, denen die beiden Arbeitsarten unterliegen, weichen ebenso weit voneinander ab wie die Arbeitsarten selbst. Die Arbeit des Erwachsenen unterliegt den beiden Hauptgesetzen Arbeitsteilung und Rationalisierung. Da seine Arbeit ein äußeres Ziel hat — die Produktion —, läßt sie sich leicht zwischen einer Anzahl von Menschen aufteilen; auch nach Art und Qualität kann sie aufgeteilt werden. Die Rationalisierung geht natürlich nicht auf Arbeitsunlust zurück. Dem äußerlichen Zweck entspricht die Maxime, mit kleinstem Aufwand größte Wirkung zu erzielen, und das erfordert vorsichtige Ökonomie der Kräfte. Deshalb verwendet der Erwachsene arbeitsparende Geräte.
Auf die Arbeit des Kindes lassen sich beide Gesetze nicht anwenden. Arbeitsteilung kann es nicht geben, wenn „Wachstum“ das Produkt der Arbeit ist; und „größte Wirkung bei kleinstem Aufwand“ paßt ebensowenig, weil die kindliche Arbeit „einem inneren Energiequell entspringt und keine quantitative Beziehung zum äußeren Ziel besitzt“.
Sehr viele Erwachsene betrachten die Arbeit als ein notwendiges Übel, als „Adams Fluch“, wogegen die Kinder eine Art „kosmischer Arbeitsfreude“ fühlen, die unmittelbar dem Herzen des Seins entspringt, denn sie stellt sich ein, wo der Mensch in Übereinstimmung mit den Gesetzen der eigenen Natur handelt.
Es ist diese Freude der Kinder in ihrer Arbeit, was die Montessori-Schule auszeichnet und so besonders anziehend macht.

Die Bedeutung des Wiederholens

Hat man sich Maria Montessoris Begriff vom Wesen der kindlichen Arbeit zu eigen gemacht, werden einem gewisse Erscheinungen, darunter die wohlbekannte Neigung der Kinder, hundertmal dasselbe zu tun, in ihrer Bedeutung klar. Ein Bübchen meiner Bekanntschaft machte den Deckel einer kleinen Dose, in der ich meine Rasierseife aufbewahre, zweiundvierzigmal auf und zu. Ein holländischer Freund beobachtete, wie ein kleines Mädchen einen einzelnen Sandpapier-Buchstaben mehr als hundertmal mit dem Finger nachfuhr. Warum tun die Kinder das? Bei einem Lehrgang ließ Maria Montessori eine Teilnehmergruppe die Übung mit den Zylindern volle zwanzig Minuten lang ausführen, so daß sie sie am Schluß natürlich alle gräßlich satt hatten. Dann meinte sie mit ihrem vielsagenden Lächeln: „Und nun können Sie an Ihrer eigenen Langeweile ermessen, wie mächtig der innere Drang der Kinder sein muß, daß sie die Übungen scheinbar endlos wiederholen mögen."

Arbeit, die erfrischt

Das Kind legt die Arbeit nicht aus der Hand, weil es müde ist, aus einem echten Arbeitszyklus geht es eher gestärkt, erfrischt hervor. Sein ganzes Wesen zeigt eine charakteristische Ruhe, eine fast strahlende Heiterkeit. Es gleicht in physischer Hinsicht einem Manne, „der gut gespeist hat". Nach einer Zeit konzentrierten Tätigseins fühlt es sich in Frieden mit der Welt, seine Seele ist in einem Zustand besonderer Empfänglichkeit. Es bemerkt in der Umwelt Dinge, die es vielleicht vorher nie gesehen hat, oder es erlebt eine Vertiefung seines sozialen Gefühls, „es wird reicher und offenherziger und es mag ihm ein Bedürfnis sein, vertraulich mit seiner Lehrerin zu sprechen, ihr oder andern seine Zuneigung zu zeigen. Oder es erfährt neue Manifestationen seines religiösen Gefühls. Der Mann, der gut gespeist hat, wird einen Bekannten, an dem er vor Tisch vielleicht ohne Gruß vorübergegangen wäre, jetzt möglicherweise leutselig grüßen. Das darf uns nicht überraschen: ehe wir unsere Kräfte verausgaben können, müssen wir sie zuvor sammeln."

Ausnahmen, die die Regel bestätigen

Freilich darf unsere Unterscheidung der beiden Arbeitsarten nicht als absolut gelten, denn zuzeiten, wenn es zum Beispiel einem äußeren Ziel nachgeht, arbeitet das Kind nach Art des Erwachsenen und dann auch „ökonomisch", also mit dem Kraftaufwand, der der Sache entspricht.

So wird ein Kind, das aus einer Art Instinkt heraus tagelang Sandpapier-Buchstaben nachgezogen hat, sich eines Tages bewußt daranmachen, aus den beweglichen Lettern Wörter zusammenzusetzen. Zuerst hat es, durch die Wiederholung, in sich eine Fähigkeit aufgebaut, und dann vollbringt es *mit* ihr etwas außerhalb seiner selbst, und diese neue Erfahrung verschafft ihm eine neue Art von Freude, die Freude des Schöpferischen.

Hat die unbewußte innere Vorbereitung in den Kindern die Kraft geschaf-

fen, die sie nunmehr für ein äußeres Ziel brauchen, dann sind sie neuer Erfahrungen auf sozialer Ebene fähig. Mit einem äußeren Ziel vor Augen können jetzt auch kleine Kinder nach dem Prinzip der Arbeitsteilung zusammenwirken. Spontan schließen sie sich manchmal zu Gruppen zusammen, die irgendeine Aufgabe verrichten, den Tisch zum Mittagessen decken, die Vasen mit Blumen füllen, die kleineren Gefährten beim Essen bedienen oder hinterher abwaschen.
Hierzu erteilt Maria Montessori den Kinderhausleiterinnen eine praktische Warnung. „Sollte in Ihrer Klasse eine solche Arbeitsaufteilung spontan ausbrechen, dann versuchen Sie nicht, sie zu organisieren. Es möchte Sie verlocken, ein Programm zu machen, einen Stundenplan aufzustellen, den Kindern die einzelnen Tätigkeiten zuzuteilen. Ein Verbrechen wäre das freilich nicht! Aber die erfahrene Leiterin, die die Grenzen ihrer Einmischung nie aus dem Auge verliert, wird das auch jetzt nicht tun. „Der Instinkt, der die Kinder zu solcher Zusammenarbeit treibt, ist ebenso unwiderstehlich wie der, der sie zu andern Zeiten allein zu arbeiten veranlaßt. Sie handeln ja nicht vorsätzlich und verstandesgemäß wie wir, und auch ihre Arbeitsteilung geht nicht auf verstandesgemäße Erwägungen zurück, sondern auf Gefühlsregungen, wie sie im Menschen aufsteigen, der dabei ist, sein größtes Werk zu tun. Hüten Sie sich, dies zarte Etwas in eine Erwachsenenform pressen zu wollen. Nur mit größter Vorsicht darf die Leiterin eingreifen, wenn diese anmutige und liebreizende Szene nicht ihren Charakter verlieren, wenn ihr Licht nicht erlöschen soll."

Seine Arbeit ist nicht unnütz

Vom Standpunkt des „praktisch" denkenden Erwachsenen aus, dessen Arbeit zur Produktion nützlicher Güter führt, ist die kindliche Tätigkeit völlig nutzlos. Zwischen all den fleißigen erwachsenen Arbeitern der Welt bewegt sich das Kind wie ein Fremdling. Weil es nichts „Nützliches" zu tun vermag, hat es meist keinen eigenen Platz für *seine Arbeit*; es ist nach Maria Montessori ein „außergesellschaftliches Wesen". Aber natürlich ist in Wahrheit seine Arbeit alles andere als nutzlos, da das Kind den Erwachsenen bildet — wenn auch die Gesellschaft diese so wichtige Leistung des Kindes noch niemals ernst genug erkannt hat. So gesehen hängt der Erwachsene mit dem ganzen Reichtum seiner körperlichen, seelischen und geistigen Gaben ebenso vom Kinde ab, wie das Kind um seiner zahlreichen Bedürfnisse willen vom Erwachsenen abhängt. In seiner eigenen Sphäre aber ist das Kind der Herr und der Erwachsene sein Diener. Daß diese wechselseitige Abhängigkeit erkannt werde, ist in Maria Montessoris Augen die wichtigste Vorbedingung für das Werden einer harmonischen Menschheit.

Der Arbeiter und seine Werkstatt

Jeder Erwachsene hat seine Werkstatt oder seinen Arbeitsplatz und jeder Erwachsene weiß, wie wichtig es ist, daß seine Arbeit unter den bestmöglichen Bedingungen vor sich gehe. Für das Kind ist ein geeigneter Arbeitsplatz ebenso wichtig; weil aber seine Arbeit noch nicht allgemein erkannt und anerkannt ist, denken die meisten Menschen nicht darüber nach, daß es auch einen besonderen Arbeitsplatz haben müßte, und noch weniger Menschen können sich vorstellen, wie er aussehen sollte.

Heutzutage aber hat das Kind seinen Arbeitsplatz nötiger als je zuvor. Mit dem Entstehen großer Industriezentren, mit Eisenbahn, Auto, Flugzeug, Telephon und Radio wird unser Lebensrhythmus immer schneller. In früheren Zeiten war der Unterschied zwischen dem Lebensrhythmus des Erwachsenen und dem des Kindes weniger einschneidend, weil die frühe Gesellschaft in engerem Kontakt mit der Natur lebte und mehr als heute von ihrem ruhigeren, unbeeinflußbaren Rhythmus bestimmt wurde. Damals konnte das Kind als „kleiner Entdecker", ungehindert durch die Einmischung der Erwachsenen, in Hof und Feld umherstreifen und Tier- und Pflanzenwelt erforschen. Auch der Erwerb des Kulturgutes war damals weniger wichtig, weil die Mehrzahl der Bevölkerung noch weitgehend unwissend war.

An die Stelle der Natur ist eine künstliche „Super-Natur" getreten, eine für Erwachsene nach ihren eigenen Maßstäben geschaffene Welt. Wie anders sind doch die Lebensbedingungen des Kindes in einer Etagenwohnung oder in einem Hinterhaus! In der künstlichen Welt der Erwachsenen ähnelt das Kind einem Verbannten oder einem Flüchtling. Nur seinem Tätigkeitsdrang hat der Wandel der Lebensformen nichts anhaben können — wo aber findet es Platz, ihm ohne Einengung nachzugehen?

Bessere Arbeitsbedingungen oder Der Mutterschoß des geistigen Embryos

Soziale Bewegungen, die darum kämpfen, die Lebensbedingungen der arbeitenden Klassen zu verbessern, sind uns selbstverständlich, und ebenso selbstverständlich ist uns, daß es dabei um erwachsene Arbeiter geht. Darf man aber Maria Montessori glauben, dann wird das soziale Gewissen, dem seit hundert Jahren die Lebensbedingungen des erwachsenen Arbeiters zu schaffen machen, eines Tages auch die schlechten Arbeitsbedingungen des „anderen Poles der Menschheit", des Kindes, nicht mehr übersehen. Wenn Maria Montessoris Ideen erst einmal Gemeingut geworden sind, wird eine gewaltige soziale Bewegung für die Besserung der „kindlichen Arbeitsbedingungen“ die Folge sein. Aber dazu muß erst die Gesellschaft als Ganzes erfaßt haben, was es mit der Arbeit des Kindes auf sich hat. Wir müssen uns an den Gedanken gewöhnen, daß das Kind zu seinem großen Aufbauwerk etwas Lebendigeres und Wirksameres braucht als eine Werkstätte. Maria Montessori hat das kleine Kind einen „geistigen Embryo“ genannt, und dieser geistige Embryo braucht eine zugleich nährende und schützende Umgebung, wie die Natur sie dem physischen Embryo im Mutterleib bereitet. Physisch, geistig und seelisch braucht das Kind diese lebenspendende Umwelt — und seelisch vielleicht am meisten. Sie muß ihm Ruhe und Frieden gewähren, muß es vor der zur Eile treibenden Welt von heute schützen und möglichst auch vor zur Eile treibenden Eltern und Lehrern.

Reform der Erziehung

Mit dieser geeigneten Umwelt, die wir nach Maria Montessoris Ansicht dem Kinde schaffen müssen, meint sie freilich nicht nur das Montessori-Kinderhaus, das lediglich die erste Stufe darstellt. Was im Montessori-Kinderhaus vollbracht ist, muß auch für das Grundschulalter, das Pfadfinderalter und das Jugendalter geschaffen werden: also für jede Entwicklungsstufe eine Umwelt, in der sich das Individuum seinen jeweiligen Wachstumsgesetzen entsprechend entfalten kann.

Für das Grundschulalter gibt es das bis zu einem gewissen Grade schon, worauf wir im zwanzigsten Kapitel näher eingehen werden, und in Holland hat man Montessori-Lyzeen, die bis zur Universität führen. Aber gänzlich durchgeführt sind Maria Montessoris Ideen für Grundschule und höhere Schule bisher noch nirgends.

Es wäre grundfalsch, die umwälzende Reform, die sie im Auge hat, einfach mit pädagogischen Ideen und Zielen gleichzusetzen, wie das heute gewöhnlich geschieht. Eine Erziehungsreform dieses Ausmaßes hat es bisher noch nicht gegeben. Sie würde die vereinten Bemühungen der ganzen erwachsenen Menschheit erfordern, würde Einsätze und Opfer verlangen, wie die Nationen sie bisher allenfalls für den totalen Krieg geleistet haben.

Die Natur gibt das Beispiel

Einen Vergleich für Größe und Art der Aufgabe bietet uns die Natur in jenen „ergreifenden und fast wunderbar zu nennenden Manifestationen des mütterlichen Instinktes im weitesten Sinne“. Ein Bienenstock zum Beispiel zeigt uns eine Gesellschaftsordnung, in der die ganze erwachsene Bevölkerung unter unablässiger Selbstaufopferung alle ihre Energien auf Schaffung einer geeigneten Umwelt für die kommende Generation verwendet. Und was tut der Mensch? „Er, der Baumeister, der Schöpfer, der Verwandler seiner Umwelt, tut für sein Kind weniger als die Biene, weniger als ein Insekt, weniger als irgendein anderes Geschöpf." Aber der Tag wird kommen, wenn auch wir ihn nicht erleben werden, da auch die Menschheit, oder was nach einem „letzten Kriege" noch von ihr übrig ist, ihre höchsten konstruktiven Kräfte an die Schaffung dieser „vorbereiteten Umgebung" setzen wird. Und dann werden ihre Kinder sich — endlich! — zu ihrer Hochform entfalten können und nicht mehr zu „abwegigen Kümmerformen" aufwachsen müssen, wie die meisten von uns sie darstellen.

Die kindliche Arbeit und das Friedensproblem

Daß Maria Montessori es sogar für unmöglich hält, das Problem des Weltfriedens je zu lösen, wenn wir nicht beim Kinde anfangen, haben wir im vierten Kapitel eingehend dargelegt. Sie ist nicht müde geworden, darauf hinzuweisen, daß auch die „andere Menschheitshälfte" Gelegenheit bekommen muß, ihr Werk zu tun, wenn wir je zu einer besseren Weltordnung kommen wollen. Solche Äußerungen dürfen indessen nicht so ausgelegt werden, als sehe Maria Montessori das Heil lediglich in einer menschheitsbeglückenden Doktrin. Immer würde die Religion eine große Rolle spielen, ja, die große Rolle. Aber, so meint Maria Montessori, und dies ist ein bedeutsames „Aber", bisher hat die Religion sich noch niemals voll auswirken können, weil ihr dazu die beste, vielmehr die einzig mögliche Grundlage gefehlt hat: eine „normalisierte" Menschheit.
Von der hier gemeinten Normalisierung durch Arbeit wird im zehnten Kapitel noch die Rede sein. Alle Theologen sind sich darin einig, daß es für die Auswirkung der christlichen Religion im Sinne einer besseren Menschheit keine geeignetere Grundlage gebe als die vollentfaltete menschliche Natur. Darum *erziehen* in der Regel die Missionare erst die Völker, ehe sie sie „höher führen", und darum wohl haben so viele Missionsorden die Montessori-Methode übernommen. Erst wenn beide Faktoren, eine „normalisierte" Menschheit und das Christentum einander ergänzend sich voll auswirken, kann Maria Montessoris Postulat „Eine neue Welt für einen neuen Menschen!" Wirklichkeit werden.

Neuntes Kapitel:

DIE SENSORISCHEN GRUNDLAGEN DES GEISTIGEN LEBENS

Maria Montessori vertraut darauf, daß der kindliche Geist spontan arbeitet und somit der Motor ist, der eine Montessori-Schule in Gang hält, also die Aneignung des Bildungsgutes mit Selbsterziehung verbindet. Nach allem, was dieser Geist schon ganz aus sich bewältigt hat, ehe das Dreijährige in das Kinderhaus kommt, geht sie mit diesem Vertrauen kein allzu großes Risiko ein. Wenn aber der kindliche Geist auf längere Zeit hin spontan tätig sein soll, dann braucht er angemessene, ihm zuträgliche Bedingungen.

Eins vor allem darf nie übersehen werden: daß der kindliche Geist niemals isoliert arbeitet, sondern dabei stets an den Körper, insbesondere an das Nerven- und Muskelsystem gebunden ist.

Unser Leib bildet mit unserer Seele eine unlösbare Einheit; das beeinflußt unsere ganze Denkweise und stellt in der kindlichen Entwicklung einen Grundsachverhalt dar. Niemals begeht Maria Montessori die „Sünde des Angelismus" (Maritain), behandelt also das Kind nie, als sei es reiner Geist. Stärker als jede andere Pädagogik basiert die ihre auf der tiefen Einsicht in die ursächliche Einheit beider Seinsweisen des Menschen.

Gewiß sieht sie im Menschen das Wesen, das sich durch den Besitz der Vernunft vom niederen Tier unterscheidet, sie läßt aber niemals außer acht, daß der Mensch einen irdischen Leib und ererbte Instinkte mit dem Tier gemeinsam hat. Dieser irdische Leib mit den „fünf Sinnen" bindet sein Innenleben, die höchsten geistigen Erfahrungen nicht ausgenommen, an die physische Welt außerhalb seiner selbst. Es gehört zu den interessanten Aufgaben der Psychologie, zu erforschen, in welcher Art und Weise die beiden Komponenten unserer Natur, der Geist mit seinen Möglichkeiten zum abstrakten Denken, zur Vernunft und zum freien Willen und der mit seinen Sinnen auf die Dinge der Außenwelt gerichtete Leib einander beeinflussen (Leib-Seele-Problem).

Im Kopf des neugeborenen Kindes dürfte nicht mehr Gedankenarbeit vor sich gehen als im Kopf eines neugeborenen Hündchens. Nach drei bis vier Jahren aber hat das Kind einen Besitz von Begriffen, geistigen Vorstellungen also, die kein Hund je erwerben könnte und wenn er hundert Jahre alt würde. Und doch leben Kind und Hund in derselben Welt, berühren dieselben Gegenstände, werden vom selben Wasser naß und vom selben Feuer warm, ernähren sich von annähernd derselben oder doch ähnlicher Nahrung, und obendrein noch arbeiten beider Sinnesorgane nach demselben Plan,

denn unter dem Mikroskop zeigt die Struktur ihrer Nerven und Muskeln keinen Unterschied.
Woher also rührt der große Unterschied? Die Folgerung ist unabweisbar: von Geburt an muß das Kind, anfangs natürlich nur potentiell, die Fähigkeit haben, den Dingen ihre wesentlichen Eigenschaften zu „entbergen". Wenn man ein kleines Kind von einem oder zwei Jahren sorgfältig beobachtet, so sieht man, daß es nicht nur am Gegenstand im ganzen, sondern auch an seinen Eigenschaften interessiert ist. Die ganze Fülle abstrakter Begriffe wie Rauheit, Glätte, Härte, Weichheit, Farbe, Struktur, Schwere, Biegsamkeit und so weiter haben wir mittels dieser geheimnisvollen Fähigkeit unseres Geistes von den Gegenständen unserer Umwelt „abgezogen" und irgendwann in unseren Geist aufgenommen. Von fünf gleichen Gegenständen, fünf Äpfeln, fünf Nüssen, fünf Bleistiften vermag der Geist den *Begriff fünf* abzuleiten und dann auf jede andere Gruppe von Gegenständen gleicher Anzahl anzuwenden. Das vermag kein Tier.
Diese nur dem Menschen eigene Fähigkeit hat zuerst Aristoteles erkannt und untersucht. In dem berühmten Satz: „Es ist nichts im Geiste, was nicht zuvor in den Sinnen war" hat er die hinter dieser Fähigkeit sich verbergende Wahrheit ausgesprochen. „Aber", so fügte er hinzu, „es existiert anders im Geiste als in den Sinnen."[23]

Das Sinnesmaterial und der Verstand

Es gehört zu den Prinzipien Maria Montessoris, immer dem Gang der Natur zu folgen. Sobald sie feststellt, daß das Kind spontan und konstruktiv handeln will — konstruktiv nennen wir die Tätigkeiten, die dem Aufbau seiner Persönlichkeit dienen —, versucht sie ihm, immer im eben genannten Sinne, beizustehen.
Sie kannte zum Beispiel aus Beobachtungen die Tendenz des kindlichen Geistes, von den Gegenständen ihre unsinnlichen und unveränderlichen Eigenschaften abzulösen und so einen Vorrat abstrakter Begriffe aufzubauen. Diese Begriffe spiegeln einerseits das Wesen der Gegenstände unserer Umwelt und helfen uns andererseits aus dem diffusen Ganzen bloß sensorischer Eindrücke, aus dem „gewaltig summenden, dröhnenden Chaos" (James) heraus.
So galt es dem Kinde zu helfen, diese Abstraktionen leichter und genauer zu vollziehen, und das ist ein Hauptzweck des Sinnesmaterials. Jeder Teil dieses Materials hilft dem kindlichen Geist, sich auf eine bestimmte *Eigenschaft* der Dinge zu konzentrieren. Die Roten Stangen führen den Begriff „Länge" vor, die Würfel des Rosa Turmes den Begriff „Größe", die Glokken die Vorstellung „Tonhöhe" und so weiter. Dabei geht Maria Montes-

sori vom Prinzip der „Isolierung des Reizes“ aus. Alle Roten Stangen zum Beispiel sind völlig gleich — bis auf die Länge: folglich wird der kindliche Geist vorübergehend „seelisch blind“ gegen jede andere Eigenschaft als die der Länge, die dadurch noch stärker in den Brennpunkt des Interesses gerückt wird, daß die mit den Stangen verbundene Aufgabe — sie nämlich in der richtigen Reihenfolge zu ordnen — nur bei Beachtung ihrer Länge gelingt.

Oder: die Farbtäfelchen sind nach Material, Form, Gewicht und Größe völlig gleich und unterscheiden sich nur in einer Eigenschaft: der Farbe, die deshalb sofort in den Mittelpunkt des kindlichen Interesses rückt, und das bleibt so, solange das Kind mit dem Material selbsttätig arbeitet. Auch die Glocken sehen alle gleich aus, und wenn man sie in der richtigen Reihenfolge ordnen will, muß man sie mit einem Hämmerchen anschlagen, das ihre Tonhöhe verrät. Hier kann das Auge nicht helfen, nur das Ohr.

Wir haben schon einmal darauf hingewiesen, daß das Sinnesmaterial dem Kinde keine neuen Eindrücke liefern soll; es soll vielmehr in die unzählbaren Eindrücke, die es schon erworben hat und noch erwerben wird, Ordnung und System bringen. „Wir haben keine andere Möglichkeit“, sagt Maria Montessori, „Gegenstände voneinander zu unterscheiden als durch ihre Merkmale.“ Bei der Arbeit mit den verschiedenen Sinnesmaterialien lernt das Kind Eigenschaften wie Länge, Breite, Höhe, Farbe, Struktur, Gewicht, lernt es Formen wie Kreis, Dreieck, Trapez und so weiter erkennen. Zudem gibt in diesem Stadium die Lehrerin den Kindern „Benennungs-Lektionen“: dies ist *lang*, dies ist *kurz*. Natürlich erfolgen diese Lektionen erst, nachdem das Kind sich mit dem Material beschäftigt und durch den tätigen Umgang mit der Sache entsprechende geistige Erfahrungen gewonnen hat, so daß die eindeutige Benennung gewissermaßen die Krönung der geistigen Erfahrung bildet.

„Kinder der Verheißung“

Alle diese „Untersuchungen“ in der Sphäre der sinnlich wahrnehmbaren Attribute, die Tag um Tag und Monat um Monat betrieben werden, schaffen dem Kinde ein breites, sicheres Fundament für später sich aufbauende höhere Geistestätigkeit. Sie bedeuten also eine richtige innere Vorbereitung. Kinder, die durch diese Phase der Vorbereitung erfolgreich hindurchgegangen sind, unterscheiden sich wesentlich von andern. „Ihre geistige Bilderwelt ist klar, alle ihre Eindrücke sind deutlich und an ihrem ‚Ort‘ wie die Gegenstände in einem wohlgeordneten Haushalt. In einem geordneten Geist fügt sich jeder neue Eindruck sogleich an der richtigen Stelle ein. Man muß sich nur vergegenwärtigen, was schon für das Kind der Besitz klarer Vorstellungen bedeutet, welche Grundlage dies für künftiges geistiges Wachstum darstellt. Kurzum, solche Kinder sind ‚Kinder der Verheißung', denn sie haben die ersten Schritte zum Aufbau ihres eigenen Geistes getan."

Wie abstrakte Begriffe entstehen

Häufig stellen Lehrer der alten Lernschule nach dem Besuch einer Montessori-Schule fest, es werde zu viel Wert auf den Gebrauch des Materials gelegt, und zwar nicht nur in den frühen Phasen, sondern auch später noch, im Rechenunterricht, in Grammatik, Geschichte, Erdkunde und Religion. Sie äußern gewöhnlich die Befürchtung, die Kinder möchten von den materiellen Hilfen abhängig werden, das Arbeitsmaterial möchte sich als „geistige Krücke" auswirken, ohne die sie sich später hilflos fühlten. Solche Kritiker verkennen die wirkliche Natur des im kindlichen Geiste erfolgenden Abstraktionsprozesses. Sie sollten sich mit Aristoteles beschäftigen, der ihn mit unübertrefflichem Scharfblick erkannt und beschrieben hat.
Interessanter- und bezeichnenderweise beschreibt er den Prozeß als stufenweises „Ablegen" der Materie, bis schließlich nur noch der abstrakte Begriff übrigbleibe, der eine geistige Wesenheit enthält. Das geht in folgenden Stadien vor sich:
Vor uns steht eine Tasse, und unser Auge empfängt den Sinneseindruck; wird die Tasse weggenommen, bleibt das geistige Bild der Tasse, das aber, nach Aristoteles und auch nach modernen Psychologen, immer noch etwas Materielles ist, insofern es in seiner Existenz im Bewußtsein von gewissen Nervenzellen abhängig ist, die einen Reiz empfangen und damit das Bild der individuellen Tasse festgehalten haben. Von diesem Bild endlich, das schon viel geistiger und weniger stofflich ist als die Tasse und der Sinneseindruck von ihr — vom inneren Bild dieser (und anderer) Tassen wird abgezogen oder abstrahiert die reine Idee der Tasse — der Inbegriff der „Tassenheit". Dies ist ein rein geistiger Begriff, die allgemeine Idee „Tasse", die alle individuellen und besonderen Tassen, die es gibt, gegeben hat und geben wird, in sich faßt. Dieser allgemeine Begriff, diese umfassende Idee Tasse ist etwas ganz vom Stofflichen Entferntes, und eben deshalb enthält sie die Wesenheit *aller* bestehenden und möglichen Tassen. Denn die Materie ist der Ursprung der Individuation. Sobald die Materie in den Prozeß eintritt, wird alsbald eine besondere Tasse oder ein Sinneseindruck einer Tasse, nicht aber die reine Idee „Tasse".
Maria Montessori ist nun keineswegs von der Theorie des Aristoteles noch von irgendeiner andern ausgegangen, sondern wie immer vom Kinde selbst. Bei der Beobachtung des Kindes und seiner Reaktionen konnte sie diesen Prozeß spontaner Abstraktion sich vor ihren Augen vollziehen sehen. Drei-

oder fünfjährige Kinder machten etwa Bemerkungen wie: „Oh, sieh mal, der Himmel ist blau!" oder „Dein Kleid ist genau so blau wie die Blumen im Nebenzimmer." Kinder, die mit den geometrischen Einsätzen gearbeitet hatten, entdeckten plötzlich in ihrer Umgebung eine Unmenge von Kreisen, Rechtecken, Dreiecken. Eine geistige Kraft in ihnen, der *intellectus agens*, hatte von den Farbtäfelchen und den geometrischen Einsätzen das „Wesentliche" abgelöst, so daß sie es in andern Gegenständen wiederzuerkennen vermochten. Indem die Teile des Arbeitsmaterials so den Kindern die Quintessenz der in der Außenwelt wahrgenommenen Gegenstände vermitteln, werden sie „Schlüssel zum Universum".

Ein Beispiel aus der Geometrie

Die geometrischen Figuren lernt das Kind zuerst als feste hölzerne Einsätze kennen, die aus Brettchen mit entsprechenden Öffnungen herausgenommen und wieder eingesetzt werden.
Solche geometrischen Figuren und die zugehörigen Brettchen mit den entsprechenden Öffnungen, die als „Fehlerkontrolle" dienen, sind richtige konkrete bewegliche Gegenstände. Später bekommt das Kind Karten, auf denen dieselben Formen voll aufgedruckt sind. Dann folgt eine Kartenserie, die die Formen nur in fetten Umrissen zeigt, und viertens und letztens eine, auf der die Figuren nur mehr in dünnen Umrissen zu sehen sind. Jetzt bleibt dem Kinde nur der letzte Schritt zu tun, der natürlich sehr viel später erfolgt, nämlich der zur Euklidischen Definition des Dreiecks als einer ebenen, von drei Geraden begrenzten Fläche, einer rein *geistigen* Vorstellung, die das Auge nicht zu „erblicken" vermag.
Bei einem Vergleich dieser vier Serien geometrischer Formen geht sofort die Verwandtschaft zur aristotelischen Theorie auf: die Bildung der abstrakten Idee aus einer gradweisen „Entfernung" vom Konkreten bis zur völligen Entlastung von der Materie. Man kann sich in der Praxis überzeugen, wie diese Übungen dem Geist des Kindes von der Betrachtung des stofflichen Gegenstandes zur Bildung des Begriffes verhelfen.

Gebrauch des Materials in der Mathematik

Dies Fortschreiten vom Konkreten zum Abstrakten ist ein Charakteristikum des ganzen Systems, aber im Bereich der mathematischen Elementarbildung besonders augenfällig. In ihren Vorlesungen über dieses Thema sagte Maria Montessori manchmal, sie biete den Kindern „materialisierte Abstraktionen", also Ideen in einer stofflichen, anschaulichen Form und biete sie verbunden mit einer *Tätigkeit* an. Arbeitet das Kind, nachdem es angeleitet ist, längere Zeit in seinem eigenen Tempo, also ungehindert und nicht gedrängt, am Material, dann strömt nach und nach, beinahe unsichtbar und unmerklich wie ein Duft, vom Material selbst das Wesen der Operationen aus. Still befestigt der kindliche Geist das Erfahrene in sich, und es wird ein Teil von ihm. Nahezu alle arithmetischen Operationen — Addition, Subtraktion, Multiplikation, Division, ja sogar Quadrat- und Kubikwurzelziehen — macht das Kind so lange in konkretem Verfahren, bis das Wesen der Regel ihm vollkommen klar ist.

Voraussetzungen für den Abstraktionsprozeß

Der Abstraktionsprozeß hängt nach Maria Montessori von zwei Bedingungen ab, die beide erfüllt sein müssen. Zunächst muß im Konkreten vollkommene Klarheit herrschen, und dann muß das Kind eine gewisse geistige Reife erreicht haben. „Man könnte sich über die Wirklichkeit vollkommen im klaren sein und doch noch nicht fähig zur Abstraktion." So kann denn in einer und derselben Klasse ein Kind die Fähigkeit zur Abstraktion erreicht haben und das Kind neben ihm nicht.
„Zur Abstraktion gelangen wir mit der Zeit durch das Gesetz des geringsten Widerstandes und des geringsten Aufwandes", sagt Maria Montessori. Wie das gemeint ist, zeige ich am besten an einem kleinen Vorfall, den ich bei einem meiner ersten Besuche in einer Montessori-Schule erlebte. Ein ungefähr siebenjähriges Mädchen machte eine „lange Multiplikation": 2436 X 374. Gewöhnlich rechnen die Kinder solche Aufgaben mit dem Rechenrahmen, einer Abart des guten alten Abakus, des antiken Rechenbretts. Ich bemerkte, daß der Rechenrahmen unbenutzt dalag. „Warum nimmst du nicht den Rahmen?" fragte ich. „Weil es ohne Rahmen schneller geht", antwortete sie erfahren. Und das bedeutet nichts anderes, als daß das Kind nach vielen mit dem Rahmen gelösten Aufgaben den Sinn des Verfahrens verstanden und den Rahmen nicht mehr nötig hatte. Was im ersten Stadium eine Hilfe bedeutet, kann sehr wohl später zum Hindernis werden.

Spontaner Aufstieg

Für viel größer als die Gefahr, das Kind möchte durch das Material unselbständig werden, halte ich eine andere, die in vielen der heutigen Schulen keineswegs gebannt ist, daß nämlich der kindliche Geist überanstrengt wird, indem man das Kind vorzeitig zur Abstraktion zwingt, ehe es durch konkrete Erfahrung klare Vorstellungen gewonnen hat. Wie viele Menschen

haben ihr ganzes Leben lang von den einfachsten rechnerischen Operationen völlig ungenaue Vorstellungen, wie viele sind sich zum Beispiel nie über das Wechselgeld im klaren, das sie herausbekommen müssen. Das liegt nur daran, daß man sie in der Rechenstunde vermutlich von einer Aufgabe zur andern gehetzt hat, ehe sie noch begriffen hatten, um was es überhaupt ging.
Den Geist des mit dem Material arbeitenden Kindes mit einem festgebundenen Ballon zu vergleichen — wie manche Kritiker der Methode es tatsächlich tun —, ist völlig unzutreffend. Maria Montessori vergleicht ihn viel richtiger mit einem Flugzeug, das, ehe es sich in die Lüfte erheben kann, erst am Boden Geschwindigkeit gewinnen muß. Wenn aber der richtige Augenblick gekommen ist, wird es sich vom festen Grund in das abstraktere Medium Luft erheben, wo es sich rascher und freier bewegen kann. So ähnlich muß auch der kindliche Geist vorerst auf dem festen Boden des Konkreten sich bewegen, ehe er sich im richtigen Augenblick, der in zeitlicher Hinsicht individuell völlig verschieden liegt, ins Reich des Abstrakten erheben kann, wo er dann leichter und wirksamer tätig ist, und auch schneller — schneller sogar als das schnellste Flugzeug, denn er arbeitet ja im wahrsten Sinne des Wortes „mit des Gedankens Schnelle".
So wie aber das Flugzeug immer wieder auf die feste Erde zurück muß, um zu tanken und sich zu neuen Flügen zu rüsten, so kehrt auch der kindliche Geist immer wieder auf seine Erde, zum Arbeitsmaterial, zurück, um im Konkreten neue Erfahrung zu sammeln und sich damit auf neue Flüge ins Abstrakte vorzubereiten.
Reiner Geist und reine Materie sind wechselseitig voneinander abhängig, für den Erwachsenen und noch mehr für das Kind, denn es entwickelt sich ja noch und das heißt, daß es durch eine Art „geistiger Handelsbeziehung" mit der Außenwelt seine Persönlichkeit erst aufbaut. Maria Montessoris Lehre von „Zentrum, Peripherie und Berührungspunkt", auf die wir später zu sprechen kommen, wird uns das noch deutlicher machen.

Zehntes Kapitel:

ABWEGIGKEITEN UND NORMALITÄT

Von zwei Energiequellen sieht Maria Montessori das kindliche Wachstum geleitet: der körperlichen, besonders der Muskelenergie, die sich in Bewegungen äußert, und der geistigen Energie von Intelligenz und Willen, einer letztlich immateriellen Kraft. Natürlich arbeiten im lebenden Organismus die beiden Kräfte niemals völlig getrennt, und nach Maria Montessori sollte man bei der Betrachtung des Menschen den geistigen Aspekt niemals vom körperlichen trennen. Würden beide Seiten dieses einheitlichen Ganzen während der kindlichen Entwicklung völlig oder teilweise am Zusammenwirken gehindert, so wären Abweichungen vom Normalen die Folge. Und so ist es auch.

Körperliche und geistige Abweichungen

Jedermann kennt Abweichungen vom normalen körperlichen Wachstum, Mißbildungen wie Hasenscharten, Klumpfüße und den Buckel zum Beispiel. Körperliche Abweichungen gehen gewöhnlich auf irgendwelche nachteiligen Faktoren in der Umwelt oder auf Fehler im Erbgut zurück, in jedem Fall sind die Wachstumskräfte aus ihrer normalen Richtung, vom eigentlichen Ziel abgekommen, und das Individuum hat das „Muster der Art" nicht genau erreicht.

Nehmen wir nun mit Maria Montessori an, daß auch geistiges Wachstum, von „inneren Direktiven" geleitet, auf das Muster der Art ausgehe, dann können natürlich auch auf geistiger Ebene Fehlentwicklungen eintreten, die sich in Abweichungen vom Normalen auswirken. Genaugenommen stimmt der Vergleich nur bedingt. Denn körperliche Abweichungen sind in der Regel ohne weiteres zu erkennen, und tatsächlich besitzen wir eine Art „Inneres Bild" von körperlicher Normalität, durch das uns jede merkliche Abweichung vom Normalen sogleich auffällt. Abweichungen vom geistig Normalen indessen geben sich nicht so unmißverständlich kund: auf sie kann nur von einem Verhalten aus, das irgendwie vom Normalen abweicht, geschlossen werden. Aber — und hier liegt der kritische Punkt — wir besitzen nicht alle ein dem körperlichen entsprechendes klares und einheitliches Bild von geistiger Normalität.

So stellt Maria Montessori allen Ernstes die Frage, ob wir die Kennzeichen seelischer Normalität — nicht nur beim Erwachsenen, sondern auf allen Entwicklungsstufen — überhaupt kennen! Ihre Antwort überrascht, denn sie lautet negativ. Als der Totengräber im „Hamlet" gefragt wird, warum man den jungen Hamlet (der ja „verrückt" war) nach England geschickt habe, antwortet er: „Man wird's ihm da nicht viel anmerken: die Leute sind da ebenso toll wie er." Ein abnormes Volk also hätte gar nicht die Voraussetzungen, ein echtes Bild seelischer Normalität zu entwickeln. Auf diesen etwas beunruhigenden Gedanken werden wir noch zurückkommen und Maria Montessoris Ansicht zu erhärten versuchen. Zuvor aber noch ein paar Anmerkungen zur Wechselwirkung von Körper und Seele.

Wie kommt es in der kindlichen Entwicklung zu Abweichungen?

Ja, wie kommt es überhaupt im täglichen Leben des Kindes zur widernatürlichen Trennung von Leib und Seele? Einmal, wenn das Kind spontan handeln will und daran gehindert wird, zum anderen, wenn der Erwachsene dem kindlichen Willen unnötigerweise den eigenen unterschiebt. Noch eine dritte ungünstige Konstellation kann eintreten: daß im Kinde, das sich selbst überlassen ist, beide Energieströme nicht zum harmonischen Einklang finden. Wie oft kann man ungeduldige Eltern rufen hören: „Jetzt sei doch endlich still! Kannst du denn nie den Mund halten! Warum tust du nicht irgend etwas Vernünftiges!" Und dann kommt die klägliche Antwort: „Ja, was *soll* ich denn tun?" oder: „Ich *hab'* ja nichts zu tun." Maria Montessori ist der Ansicht, einem solchen Kinde sei „unbehaglich" zumute, weil es sich von einer inneren Kraft getrieben fühle, die sich auswirken möchte, aber es weiß nicht, wie.

Formen kindlicher Abwegigkeiten

Es gibt so viele Formen kindlicher Abwegigkeiten, daß es fast einfacher wäre, die Kennzeichen des Normalen zu beschreiben; „wie es auch einfacher ist, einen Krug zu schildern als die zahllosen Scherben und Splitter, wenn er zerbrochen ist." Immerhin lassen sie sich in zwei Gruppen zusammenfassen. Zur einen gehören die von den meisten Kinderpsychologen als abnorm anerkannten Züge wie Verlogenheit, Schüchternheit, Streitsucht, Gefräßigkeit, Stottern, Zerstörungswut, Ungehorsam, Ängste der verschiedensten Art und dergleichen mehr. Außer diesen anerkannt unerfreulichen Zügen betrachtet Maria Montessori auch noch gewisse Verhaltensweisen als abnorm, die von den meisten Menschen als normal angesehen werden: so zum Beispiel die Besitzsucht und überentwickelte Phantasiekräfte, die bekanntlich derartige Ausmaße annehmen können, daß die Kinder fast nur in einer Phantasiewelt leben, was sich unter anderm auch darin ausdrückt,

bewußte Ziel des Persönlichkeitsaufbaues verfolgt und daher das Kind ganz beansprucht. Deswegen nennt Maria Montessori das Tun des Kindes *Arbeit* und nicht *Spiel*, das nur einen Teil der kindlichen Natur befriedigt. „Ich muß mich gegen alle zur Wehr setzen“, sagt sie, „die meine Methode eine Spielmethode nennen.“

Spontane Konzentration, die so intensiv ist, daß sie häufig „das Kind von seiner Umgebung isoliert“. Sie ist ein biologisches Phänomen, und man könnte sie auch die Aufmerksamkeit des Lebens, das heißt der Art nennen, die durch das Individuum handelt. Die geistigen Kräfte und Fähigkeiten des Kindes konzentrieren sich; durch den Austausch mit der äußeren Welt baut es sich selbst auf. Der Konzentration nahe verbunden ist die

Liebe zur Wirklichkeit, denn die Entwicklung und Formung des Geistes geschieht durch Begegnung mit der Wirklichkeit, nicht mittels der Projektionen und Fiktionen der Phantasie. Um richtig arbeiten und wachsen zu können, muß der Geist sich zunächst der Ordnung der äußeren Wirklichkeit unterwerfen (vgl. neunzehntes Kapitel).

Liebe zur Stille und zur Einzelarbeit: Dies Kennzeichen hat dem Kind den Namen „Der kleine Einsiedler“ eingetragen, was freilich keineswegs bedeuten soll, daß das Kind gern *einsam* arbeite. Es liebt die oben erwähnte Absonderung von seiner näheren Umgebung durch Konzentration, arbeitet aber zu andern Zeiten gern mit andern Kindern in spontan sich bildenden Gruppen zusammen.

Verfeinerung des Besitzsinnes: Das normalisierte Kind verhält sich gegenüber seiner Umgebung mit all ihren gewinnenden Gegenständen liebend, nicht aber besitzergreifend. Es stimmt, daß Kinder in der ersten Begeisterung das Arbeitsmaterial am liebsten mit nach Hause nehmen möchten — aber auch dann eigentlich nicht, um es zu besitzen, sondern um es zu benützen. Das normalisierte Kind legt den Fehler, alles haben zu wollen, ab, weil sein Interesse an den Dingen sich verfeinert hat. „In normalisierten Kindern führt die aktive Möglichkeit, sich für einen Gegenstand zu interessieren, zu einem Stadium, da es ihnen nicht mehr um das Objekt, sondern um die Kenntnis des Objektes geht. Infolge dieses geistigen Interesses wird der Besitztrieb auf eine höhere Ebene gehoben. Besitzenwollen hat sich in Liebe verwandelt, und Liebe will den Gegenstand nicht *haben*, sondern ihm dienen. Kinder, die zuvor im Garten Pflanzen ausgerissen haben, interessieren sich jetzt für das Wachstum der Pflanzen, zählen ihre Blätter und messen ihre Größe. Es ist nicht mehr meine Pflanze, sondern *die* Pflanze.“

Wahl statt Neugierde: aus dem soeben Gesagten ergibt sich, daß die Kinder nunmehr ihre Tätigkeiten wahrhaft wählen und sie nicht mehr aus bloßer Neugierde aufgreifen.

Gehorsam: Normalisierte Kinder sind bemerkenswert gehorsam. Zugleich mit dem durch „Arbeit“ erzielten Normalisierungsprozeß erleben sie eine

Art „Noviziat“ in der Tugend des Gehorsams, der sich stufenweise fortschreitend bildet, und auf der höchsten sind die Kinder nicht nur gehorsam, sie *wollen* gehorsam sein. Die Anordnung eines andern auszuführen ist jetzt zu einer Art Selbstausdruck geworden, weil es zugleich das Üben einer neu erworbenen Fähigkeit, des Willens, einschließt. Diese Gefügigkeit seines Willens hat nichts mit blindem Gehorsam oder Unterwerfung des schwächeren Willens unter den des Stärkeren zu tun. Dieser Gehorsam geht Hand in Hand mit

Unabhängigkeit und Initiative: das letzte Ziel des Montessori-Systems ließe sich etwa als „Werterfüllung der Persönlichkeit“ auf jeder Entwicklungsstufe umreißen. Dazu gehört es, daß das Kind jeweils so viel an Unabhängigkeit und Selbständigkeit gewinnt, wie ihm in jeder der aufeinanderfolgenden Entwicklungsstufen zuzumuten und möglich ist. Dabei sollte die Lehrerin darauf achten, ihr pädagogisches Einwirken in Grenzen zu halten, indem sie sich stets nur der „geringsten Dosis“ bedient und immer im Sinne des berühmten Lehrsatzes handelt, daß „jede überflüssige Hilfe die Entwicklung hindert“.

In einer Klasse normalisierter Kinder tritt an die Stelle des Wettbewerbs eine natürliche „gegenseitige Hilfe“. Man will einander nicht mehr ausstechen, entfaltet deshalb keinen Ehrgeiz, sondern hilft sich gegenseitig. Die Älteren entwickeln lebhaftes Interesse am Fortschritt der Jüngeren und Zurückgebliebenen, und es ist manchmal rührend zu beobachten, wie sie an den Triumphen der Jüngeren mit einer Freude Anteil nehmen, als seien es ihre eigenen. *Spontane Selbstdisziplin*, die den erstmaligen Besucher einer Montessori-Schule stets am meisten in Erstaunen setzt, wird auch durch Abwesenheit der Lehrerin nicht beeinträchtigt. Diese Selbstdisziplin ist eine Frucht der Freiheit und von der Freiheit nicht zu trennen: sie sind wie die beiden Seiten einer Münze.

Freude ist das schönste Kennzeichen einer Gruppe normalisierter Kinder. Sie durchdringt die kleine Gemeinschaft wie ein Duft und ist ebenso schwer zu beschreiben, wie sie leicht wahrzunehmen ist. Diese Freude auf den Gesichtern der Kinder, die sich auch in ihrem ganzen Verhalten ausdrückt, unterscheidet sich wesensmäßig von dem Vergnügen, sich gut zu unterhalten: wie die oben besprochene Konzentration ist sie ein tiefes und geheimnisvolles Gefühl. Die Natur schenkt es uns, wenn wir von unsern Fähigkeiten den rechten Gebrauch machen und damit den ihr eigenen Gesetzen gehorchen.

Im September 1955 hielt bei der Eröffnung des Montessori-Ausbildungslehrgangs im Pariser Montessori-Zentrum der berühmte französische Schriftsteller und Philosoph *Gabriel Marcel* eine Ansprache, in deren Verlauf er von seinem eigenen Erstaunen beim ersten Besuch einer Montessori-Schule in Sèvres sprach. „Was mich am meisten überraschte — ich über-

daß sie ständig mit erdachten Spielgefährten leben und reden. Dann gibt es Kinder, die unaufhörlich fragen, ohne je die Antwort abzuwarten; oder Kinder, die so übermäßig an einer bestimmten Person ihrer Umgebung hängen, daß sie ohne sie nicht auskommen können. Es mag manchen überraschen, daß Maria Montessori auch jene Unstäte der Aufmerksamkeit, die noch von manchen Psychologen als charakteristisches Merkmal der frühen Kindheit betrachtet wird, zu den Abwegigkeiten zählt. Leser, die sich mit dem Thema eingehender beschäftigen wollen, seien auf ihr Buch *Kinder sind anders*[21] hingewiesen, wo sie auf den Seiten 214 bis 247 auch psychische Sachverhalte wie „Fluchterscheinungen", „Begierde nach Macht", „Minderwertigkeitskomplexe", „Hemmungen" behandelt. Uns beschäftigen hier weniger die verschiedenen Formen von Abweichungen als ihre Heilung, die Rückführung zum Normalen und der Weg dazu.

Normalisierung durch Arbeit

Für alle diese Formen von Abwegigkeit gibt es ein hervorragendes Heilmittel — nach Maria Montessori freilich auch nur dies eine — die *Normalisierung durch „Arbeit"*. Wenn wir uns ihre Ansicht über die Arbeit des Kindes zu eigen gemacht haben als einen Prozeß, durch den der Aufbau seiner Persönlichkeit geschieht, dann ist uns das leicht verständlich.

Der Normalisierungsprozeß geht immer auf dieselbe Weise vor sich. In einer Montessori-Klasse wird das abwegige Kind von einer geordneten, ruhigen und harmonischen Atmosphäre empfangen — wobei es gleichgültig ist, worin seine Abwegigkeit besteht. Jedenfalls ist es ungeordnet, unharmonisch und undiszipliniert in seinen Bewegungen. Sehr häufig ist es sich selbst zur Last, ein Pfahl im Fleisch der Lehrerin und für seine Gefährten eine Plage. Vermutlich trödelt es den halben Tag im Klassenzimmer herum, fängt bald dies, bald das an, tut aber alles „nur stoßweise und ohne Ausdauer". Wenn man nicht aufpaßt, stört es die andern, was bis zur Quälerei gehen kann. Wahrscheinlich ist es auch sehr ungehorsam und völlig ohne Selbstdisziplin. Kurzum: so wie es nach außen hin mit seiner sozialen Umgebung im Streit liegt, so bekämpfen sich in seinem Innern die eigenen aufbauenden Persönlichkeitskräfte.

Dieses Ringen kann länger oder kürzer dauern. Ob es aber länger oder kürzer dauerte, es endet immer gleich. Hat die Lehrerin das Kind mit Achtung und Festigkeit behandelt, hat sie ihm, ob es auch noch so uninteressiert war, unermüdlich neue Beschäftigungsvorschläge gemacht, hat sie es ermutigt, ohne es zu zwingen — dann wird eines Tages das entscheidende Ereignis eintreten: es wird zu einem Teil des Materials greifen, mit dem es vermutlich zuvor schon mehrere Male herumgespielt hatte, und wird, unter der zentralen Wirksamkeit erster spontaner Konzentration, richtig damit *zu arbeiten anfangen*. Die Heilung hat begonnen. Zwar weiß das Kind nicht, wohl aber seine Leiterin, daß es am Anfang einer neuen Entwicklungsphase steht, daß es beinah so etwas wie ein neues Leben beginnt. Es hat seine Füße auf den Pfad gesetzt, der zur Normalität führt.

Konzentration ist der Schlüssel,

der dem Kinde den Zugang zu jenen Kräften erschließt, die noch verborgen in seinem Innern ruhen. Die beiden Energieströme haben sich vereinigt. Nachdem an der „Peripherie" der „Berührungspunkt" geschaffen ist, geht im „Zentrum" der kindlichen Persönlichkeit eine geheimnisvolle, aufbauend wirkende Wandlung vor sich. Wenn die zersplitterten Kräfte seiner Persönlichkeit sich sammeln, tritt Ordnung an die Stelle der Unordnung, und das unterbrochene Werk der Selbstgestaltung wird wieder aufgenommen, *so wie die Natur es immer gewollt hat*. Maria Montessori vergleicht diesen inneren Wandel in der Erscheinung und im ganzen Verhalten des Kindes mit einer „Bekehrung" — einer Neuorientierung und Umbildung jener geistigen Kräfte, die die Persönlichkeit ausmachen — und die manchmal auch ganz plötzlich erfolgt.

Durch Erfahrung entdeckte Maria Montessori — man könnte fast sagen: zufällig — die Kennzeichen des normalen Kindes. Es war eine echte und unerwartete Entdeckung, eine Offenbarung, die sich bekanntlich nicht nur einmal ereignet hat, sondern viele Male, in allen Ländern der Welt und nun seit mehr schon als einem ganzen Menschenalter. Sobald Entwicklungshindernisse beseitigt waren, erschienen überall — fast wie durch Zauber — dieselben Kennzeichen. Und wann und wo die richtigen Umstände eintreten — zeigen sie sich auch heute noch.

Welche sind die Kennzeichen?

Sicher warten ungeduldige Leser längst darauf, daß ich diese Kennzeichen nenne. Mittelbar habe ich sie schon früher, vor allem im zweiten Kapitel erwähnt, möchte sie aber an dieser Stelle noch einmal kurz zusammenfassen. Es sind:

Ordnungsliebe, die sich gerade auch auf die winzigsten Kleinigkeiten erstreckt und sich in einer intensiven Zuwendung zur Umwelt und dem aus ihr sich ergebenden Bedürfnis, sie in Ordnung zu halten, äußerst (vgl. auch sechzehntes Kapitel).

Arbeitsliebe, wobei unter Arbeit jede Tätigkeit verstanden ist, die das un-

treibe nicht, wenn ich sage: was mich tief ergriff —, war, mit eigenen Augen kleine Kinder nicht nur in vollkommener Ruhe arbeiten, sie vielmehr im Banne einer geheimnisvollen Glückseligkeit tätig zu sehen. Eine geheimnisvolle Glückseligkeit — ich wiederhole die Worte, damit sie Ihre Seelen wie eine Melodie durchdringen. — Worin sie bestand? Ein ‚Ensemble' von günstigen Bedingungen, nach Maria Montessoris Ideen verwirklicht, hatte die Kinder befähigt, sich dem wunderbaren Akt, den wir Bildung nennen, hinzugeben."[24]

Die Entdeckung — nicht die Methode!

Die Frage, wieso Maria Montessoris Werk nun schon seit fünfzig Jahren besteht und warum doch nur verhältnismäßig wenige Menschen ihre epochemachende Entdeckung kennen — diese Frage ist nicht abwegig. Maria Montessori selbst sieht die Zusammenhänge folgendermaßen: „Es ist zutreffend, daß die kleinen Kinder uns die inneren Gesetze menschlicher Bildung offenbart haben, und diese Offenbarung führte zu einem neuen Weg der Erziehung, der sich über die ganze Welt verbreitet hat. Unglücklicherweise wird die erstaunliche Bedeutung dieser Offenbarung dadurch verdunkelt, daß ein so unverhältnismäßiger Nachdruck auf die aus ihr sich ergebende neue Erziehungs*methode* gelegt wurde. Nicht die Methode hat zur Entdeckung geführt — die Entdeckung vielmehr zur Methode, oder genauer, zum *Entwurf* der Methode."[4]

Das neuentdeckte Kind und das Dogma von der Erbsünde

Mit dem Prototyp des entarteten Kindes verglichen, ist das normalisierte Kind „gut". Es hat seine unerfreulichen und „schlechten" Eigenschaften abgeworfen wie die Schlange ihre alte Haut. Wie wir schon andeuteten, ist angesichts dieses Wandels vom „Bösen" zum „Guten" tatsächlich die Frage aufgeworfen worden, ob denn Maria Montessoris Entdeckung der wahren Natur des Kindes nicht das Dogma von der Erbsünde widerlege. Natürlich ist das nicht der Fall: theologisch gesehen liegt die Frage völlig eindeutig. Maria Montessori selbst hat sich übrigens um theologische Streitfragen dieser Art niemals gekümmert; sie hatte keine Zeit dazu; ihr lag das Wohl des Kindes zu sehr am Herzen. Daß sie aber den entscheidenden Punkt verstand wie kaum jemand sonst, mag das folgende Zitat beweisen: „Bei der Betrachtung der Sterne, die am Himmel leuchten und unwandelbar ihrer Bahn folgen, rufen wir nicht: ‚Wie gut sind die Sterne!' Denn wir wissen, daß die Sterne den Gesetzen gehorchen, die das Universum regieren.

‚Wie wunderbar ist die Schöpfungsordnung!‘ rufen wir. Auch im Verhalten unserer Kinder ist eine Art Naturordnung manifest geworden.
„Ordnung schließt nicht notwendigerweise Gutsein ein. Weder beweist sie, daß der Mensch von Geburt an gut, noch daß er von Geburt an böse ist. Sie beweist nur, daß bei der Bildung des Menschen die Natur einer feststehenden Ordnung folgt. Wenn auch Ordnung noch nicht Gutsein ist, so doch vielleicht der unerläßliche Weg dazu.
„Ehe man zu wahrem Gutsein im übernatürlichen Sinne gelangt, muß man notwendigerweise zuerst die Ordnung der Naturgesetze erfüllen, und erst von dieser Ebene aus kann man sich zur übernatürlichen Ordnung erheben. Dabei muß das Gewissen mitwirken.
„Ebenso muß bei der ‚Schlechtigkeit‘ notwendigerweise Unordnung in der Naturordnung von bewußtem Abstieg auf tiefere moralische Ebenen unterscheiden. Unordentlichkeit im Hinblick auf die Naturgesetze, die die normale kindliche Entwicklung leiten, ist nicht notwendigerweise ‚Schlechtigkeit‘, ‚Bosheit‘."
Menschen, die an die Erbsünde glauben, und Menschen, die es nicht tun, haben gleicherweise Ursache, sich dieser unvermuteten Entdeckung, daß die menschliche Natur „gut" sei, zu freuen. Die letzteren, weil sie ohnehin nur die der menschlichen Natur eingeborenen Art des Gutseins anerkennen; die ersteren, weil auch die Theologie sie die höchstentfalteten natürlichen Fähigkeiten als beste Vorstufe der übernatürlichen sehen lehrt. Die Gnade vernichtet ja die Natur nicht, sie erhöht sie.

III. DIE BEDEUTUNG DER BEWEGUNG FÜR DIE ERZIEHUNG

Elftes Kapitel:

DIE BEWEGUNG IN IHRER BEZIEHUNG ZU INSTINKT UND VERNUNFT

Bei seiner Geburt scheint das Neugeborene der Gattung Mensch den Jungen vieler Tiere unterlegen — aber der Schein trügt, denn gerade in der Hilflosigkeit, in der anfänglichen Unfähigkeit zu geordneter Bewegung erweist sich letztlich die Überlegenheit des menschlichen Neugeborenen gegenüber dem Tier.

Warum, fragt Maria Montessori, läßt die Kraft des Instinktes, der das Tierjunge fast vom Augenblick der Geburt an zu stehen, zu laufen, zu springen und die Laute seiner Art zu „sprechen" befähigt, warum läßt er die Muskeln des neugeborenen Kindes im Stich? „Weil im Kinde der Instinkt einem Höheren Platz gemacht hat, der Vernunft und dem Willen." Die noch trägen Muskeln sollen in den Dienst einer höheren Ordnung treten, in den Dienst der menschlichen Freiheit. Darum müssen sie auf den Befehl der Vernunft harren, der sie zu gegebener Zeit in Bewegung setzen wird. Worauf es dabei ankommt: daß im Tier der Instinkt sein Bewegungs- und Ausdrucksinstrument bereits fertig vorfindet, während die menschliche Seele nicht von vornherein an festgelegte Äußerungsformen gebunden ist und sich ihr Instrument gleichsam erst schaffen muß. Der Mensch unterscheidet sich von der übrigen animalischen Schöpfung nicht nur gradmäßig, sondern prinzipiell.

Gerade in dieser Frage denkt Maria Montessori wesentlich anders als viele Psychologen ihrer Zeit, die die „ererbten Verhaltensweisen" überzubewerten pflegten und in all unserm Tun, einschließlich unserer spezifisch menschlichen Handlungen, nur das Wirken der Instinkte sehen wollten: in der Wißbegierde etwa sublimierte Neugierde und selbst in der Gottesverehrung nur den hochpotenzierten Instinkt der Selbsterniedrigung. Das Beobachten der Kinder über nahezu ein halbes Jahrhundert hin hat Maria Montessori immer stärker in die entgegengesetzte Richtung getrieben. Nicht im instinktiven Streben sieht sie bei der Entwicklung des Kindes das Vorherrschende und Kennzeichnende, sondern in der Fähigkeit, vernunftgemäß zu handeln. Selbstverständlich leugnet sie weder die Instinkte, noch verkleinert sie ihre Bedeutung. Wie andere moderne Psychologen erkennt auch sie die Kräfte der Horme und Mneme an: „In jedem Individuum wirkt eine vitale Kraft, die seine Entwicklung antreibt — man nennt sie Horme," Und: „Es gibt eine Art unbewußtes Gedächtnis — die Psychologie nennt es Mneme." Nichtsdestoweniger sieht sie in diesen elementaren Seelenkräften nur einen Teil des Problems, aber nicht den entscheidenden.

Die Ursprünge des kindlichen Seelenlebens mutet um so wunderbarer an, je eingehender wir sie kennenlernen.
Ohne Zweifel hat die Darwinsche Abstammungslehre für die Augen einiger Generationen die offenkundigen und von jeher anerkannten Unterschiede zwischen Mensch und Tier verwischt. Aber in der Folgezeit waren bereits gewisse Anzeichen zu erkennen, daß das Pendel in eine normalere Stellung zurückzuschwingen begann. Unter diesen Anzeichen dürften Maria Montessoris Untersuchungen bestimmt nicht die unoriginellsten und unwichtigsten gewesen sein.
Ihre Anschauung basiert weder auf vorgefaßten Theorien noch auf theologischen Dogmen, sie ist einfach das Ergebnis ihres Lebens, das weitgehend wissenschaftlicher Beobachtung der Entwicklung und des Verhaltens von Kindern gewidmet war. Schlagend bestätigen ihre Ergebnisse den Ausspruch *Herbert S. Jennings'* in seinem Buch *Biology in Relation to Education*, wonach „kein Organismus sich so von anderen Organismen unterscheidet wie der menschliche", und daß „man die wichtigsten Dinge über Kinder besser durch das Studium der Kinder als durch das Studium anderer Organismen (z. B. durch Tierversuche) erkundet". Diesen Satz zitiert *Rusk* in seiner *History of Infant Education* und fährt dann fort: „Durch die Übernahme des biologischen Standpunktes mit seiner Überbewertung der Instinkte und des Unbewußten hat die Psychologie die Pädagogik ungünstig beeinflußt. Die Psychologie ist vielfach voreingenommen durch das Studium der wenig wünschenswerten Seiten der menschlichen Natur, so daß sie für die Betrachtung der höheren Werte und der moralischen Ordnung, ohne die das Unbewußte nicht bestünde, keine Zeit findet. Das Unbewußte stellt keine Erklärung für die Existenz der Kunst, der Religion und der Moral dar; vielmehr ist deren Existenz an der Formung des Unbewußten beteiligt — Tiere leiden ja weder an Neurosen noch an Komplexen. Nicht nur in einer rein idealistischen Interpretation der menschlichen Erfahrung werden heute mit allem Nachdruck Vernunft und Intelligenz als die höheren spezifisch menschlichen Geistesprozesse bezeichnet."

Die menschliche Vernunft

An dieser Stelle scheinen mir ein paar Anmerkungen über die erhabene menschliche Eigenschaft der Vernunft nicht überflüssig. Vor mehr als 2500 Jahren hat Aristoteles den Menschen als das vernunftbegabte Wesen definiert, welche Definition seither beibehalten worden ist. Theologen und Dichter sehen in der Vernunft als höchster *natürlicher* Eigenschaft — denn wir handeln hier ja nicht von *über*natürlichen Gaben wie dem Glauben — die am meisten „Gott-ähnliche" Qualität des Menschen, der ja nach dem Bilde Gottes geschaffen wurde. Auch *Kardinal Manning* nennt die menschliche Vernunft „den in unmittelbarer Verbindung zu Gott stehenden Teil des Menschen, das Licht Gottes in der Seele, durch das wir Gott und uns selbst, Wahrheit und Unwahrheit, Recht und Unrecht zu erkennen vermögen".

Der Besitz dieser Gabe bringt für den Menschen eine Reihe bedeutsamer Folgen mit sich. Sie befreit uns aus der Gefangenschaft des Augenblicks, in der die Tiere lebenslänglich verharren, da sie von Augenblick zu Augenblick völlig ihren Instinkten ausgeliefert sind, während der Mensch zurück- und vorwärtszuschauen vermag. Die Gabe der Vernunft verhilft uns zum Bewußtsein unserer selbst, zu jener faszinierenden Gewißheit, die kein Tier je besessen hat, daß „Ich ich bin", mit der einzigartigen Folgerung, daß „Du du bist".

Vernunft läßt, wie die berühmten Gottesbeweise des Aristoteles zeigen, den Menschen auch ohne Offenbarung zur Erkenntnis Gottes als Erster Ursache und Schöpfer des Universums gelangen. Und ebenso abhängig vom Besitz der Vernunft wie das Ich-Bewußtsein ist die Gabe der Freiheit. Seit Aristoteles gilt die Erkenntnis, daß jedem Akt freier Wahl ein Akt der Entscheidung vorangegangen sein muß; und da unsere Entscheidungen unseren Charakter formen, könnte sich also ohne Vernunft auch kein Charakter bilden. Ja, nicht einmal Hoffnung auf den Himmel hätten wir ohne sie. Zwar ist diese unsere Hoffnung auf den Himmel mehr Sache des Glaubens als der Vernunft, aber, und darauf kommt es hier an, der ganzen Natur der Dinge nach kann, möchte man sagen, die Gnade, die den Glauben schenkt, ihre Erleuchtung nur vernunftbegabten Wesen zuteil werden lassen. Vernunft muß das Fundament der natürlichen Ordnung bilden, ehe sie durch den Glauben zur übernatürlichen erhoben werden kann. Theologen versichern uns, daß auch in der andern Welt diese höchste der natürlichen Eigenschaften nicht ersetzt, sondern lediglich zu übernatürlichem Wirken — im Lichte der Glorie — erhoben werde.

Ein neues Kapitel Psychologie

Im Jahre 1944 hielt Maria Montessori in Ahmedabad in Indien einen Kursus von etwa dreißig Vorlesungen, die meist von der geistigen Entwicklung des Kindes in den ersten drei Lebensjahren handelten. Ihre Untersuchungen auf diesem Gebiet haben ohne Zweifel ein neues Kapitel der menschlichen Psychologie eröffnet, eines aus jenen ersten, noch ungeschriebenen „neun Bänden". Sie nennt die ersten Jahre des kindlichen Lebens die der größten seelischen Aktivität. Indem sie auf das erstaunliche Wachstum des kindlichen Gehirns hinweist — mit einem Jahr Verdoppelung des anfänglichen Hirngewichts, mit vier Jahren 80 Prozent der endgültigen Größe! —, geht sie noch weiter: während des ersten Lebensjahres bilde sich *hauptsächlich* die Intelligenz; alles andere Wachstum sei in dieser Epoche der seelischen Entwicklung nachgeordnet.

Von der Entwicklung in der ersten Zeit, die sie die des psychischen Embryo nennt, sagt sie: „Das Baby fängt mit fast nichts an; es ist aber ein aktives Wesen, das sich durch seine eigenen Kräfte aufbaut. Das Entscheidende bleibt die innere Achse, um die die innere Arbeit sich dreht: die Vernunft. Solche Vernunft muß als eine natürliche schöpferische Funktion angesehen werden, die sich langsam entwickelt und sich mit Hilfe der Bilder, die sie aus der Umgebung aufnimmt, konkret formt. Hier wirkt unwiderstehliche Kraft und ursprüngliche Energie. Bilder ordnen sich sofort im Dienste der Vernunft; im Dienste der Vernunft absorbiert das Kind früh solche Bilder."

Da sich dieses Buch aber in erster Linie mit den Entwicklungsstufen nach der Herausbildung des Bewußtseins befaßt, verweisen wir den interessierten Leser auf das im fünften und sechsten Kapitel schon Gesagte sowie auf Maria Montessoris Bücher *Kinder sind anders* (Erster Teil) und *The Absorbent Mind*[14], wo die geistige Entwicklung des Säuglings und des Kleinkindes näher behandelt wird.

Immer wieder macht sie darauf aufmerksam, daß beim Kind körperliche und seelische Entwicklung ineinandergreifen, daß es aber eher der Geist als der Körper sei, der den Ton und die Richtung angebe. Da die menschliche Seele nicht schon bei der Geburt an ein funktionsfertiges körperliches „Gefährt" gebunden sei, bestehe das Drama dieser ersten Entwicklungsjahre in der ungeheuren Anstrengung des Kindes, diese „schrittweise Fleischwerdung" zu vollziehen, bei der Geist und Körper eine ständig sich vervollkommnende Harmonie eingingen. Weil das Kind zu einem frei handelnden Menschen bestimmt sei, müsse die Seele sich ihr eigenes individuelles Instrument schaffen, diese Freiheit auszudrücken. Vom Seelischen aus werde die Entwicklung der Bewegung erst in Gang gesetzt, während bei den Tieren die Instinkte schon gleich nach der Geburt zu erwachen scheinen, sobald der Kontakt mit der Umwelt geschlossen sei. Die Seele des Kindes müsse zunächst die bei der Geburt nur potentiell vorhandenen menschlichen Eigenschaften nach und nach aufbauen. Der menschliche Embryo scheine deshalb körperlich so unfertig geboren zu werden, weil das Individuum, ehe es sich selbständig bewegen könne, warten müsse, bis die Seele sich aufgebaut habe und damit der Leib Diener des Geistes werde.

In diesem Stadium *will* das Kind vieles tun, ohne jedoch die Kraft dazu zu haben, denn „der Geist ist willig, aber das Fleisch ist schwach", wobei das Wort „Fleisch" die willkürlichen Muskeln in ihrer Vielfalt und Verflochtenheit meint, mit denen wir ausgestattet sind, und aus denen das Kind sich allmählich sein „Instrument“ schafft. Die spätere Leichtigkeit und Anmut der Bewegungen, die individuelle Vollkommenheit wird nicht, wie beim Tier, vom Instinkt erzielt, sondern von einer langen Willensanstrengung unter der Führung geistiger Antriebe bis hin zur individuellen und persönlichen Vervollkommnung.

Einheit von Leib und Seele

Das bisher nur grob umrissene Bild vom Prozeß der „schrittweisen Fleischwerdung“ darf nicht mißverstanden werden. Hat der Prozeß sich vollendet, ist die Seele einem Musiker vergleichbar, der sein Instrument zu spielen weiß. Zwar ist das Instrument des Künstlers, wenn es sich nicht um seine eigene Stimme handelt, etwas außerhalb seiner selbst, wogegen die Seele mit ihrem Instrument eine *unteilbare Einheit* bildet. Also bewirkt die „Fleischwerdung“ eine innige Verbindung zweier verschiedener Elemente zu einem neuen Dritten, wie Sauerstoff und Wasserstoff ein neues Drittes, das Wasser bilden.
Hier zeigen, wie auch in manch anderer Hinsicht, Maria Montessoris Gedanken, die aus der Erfahrung gewonnen wurden, eine überraschende Verwandtschaft zur aristotelischen Philosophie. „Jede Theorie, die zwischen des Menschen physischem und seelischem Leben eine Trennung annimmt, ist künstlich und entspricht nicht der Wirklichkeit. Philosophisch gesehen ist es sogar ungenau, von Leib *und* Seele zu sprechen, und noch ungenauer, auf eine Beziehung zwischen Seele und Körper hinzuweisen, als sei das gleichsam eine dritte Ganzheit, die zwei verschiedene Wesenheiten in sich vereinige: der Mensch ist *ein* Wesen, nicht zwei“ *(Reys: Man).*

Zwölftes Kapitel:

ÜBUNGEN DES PRAKTISCHEN LEBENS

Überrascht sehen die Besucher von Montessori-Schulen Kinder bei Tätigkeiten, die sie in einer Schule nicht erwartet hätten. Ein Kind zum Beispiel kehrt mit einem kleinen, aber richtigen Besen den Boden, ein anderes putzt Messing, ein drittes wechselt das Wasser in den Vasen; eine mit Staubtüchern, heißem Wasser, Seife und Scheuerbürsten bewaffnete Gruppe veranstaltet in den ausgeräumten Schränken einen regelrechten Hausputz. Manche Besucher empfinden das als vergeudete Zeit, die man besser Schulfächern wie Lesen, Schreiben und Rechnen gewidmet hätte.
Tatsächlich aber gibt es für die Kinder zwischen drei und fünf Jahren schlechthin keine der physischen, geistigen und moralischen Entwicklung dienlichere Betätigungsart als diese sogenannten „Übungen des praktischen Lebens". Der Brauch, kleine Kinder mit solchen Dingen zu beschäftigen, ist heute viel weiter verbreitet als vor einer Generation und bildet einen Teil des täglichen Programms vieler Kindergärten und „Arbeitsschulen". Unglücklicherweise aber führen viele Lehrerinnen die Kinder in diese Tätigkeiten ein, ohne selbst deren wirklichen Sinn und psychologische Bedeutung erfaßt zu haben; so büßen aus Mangel an einer richtigen Anleitung die Übungen einen Teil ihres Wertes ein.

„Synthetische Bewegungen" und ihre Bedeutung

Eines muß zuvor erkannt sein: diese Übungen des praktischen Lebens haben kein praktisches Ziel. Deshalb sollte der Ton nicht auf praktisch, sondern auf *Leben* liegen. Wie alle den Kindern durch die vorbereitete Umgebung angebotene Beschäftigungen dienen auch sie einer Förderung der Entwicklung. Der aufmerksame Beobachter mag vor allem darüber staunen, wie die Kinder ihre Arbeit ausführen, und auch darüber, was sie tun. Ihre tiefe Versunkenheit, ihr freudiger Ernst, der in keinem Verhältnis zum äußeren Ziel der Handlung stehende Energieaufwand, der sich insbesondere in scheinbar sinnlosen Wiederholungen zeigt — alles das legt den Gedanken nahe, daß die Kinder unter einem seltsamen, man möchte fast sagen „magischen" Bann handeln. Und so ist es auch. Es geht hier um mehr als um bloßes Interessiertsein an der Arbeit: die Kinder treibt eine innere Notwendigkeit. Der vitale Drang zur Selbstverwirklichung ist es, der in ihnen und durch sie wirkt.
Alle diese Tätigkeiten fallen unter den Begriff „synthetische Bewegungen",

wie Maria Montessori sie genannt hat, womit „ein zielgerichtetes, geordnetes Bewegungsganzes, das sich in Teilbewegungen untergliedert“, gemeint ist. Sie helfen dem Kinde bei seiner großen Aufgabe der „schrittweisen Inkarnation“, von der im letzten Kapitel die Rede war, also beim Aufbau des körperlichen, zum Ausdruck seiner Persönlichkeit notwendigen Instrumentes. Bezeichnend ist, daß alle Kinder dieser Entwicklungsstufe das Tätigsein durch Bewegungen ihres Körpers und seiner Glieder tief befriedigt. Wie immer sucht Maria Montessori dem Kinde auch hier zu helfen, das, was es aus seinen natürlichen Impulsen heraus sowieso tun will, besser und sinnvoller zu tun. Die Hilfe besteht darin, daß in der vorbereiteten Umgebung „Anreize zum Tätigsein“ angeboten werden, die eine spezielle Antwort auf eben die sensitive Periode des Kindes geben, die es gerade durchläuft. Neben dem intensiven Interesse an „synthetischen (aufbauenden, miteinander verbundenen) Bewegungen“ eignet dem Kind zugleich die besondere Fähigkeit, sie zu „fixieren“, sie sich also zur Gewohnheit zu machen, und zwar mit einer Leichtigkeit und Spontaneität, die niemals wiederkehren.

Tun — nicht spielerische Tätigkeit

Es darf nicht übersehen werden: die Kinder verrichten eine echte Arbeit in einer realen Welt, es handelt sich nicht um ein Tun als ob in einer Spielzeugwelt. Das Kind wäscht wirkliche Staubtücher, weil sie schmutzig sind, die Kinder decken einen wirklichen Tisch für eine wirkliche Mahlzeit und keinen Puppentisch in der Puppenstube für eine Puppengesellschaft. Wischt ein Kind den Boden auf, dann ist tatsächlich Wasser vergossen worden, und es möchte seine Welt wieder in Ordnung bringen. Auf die große Bedeutung dieser Tatsache kommen wir später, im neunzehnten Kapitel, zurück.

Einteilung der Übungen des praktischen Lebens

Zu den Übungen des praktischen Lebens gehören außer den auf die Pflege der Umgebung gerichteten Tätigkeiten noch andere, die mit der Pflege des Kindes selbst zu tun haben: An- und Ausziehen, Zähne putzen, Haare bürsten, Kleider ausbürsten, Hände waschen, Schuhe reinigen und so weiter. Um den Kindern bei den besonderen Kniffligkeiten des Anziehens zu helfen und sie somit rascher von der Hilfe der Erwachsenen unabhängig zu machen, hat Maria Montessori verschiedene Knöpf- und Schnürrahmen erfunden, die ebenfalls in dieser Zeit benützt werden.

Die Lektionen in Anmut und Höflichkeit sind ein Teil der Übungen des praktischen Lebens; sie werden nach örtlichen und nationalen Gewohnheiten und Bräuchen verschieden sein. Im natürlichen Zusammenhang mit dem Leben und den anderen Übungen werden sie den Kindern nahegebracht. Es geht dabei um jene zahlreichen Handlungen, die den Ablauf des täglichen Lebens sozusagen „ölen", ihn glatt und reibungslos gestalten: wie man sich ordentlich hinsetzt und erhebt und *wann* man das tut, wie man Menschen verschiedener Vertraulichkeitsgrade begrüßt, wie man für kleine Verstöße — etwa daß man vor jemand anderem zur Tür hereingegangen ist oder jemand bei irgend etwas gestört hat — um Entschuldigung bittet, wie man Türen leise öffnet und schließt.

Über die Art und Weise der Durchführung dieser Lektionen hat Maria Montessori sich in einer einfachen, aber tiefgründigen Maxime geäußert: „Unsere Aufgabe besteht darin, zu zeigen, wie die Tätigkeit ausgeführt werden soll — zugleich aber die Möglichkeit der Nachahmung auszuschalten." Das mag zunächst paradox klingen, aber sie erläutert den Widerspruch selbst wie folgt: „Die Tätigkeit muß für sich selbst sprechen: ‚So staubt man ab.' Wir wollen nicht, daß das Kind diese Tätigkeit ausübt, weil *wir* sie tun oder *wie* wir sie tun, oder weil wir die Arbeit angeordnet haben. Also müssen wir sie in ihren einzelnen Phasen so sachlich wie möglich vorführen. Die dann vom Kinde ausgeübte Tätigkeit soll originäre Arbeit und Ausdruck des sich selbst entfaltenden Lebens sein."

Denn auch hier ist es ja unser Ziel, den Kindern zu „helfen, es selbst zu tun", damit sie in allen vorkommenden Fällen ohne den Erwachsenen fertig werden, ihre Umgebung meistern lernen und sich dieses Könnens auch bewußt werden. Jemand hat etwa eine Blumenvase umgeworfen; schon wird ein Kind, nicht unbedingt das, das den Schaden angerichtet hat, einen Eimer und einen Aufnehmer holen und das Wasser aufwischen, während ein anderes ebenso freiwillig die Vase neu füllen wird. Sie sind auf solche Zwischenfälle vorbereitet und wissen sich zu helfen. Alles geschieht spontan, wie es sich aus der jeweiligen Situation ergibt. Das ist es, was Maria Montessori „Teil eines Lebens, das sich entfaltet", nennt.

In manchen Schulen, auch in sogenannten Montessori-Schulen, werden die Übungen des praktischen Lebens auf bestimmte Zeiten beschränkt, beispielsweise auf die erste halbe Vormittagsstunde, ehe die „Arbeit" anfängt. Hierbei entsteht die Gefahr, sie zum „Fach" werden zu lassen, und wenn das auch ohne Zweifel besser ist als gar keine solchen Übungen, so ist es doch entschieden weniger gut als die unserer Ansicht nach richtige Anwendung dieser Übungen in der Wirklichkeit des Gemeinschaftslebens. Ohne die Freiheit, sie jederzeit auszuüben, werden die Kinder kaum zu ihrer geliebten

Umgebung jene lebendige „Beziehung“ entwickeln, die für die Bildung ihres sozialen Verhaltens und für die Formung ihres Charakters so wesentlich ist. Wir müssen die Kinder die Spielregeln des sozialen Verhaltens so lehren, daß sie ihr Interesse erregen und damit ihre Aufmerksamkeit auch auf diese Seite des Lebens lenken. So bekommen die kleinen Leute, die bisher nur ganz ungenau und halb bewußt geahnt haben, wie sie sich in einer bestimmten Situation zu verhalten hätten, nach und nach klare und lebendige Vorstellungen davon. „Das heißt aber nicht“, sagt Maria Montessori, „daß wir nun die Kinder in jede Handlung hinein verfolgen. Wir müssen ihnen lediglich die Hilfen geben und die Mittel schaffen, ihre eigenen Handlungen und die Situationen, wann und wie sie sich einstellen, zu beherrschen. Nicht das ist wichtig, daß zum Beispiel eine bedeutende Persönlichkeit soundso gegrüßt wird, wohl aber, daß das Kind in einer solchen Situation nicht im Stich gelassen ist. Es muß ihm ein Führer an die Hand gegeben werden, es darf in seiner in dieser Hinsicht noch wenig erfahrenen Verfassung nicht sich selbst überlassen bleiben. Es muß *wissen*, wie es Eltern, Verwandte, Freunde zu grüßen hat. Auf jeden Fall sollte der Antrieb zum Grüßen dem eigenen Geist und den eigenen Überlegungen entspringen. Ein Kind verläßt vielleicht die Schule, ohne seine Lehrerin zu grüßen. Das macht nichts, es sollte nicht dafür getadelt werden, wichtig ist nur, daß es diese Höflichkeitsgesten auszuführen weiß, wenn sein kleines Herz es dazu drängt. Von Tag zu Tag wird sich sein soziales Verhalten weiterentwickeln.“

Kinder in Montessori-Schulen sind, was Besuchern immer wieder auffällt, meist außerordentlich wohlerzogen, obwohl keinerlei Zwang ausgeübt wird. Gerade um ihrer Spontaneität willen ist ihre Gastlichkeit so natürlich und entzückend. Aber ohne die Lektionen in Anmut und Höflichkeit und ohne die Freiheit, sich spontan auszudrücken, wären die meisten dieser Blumen der Höflichkeit wohl kaum erblüht.

Führt aber die Lehrerin irgendeine Tätigkeit zu eindringlich vor, wird sie des Kindes Aufmerksamkeit auf sich selbst lenken und nicht auf ihr Tun. Das Kind wird vielleicht — was häufig vorgekommen ist — belanglose Besonderheiten in der Art der Lehrerin sklavisch nachahmen. Darum also muß die Lehrerin die betreffende Handlung zeigen, es aber dem Kind überlassen, sie auf seine Weise auszuführen. In einer ihrer Vorlesungen zu diesem Thema sprach Maria Montessori über den Unterschied zwischen *zeigen* und *lehren*.

Lehrend lehren, nicht. . .

Bei einem Internationalen Ausbildungslehrgang in London sagte Maria Montessori im Laufe eines Vortrags — sie sprach wie gewöhnlich italienisch —, wir sollten immer *„insegnare insegnando“*. Die Übersetzerin

stutzte. Klang das nicht sinnlos, etwa so, als habe sie gesagt, man solle immer essend essen oder laufend laufen? Aber Maria Montessori nickte lächelnd, und immer noch zögernd übersetzt die Dolmetscherin, wir sollten immer „lehrend lehren". Immer noch lächelnd fuhr die Dottoressa fort: *„non corrigendo"*, nicht korrigierend!"
Bemerken wir also, daß das Kind irgendeine Tätigkeit nicht richtig ausführt, sollten wir nicht brüsk eingreifen und es mittendrin verbessern; das Kind würde nur in Verteidigungsstellung gehen, und wir hätten mehr verdorben als gewonnen. Was das Kind auch falsch macht — vielleicht hat es gerade die Schere geöffnet einem Kind weitergereicht — die Lehrerin sollte es sich nur innerlich merken. „Das Problem besteht nicht im Lehren, sondern im Lernen. Es kann sein, daß das Kind verstanden hat, vielleicht auch nicht. Das macht nichts. Wenn es etwas falsch ausführt — korrigieren Sie es nicht, oder es wird sich in sein Schneckenhaus zurückziehen. Nicht insistieren, wenn es Fehler macht." An einem ganz andern Tag und ohne sich auf den Fehler des Kindes zu beziehen, sollte die Lehrerin ihm in einem passenden Augenblick eine anregende „Lektion" geben, zum Beispiel, wie man eben eine Schere richtig weiterreicht.

Nur nicht übertreiben!!

Selbstverständlich dürfen wir nun nicht in das andere Extrem verfallen! Ich habe Leute kennengelernt, die Maria Montessoris Ideen nur oberflächlich kannten und der Meinung waren, es genüge vollkommen, das Kind in die vorbereitete Umgebung zu setzen, wie man das Pferd auf die Weide führt; dann werde es sich dort schon vom Vorgefundenen nähren wie das Pferd vom Grase. Das wäre natürlich eine Karikatur des Prinzips der Nichteinmischung. Wenn das Kind nicht in schöpferischer Weise auf eine Tätigkeit konzentriert ist, dann braucht die Lehrerin keine Bedenken zu haben, sich einzuschalten und ihm irgend etwas vorzuschlagen oder ihm irgendeine Lektion zu erteilen — immer vorausgesetzt natürlich, daß sich das Kind bereit dazu zeigt.

Der Drang zur Vervollkommnung

Die Arbeitsweise Maria Montessoris unterscheidet sich von vielen anderen zur Zeit modernen „Arbeitsschulmethoden" insbesondere durch die Betonung von Genauigkeit, Ordnung und Disziplin. Das alles aber kann sich das Kind ohne unsere Hilfe nicht aneignen. Hier wie überall besteht unsere Aufgabe darin, ihm zu zeigen, wie es sich selbst helfen kann. Wenn ihm

also in der oben skizzierten Weise die Tätigkeiten gezeigt worden sind, dann führt, nach einer Weile, die Lehrerin das, was Maria Montessori den „Gedanken der Vervollkommnung“ nennt, in die Tätigkeit ein. Ein Beispiel: Die Kinder können schon einen Tisch decken und haben es viele Male mit Vergnügen getan. Eines Tages verfeinert und erschwert die Lehrerin diese Tätigkeit; sie wird damit für die Kinder nur noch interessanter. Beispielsweise nimmt sie in einem passenden Augenblick eine Tasse in die Hand und macht ein Kind oder eine Gruppe darauf aufmerksam, sie wolle die Tasse jetzt so leise auf die Untertasse stellen, daß man es nicht höre. Das Interesse ist geweckt, die Kinder versuchen es selbst auch so zu machen, und die Freude am Tischdecken hat einen neuen Reiz bekommen. Das Ohr wird „Lehrer“ und läßt nicht das kleinste Geräusch unmoniert durchgehen.
Diese unpersönliche Art der Kritik ist sehr wichtig. Tadelt ein Erwachsener das Kind häufig und ernsthaft, fühlt es sich unterdrückt, und sein Widerstand wird wach. Geht die Kritik aber von der Umgebung, vom Gegenstand aus, erregt sie ihm kein Minderwertigkeitsgefühl, und doch sind die Gegenstände unerbittliche Kritiker, denen nichts entgeht. „Aber“, würde das Kind sagen, wenn es seine Gefühle ausdrücken könnte, „das bedrückt mich nicht, es wirkt eher wie eine Aufforderung für mich. Wenn ich sorgsam bin, lerne ich von ganz allein alles immer ein bißchen besser zu machen. Es kostet zwar viel Mühe, macht mich aber so glücklich, daß ich zwischendurch ein paar kleine Hopser tun muß.“ Das Prinzip der Vervollkommnung läßt sich in nahezu jede Übung einführen.
Haben die Kinder alles das in der richtigen Periode gelernt, wird es ihnen bald zur Gewohnheit geworden sein. Wir dürfen eben nie vergessen, daß wir die besten Resultate in allen diesen Übungen in der sensitiven Periode des Kindes für die Vervollkommnung der Muskelkoordination erzielen. Warten wir damit, bis die Kinder sieben sind, dann haben wir „die Flut versäumt“.

Das logische Aufgliedern eines Bewegungsablaufes

Wir haben oben die „synthetische Bewegung“ als „ein zielgerichtetes, geordnetes Bewegungsganzes, das sich in Teilbewegungen untergliedert“, bestimmt. Alle Übungen des praktischen Lebens wie in Anmut und Höflichkeit sind synthetische Bewegungen, denn jede hat ihren verständlichen Sinn als Teil des sozialen Lebens in einer wirklichen Welt. Auf diesem Pfade „sinnvoller Tätigkeiten“ will Maria Montessori das Kind weitergeführt sehen. Wir sollen seinen Geist dahin leiten, daß er nicht nur Zweck und Ziel, sondern auch die Mittel sieht. Je mehr die Intelligenz die Handlungen des Kindes mit dem Lichte der Vernunft erhellt, was deren Spontaneität keineswegs zu mindern braucht, um so mehr nähert sich die kindliche Entwicklung dem Ziel der Natur, der „funktionellen Fleischwerdung“ des Menschen, dem Verschmelzen der Seele mit ihrem motorischen Ausdrucksträger zur Einheit der Persönlichkeit. Das wachsende Verständnis des Kindes für seine Handlungen und ihre Vervollkommnung wird durch die als „Analyse der Bewegung“ bekannte Methode gefördert.

In jeder zielgerichteten Handlung vereinigt sich eine Anzahl von Teilhandlungen, von denen jede auf ein eigenes Zwischenziel gerichtet ist. Damit die ganze Handlung richtig ausgeführt werde, müssen die Teilhandlungen sinnvoll nacheinander und miteinander verbunden ablaufen. Wird diese sinnvolle Reihenfolge nicht eingehalten, so entsteht Verwirrung und als Folge unnötiger Energieaufwand, der mit einem Mangel an Anmut der Bewegung einhergeht. Nehmen wir als Beispiel das Öffnen und Schließen einer Tür. Die Teilhandlungen sind: zur Tür gehen, den Arm heben, die Klinke herunterdrücken, die Tür aufklinken, die Klinke zurückschnappen lassen, die Tür aufziehen. Beim Schließen der Tür gehen die sechs Teilhandlungen in umgekehrter Folge vor sich. Kinder — auch Erwachsene, wenn sie eilig oder nervös sind — beginnen gewöhnlich mit Handlung vier, dem Aufklinken der Tür, ehe sie Handlung drei, das Herunterdrücken der Klinke, zu Ende gebracht haben. „Will man eine Tätigkeit anmutig ausführen“, sagt Maria Montessori, „dann genügt es nicht, dabei zu lächeln.“ Keine Handlung wirkt anmutig, wenn der sinnvolle Ablauf ihrer Teilhandlungen gestört ist. Warum stolpern wir manchmal auf der Treppe? Weil wir die Vorwärtsbewegung unseres Fußes ausgeführt haben, ehe die Aufwärtsbewegung vollendet war. Es versteht sich am Rande, daß die Lehrerin dies alles den Kindern nicht mit ebenso vielen Worten erklären soll; es genügt, wenn sie die Handlung so ausführt, daß die Teilhandlungen, in die sie sich in natürlicher Weise untergliedert, sichtbar werden. Dutzende alltäglicher Verrichtungen vom Wassereingießen über das Aufziehen einer Schublade — wie sie klemmt, wenn man auf einer Seite stärker zieht als auf der andern! — bis zum An- und Ausziehen eines Pullovers eignen sich zu solcher Analyse; das „Aufgliedern des Bewegungsganzen“ erregt das Interesse der Kinder und gibt den Handlungen einen neuen Reiz. Die Bewegung ist auf eine höhere Ebene verlagert worden, es ist, als habe der „Logos“, die innewohnende Vernunft, sich in ihr inkarniert und ihr damit eine neue Bedeutung verliehen. „So gewinnt unser Tun Anmut, gleichsam geistige Vollkommenheit.“

Die Befürchtung, die Kinder möchten die Teilhandlungen unverbunden wie Marionetten ausführen, ist unbegründet. Kinder dieses Alters denken und handeln nicht so überlegend wie wir Erwachsenen. Das Kind sieht in der Aufgliederung eines Bewegungsablaufes lediglich eine Hilfe und erlebt dabei die Befriedigung eines Bedürfnisses. Wer je solche Übungen mit Kindern praktiziert hat, wird Maria Montessori zustimmen, „daß das Kind diese Entdeckungen genießt und solche Vorführungen oft interessanter findet als ein Märchen“.

Gleichgewichtsübungen

Überall auf der Welt laufen kleine Kinder gern auf Bordsteinen, auf Mauern oder auf vom Pflaster gebildeten Strichen, was ohne Zweifel auf die Notwendigkeit, den Gleichgewichtssinn zu üben, hindeutet. Richtig das Gleichgewicht zu halten, fällt dem kleinen Kinde schwer, weil seine Muskeln noch nicht vollkommen koordiniert sind, und weil Kopf und Rumpf im Verhältnis zu den Beinen noch schwerer wiegen als später beim Erwachsenen. Eine anmutige Haltung hängt aber in allererster Linie vom Gleichgewichtssinn ab; ist er wirksam, kommt alles andere von selbst. Deshalb sollten Gleichgewichtsübungen fortschreitender Schwierigkeit in allen Kindergärten einen festen Bestandteil des kindlichen Lebens bilden; die Kleinen werden immer eifrig dabei sein. Für kleine Kinder bedeutet es eine große Schwierigkeit, auf einer auf den Erdboden gezeichneten Linie zu gehen und dabei einen Fuß dicht vor den anderen zu setzen. Man muß den Kindern zeigen, wie die Seiltänzer es machen. Diese Schwierigkeit, immer Spitze an Ferse zu setzen, erregt sogleich das Interesse des Kindes. Später erschwert man die Übungen, indem man dem Kinde etwa eine kleine Fahne in die Hand gibt, dann eine zweite in die andere Hand, so daß es seine Aufmerksamkeit auf mehrere Dinge richten muß. Oder man läßt es ein fast randvolles Glas tragen oder Glöckchen, die nicht klingeln dürfen. Wieder eine andere Übung stellt das Balancieren eines Korbes auf dem Kopf dar. Es ist eine wohlbekannte Tatsache, daß in Ländern, wo gewohnheitsmäßig Lasten auf dem Kopf getragen werden, die Frauen durch eine ungewöhnliche Grazie der Haltung auffallen.

Auch empfiehlt es sich, daß während dieser Gleichgewichtsübungen die Lehrerin selber oder ein Grammophon eine leise, ruhige Musik spielt, nicht um die Kinder im Takt zu halten, sondern gewissermaßen nur als „Hintergrund“ für das Sichbewegen auf dem Kreis oder der Ellipse im großen Raum des Kinderhauses.

Die Stille

Spontane Kinderspiele bieten immer wertvolle Hinweise auf Grundbedürfnisse. Manchmal vergnügen Kinder sich damit, vollkommen stumm einander gegenüberzusitzen, um festzustellen, wer es am längsten aushält, ohne zu lachen, wer am längsten die Augen offen halten kann, ohne zu blinzeln. Das freiwillige Unterlassen jeder Bewegung und die dazu nötige Willensanstrengung befriedigen offenbar ein natürliches Bedürfnis, und das ist zweifellos der Grund, warum die Kinder die im vierzehnten Kapitel beschriebene „Leiseübung“ so gern haben. Maria Montessori hat auch diese Neigung zufällig entdeckt und die Geschichte dieser Entdeckung in *Kinder sind anders* reizvoll beschrieben.

Natürlich ist es, selbst bei Hemmung der willkürlichen Muskeln, fast unmöglich, vollkommene Unbeweglichkeit zu erzielen. Das Herz schlägt weiter, die Atmung geht weiter. Deshalb ist das Ziel der „Leiseübung“ ein den Umständen entsprechendes Höchstmaß an Stille. Wenn alle die kleinen Hände und Füße ruhig gehalten werden und die Kinder ganz, ganz still sind, ist immer noch etwas zu hören, gewissermaßen ein „Geräuschrückstand“. Die Stille umschließt, um es mit Elizabeth Barret-Browning zu sagen, immer Geräusch. Und gerade das macht sie so interessant. Die Stille bereitet die Seele für gewisse innere Erfahrungen vor. „Nach der Stille ist man nicht derselbe wie zuvor.“ Denker und Mystiker haben deshalb immer die Stille gesucht. „Stille“, sagt Maria Montessori, „bringt uns häufig Kenntnis, die wir noch nicht ganz begriffen haben, daß wir nämlich ein inneres Leben besitzen. Durch sie wird vielleicht das Kind seines Innenlebens zum erstenmal gewahr.“

Es gehört zur Tragik unseres technischen Zeitalters, daß so viele Menschen groß werden, ohne je den Zauber der Stille erfahren zu haben. Kürzlich las ich in einer Zeitung von einem unternehmungsfreudigen Amerikaner, der in New York eine „Halle der Stille“ eingerichtet hat, wo er diese selten gewordene Annehmlichkeit zu fünfzig Cents pro Stunde an jedermann vermietet. Daß die Kinder die Stilleübung so bereitwillig ausführen, weist auf eine natürliche Neigung hin, und mit ihrem unfehlbaren Instinkt hat Maria Montessori herausgefunden, wie man dieser Neigung entgegenkommen kann. Die Stille zu erfahren und sie auszukosten, ist des Kindes Lohn für seine Anstrengung beim Leisespiel, und daß es das empfindet, hat Maria Montessori bereits in San Lorenzo erkannt, als sie nach der Übung einmal jedem Kind eine Süßigkeit schenkte und die Kinder sie nicht aßen, so als sei soeben ein geistiges Bedürfnis befriedigt worden und damit eine weitere Belohnung überflüssig.

Im Gegenteil, rückblickend können wir die Leisestunde als eine Belohnung für eine lang andauernde Anstrengung des Kindes betrachten, als einen letzten Schritt, als die Vollendung seiner in langen Übungen erzielten Selbstbeherrschung. Von einer Klasse gerade neu gekommener, noch nicht normalisierter Kinder kann man keine gute „Leiseübung“ erwarten. Solche Kinder haben die funktionelle Inkarnation, von der wir sprachen, noch nicht erreicht. Auch wenn sie wollten, hätten sie die Fähigkeit, durch anhaltende Unbeweglichkeit Schweigen zu „schaffen“, noch nicht. Die „Leiseübung“ stellt wirklich einen Sieg des Geistes über das Fleisch dar, einen Triumph.

Dreizehntes Kapitel:

GEISTIGE ANEIGNUNG DURCH SELBSTTÄTIGKEIT

In der Zeit meiner Zusammenarbeit mit Maria Montessori in Rom gehörte es zu meinen angenehmen Pflichten, Besuchern die Modell-Schule in der Via Spezia zu zeigen. Dabei geschah es häufig, daß Besucher, nachdem sie eine Weile den Kindern bei der Arbeit zugesehen hatten, die Frage stellten, woher die Kinder denn nun eigentlich wüßten, wie sie das alles zu machen hätten, da doch niemand sie zu unterrichten scheine.

Keine abwegige Frage für jemand, der nicht weiß, daß in der Montessori-Pädagogik das Erlernen einer Sache sich in zwei verschiedenen Phasen vollzieht: in einer kurzen Einführungsphase lernt das Kind das Material kennen, in einer viel längeren und wichtigeren arbeitet es dann mit dem Material, tagelang, wochenlang, nicht die ganze Zeit natürlich, sondern in selbstgewählten Intervallen. Da die zweite Phase die bei weitem längere ist, so befindet sich in ihr jeweils die Mehrzahl der Kinder. Daraus ergibt sich für den gelegentlichen Besucher leicht der Eindruck, als würden die Kinder nicht vom Lehrer unterrichtet. Selbstverständlich stimmt das nicht, denn der Lehrer ist ebenso wichtig wie das Material, das ohne seinen anregenden, anleitenden und helfenden Einfluß tot und nutzlos wäre.

Diese zweite Phase ist immer mit selbsttätigem Handeln verbunden, wie konkretes, eigenständiges Tun überhaupt eine *conditio sine qua non* der Montessori-Methode ist. Nach Maria Montessori erzielt Selbsttätigkeit eine tiefere Wirkung als bloßes Hören oder Sehen. „Sie bedeutet tatsächlich die Grundlage der Entwicklung. Ständig muß das sich selbst aufbauende Kind dabei in Bewegung sein. Nicht nur bei den Übungen des praktischen Lebens: auch wenn es lediglich sieht oder denkt ... immer muß es in Bewegung sein! *Agire! Agire! Agire!* Ich möchte Sie bitten, sich diesen Gedanken zum ‚Schlüssel' und ‚Führer' zu nehmen. Zum Schlüssel, denn er wird Ihnen das Geheimnis der kindlichen Entwicklung erschließen; zum Führer, weil er Ihnen den Weg zeigen wird, den Sie gehen sollten. Immer müssen Sie dem Kinde die Mittel zu seiner Entwicklung so geben, daß es etwas damit *tun* kann und muß." Visuelle Hilfen allein genügen nicht. Durch *Ordnen* der Farbtäfelchen zum Beispiel — nicht durch bloßes Ansehen — bildet das Kind seinen Farbensinn, durch *Hantieren* mit den Würfeln des Rosa Turmes seinen Sinn für Dimensionen, worüber wir an anderer Stelle schon ausführlich gesprochen haben.

Bekanntlich zeigen Kinder, die eines ihrer Sinne beraubt sind, wie zum Beispiel das blinde oder das taube Kind, in ihrer geistigen Entwicklung einen Rückstand. Es ist aber weniger allgemein bekannt, daß auch das zur Bewegungsunfähigkeit verurteilte Kind, das sein Denken nicht in tätige Bewegung umsetzen und nicht konkret handelnd „begreifen" kann, in seiner Entwicklung hintangehalten wird. Maria Montessori behauptet sogar, ein Mensch, der sich ohne praktisches Tun habe entwickeln müssen, befinde sich in einer noch viel schlimmeren Lage als einer, der nur eines seiner Sinne beraubt sei. „Denn der nur *eines* Sinnes beraubte Mensch kann mittels anderer Sinne den Ausfall bis zu einem gewissen Grade wettmachen; aber für die tätige Bewegung gibt es keinen Ersatz!"

Bewegung ohne Denken

Man mag hier einwenden, Maria Montessori habe die Bedeutung konkreten Tuns für die Erziehung keineswegs als erste erkannt. Sei es nicht in vielen Schulen seit langem üblich, zwischen Stunden des Stillesitzens bei geistiger Arbeit gymnastische Übungen einzuschieben? Gewiß! Aber das meint Maria Montessori nicht. Das hieße lediglich Denken ohne Bewegung durch Bewegung ohne Denken ersetzen und somit eine Ermüdung an die andere reihen. Denn „Ermüdung entsteht meist dann, wenn geistige und motorische Tätigkeit, die eine Einheit bilden sollten, voneinander getrennt werden. Kann das Individuum nicht als Ganzes handeln, empfindet es jede Anstrengung als ärgerliche Ermüdung." Sie vergleicht Menschen, die die Ermüdung nach geistiger Arbeit durch Turnübungen aufheben wollen, mit einem Manne, der auf einem Bein hüpfen und sich dadurch ausruhen wollte, daß er auf dem andern weiterhüpfte. Macht er dieser künstlichen Arbeitsteilung aber ein Ende, dann kommt er leicht und ohne Ermüdung vorwärts.
Die bessere Alternative zum „Denken ohne Bewegung" sind schon Spiele, die eher „synthetische", also spontane, aufbauende und zielgerichtete Bewegungen darstellen. „Darum kann der Sport besser und stärker die Charakter- und Gesinnungsbildung fördern als die Gymnastik. Aber auch er stellt keineswegs eine in dieser Hinsicht ausreichende Vorbereitung für das Leben dar."
In diesem Zusammenhang erwähnt Maria Montessori lobend die „Eurhythmie"[25], in der sie eine durch Musik in Gang gebrachte und von ihr getragene komplexe Tätigkeit sieht, kein kontemplatives Lauschen auf die Musik, sondern eine innere Analyse mit unmittelbar nachfolgender aktiver Äußerung. Deshalb vermag auch die Eurhythmie gelegentlich Wirkungen

hervorzubringen, die einer seelischen Befreiung und sittlichen Läuterung des Charakters fast gleichkommen.
„Nur allgemein vom Wert der Bewegung zu sprechen, wäre zu unbestimmt“, schreibt Maria Montessori. „Wie jedermann weiß, sind Kinder, wenn man sie nicht hindert, immer in Bewegung. Die Mehrzahl dieser Bewegungen aber hat keine Bedeutung für die Erziehung. Sehr viele Menschen meinen, es komme einzig darauf an, den Kindern „Spielraum“ zu geben, in dem sie frei herumlaufen können ‚wie Katzen und Eidechsen‘. Diese Art von Bewegungen entwickeln den Geist nicht. Der erzieherische Wert einer Bewegung hängt von ihrem Ziel ab, sie ist nur dann erzieherisch, wenn sie dem Kinde zur Selbstvervollkommnung hilft, und nicht, wenn sie es auf seinem bisherigen Niveau beläßt.“
Noch etwas ist dabei beachtenswert: wenn „synthetische Bewegung“ erfolgreich sein soll, muß sie wirkliche Anstrengung erfordern, da auch der Wille, wie jedes Organ, nur durch Übung erstarkt. Um aber zu dieser Anstrengung herauszufordern, darf das Ziel weder zu weit weg, noch zu leicht erreichbar sein: „Wohl außerhalb der Reichweite, aber durch ein Sichrecken des Geistes erreichbar.“

Synthetische Bewegung und freie Wahl

Daß das Ziel einer Tätigkeit genau und klar eingesehen wird, reicht nicht aus — es muß auch frei gewählt werden. „Wenn es dem in eine vorbereitete Umgebung versetzten Kinde zur festen Gewohnheit wird, frei zu handeln — Tische abzuwaschen, Blumen zu ordnen, zu rechnen, Wörter zusammenzusetzen — und wenn es das alles tut, weil es selber es *will*, dann ist sein ganzes Ich aktiv, dann handelt seine Persönlichkeit als Einheit.“
Die Frage der Spontaneität ist eine der Grundfragen der Montessori-Pädagogik, wird aber sogar von den eigenen Anhängern manchmal mißverstanden. „Es ist nicht schwer, das Kind zum Ausführen einer bestimmten Tätigkeit zu veranlassen, wohl aber, es in der Weise zur Tätigkeit anzuregen, daß seine Spontaneität nicht beeinträchtigt wird. Handelt ein Kind ständig auf Befehl oder auf Anregung des Lehrers, so kann seine eigene Aktivität hinschwinden und hinter dem stärkeren Willen eines andern sogar verschwinden. Ein unterdrücktes Kind ist meist auch eine innerlich gebrochene Persönlichkeit, und eine abnorme Entwicklung ist die Folge.
„Es ist nicht leicht, den Unterschied zwischen beiden Arten von Anregung in seiner ganzen Tragweite zu begreifen — aber die ganze seelische Entwicklung eines Individuums zum Guten wie zum Bösen hängt davon ab, ob es als Kind seine motorischen Kräfte und sein Seelenleben als Einheit entwickeln konnte oder nicht.“

Nirgends wird die grundlegende Bedeutung konkreten Tuns für die Erziehung deutlicher als in Montessoris Lehre von „Zentrum und Peripherie". In den meisten Erziehungsmethoden, bemerkt sie selber einleitend, ist der angehende Lehrer völlig davon in Anspruch genommen, die Eigenschaften des kindlichen Geistes und die den Lernprozeß betreffenden psychologischen Gesetzmäßigkeiten zu studieren: wie die Unterrichtsstunde anzulegen ist nach „Vorbereitung, Darbietung, Verknüpfung, Zusammenfassung, Anwendung" *(Herbart-Rein)* — sich also genau mit dem zu befassen, was *im* Geiste des Kindes vor sich geht.
Unser Gesichtspunkt ist ganz anders, sagt Maria Montessori. Wir leugnen keineswegs, daß des Kindes Aufnahmefähigkeit für Wissen von bestimmten psychologischen Gesetzen abhängt. Wir geben gern zu, daß der lernende Geist wunderbar, geheimnisvoll und schwer durchschaubar ist, und daß es großer Einsicht bedarf, wenn man sein Funktionieren erkennen will. Aber, und hier liegt der Unterschied, nach Maria Montessoris Meinung sollten wir Lehrer das nicht einmal *wollen*. Was in diesem geheimnisvollen Zentrum seines Geistes vor sich gehe, sei Geheimnis des Kindes, das wir zu achten hätten; dieses schöpferische „Zentrum" sei der Teil des Individuums, der ganz ihm selber gehöre; was dort geschehe, brauche uns nicht zu kümmern. Da es sich hierbei um etwas Grundlegendes handelt, wollen wir beide Begriffe noch näher erläutern. Maria Montessori bezeichnet mit „Zentrum und Peripherie" eine Wesenseigentümlichkeit des Menschen. Im „Zentrum" mögen wir die „innerste Burg" der Persönlichkeit sehen, von der Handlung ausgeht; unter keinen Umständen darf, laut Maria Montessori, das Zentrum als eine Art Spiegel oder Mechanismus betrachtet werden, der Reflexhandlungen auslöst: es ist der Ort, von dem aus alles spontane Tun beginnt. Unter Peripherie versteht sie den Bereich der kindlichen Persönlichkeit, der unmittelbar mit der Außenwelt in Berührung kommt und mit ihr die Verbindung herstellt: die Sinne, die Bewegungen und damit zugleich alle äußeren Manifestationen seiner im Zentrum sich vollziehenden Wahl. Durch das fortwährende Zusammenspiel von Zentrum und Peripherie entwickelt sich der kindliche Geist. Eindrücke werden von „außen" nach „innen" vermittelt, und aus dem Zentrum erfolgt als Antwort Entfaltung nach außen. Was aber durch die „Peripherie" (Sinne und Bewegung) zum „Zentrum" vermittelt wird, gerät nicht automatisch, mechanisch, nolens volens hinein. „Nein, unsere Sinneswahrnehmungen sind bereits vorgeformt: wir wählen, *wir* handeln, *wir sind handelnde, uns ausdrückende Wesen*. Auch das Kind. Es wählt etwas durch seine Sinne aus, weil es das wählen will. Über den Grund brauchen wir uns keine Gedanken zu machen." (Vgl. die „innere Empfänglichkeit" im siebzehnten Kapitel.)

Die Peripherie nähren!

Die Peripherie ist der uns zugängliche Teil der Persönlichkeit. Auf diesem Gedanken gründet die Lehre Maria Montessoris. Zu erfassen, was im unerreichbaren Zentrum vor sich geht, ist nicht möglich; was aber in der Peripherie geschieht, ist leichter zu erkennen, besonders wenn man das Kind seine Beschäftigung frei wählen läßt. Es ist die Aufgabe des Erziehers, die sichtbaren, faßbaren Manifestationen an der Peripherie genau zu beobachten. Mit ihnen hat er es zu tun und nur durch sie, also indirekt, mit dem Zentrum. Das Zentrum ist eine verborgene Werkstatt des Lebens. Wie der Erzieher die Peripherie am besten „nähren" kann, wird ihn die Erfahrung lehren. Er weiß, daß parallel mit konzentrierter Tätigkeit an der Peripherie im verborgenen Zentrum Entwicklung, Wachstum vor sich geht.

Dieser Austausch zwischen sichtbarer Peripherie und unsichtbarem Zentrum bricht niemals ab. In einem Vortrag hat Maria Montessori ihn mit der Arbeit des embryonischen Herzens verglichen, das das nährende Blut von der Mutter empfängt und den andern Teilen des Embryos zuleitet. In seinem Buch *Psychologische Typen*[26] beschreibt C. G. Jung die Tätigkeit der Seele als „ein diastolisches Herausgehen. .. und ein Ergreifen des Objektes und ein systolisches Konzentrieren und Loslösen der Energie von den ergriffenen Objekten. Jeder Mensch besitzt beide Mechanismen als Ausdruck seines natürlichen Lebensrhythmus', den Goethe wohl nicht zufällig mit den physiologischen Begriffen der Herztätigkeit bezeichnet hat. Eine rhythmische Abwechslung beider psychischen Tätigkeitsformen dürfte dem normalen Lebensverlauf entsprechen."

Aus diesem neuen Verständnis des Lernprozesses ergibt sich natürlicherweise eine neue Unterrichtsart. Manche Methoden wenden sich unmittelbar an die Intelligenz des Kindes. Darum bemüht man sich, die Dinge einfach darzustellen, weil ja der unausgereifte Geist des Kindes angeblich noch nicht viel leisten kann. Es gilt als ausgemacht, daß das Kind eine Sache nur versteht, wenn man sie ihm gleichsam „füttert". Solche Methoden verkennen die unwiderstehliche Bewegung im Zentrum des Kindes, die es dazu drängt, die Dinge spontan zu „begreifen", sie sich durch Tätigkeit einzuverleiben, so seinen Geist zu entwickeln und seine Persönlichkeit aufzubauen.

Die Aufgabe des Pädagogen besteht darin, die Peripherie zu nähren, indem er dem Kinde Betätigungsmöglichkeiten bietet, die seinem natürlichen Drang entgegenkommen.

Manchmal stellt man uns die Frage, was wir tun, wenn die Umgebung vorbereitet und den Kindern das Material nahegebracht worden ist — und kein Zeichen der wunderbaren Aktivität zwischen Peripherie und Zentrum erfolgt. „In der Praxis", schreibt Maria Montessori, „können Sie öfter erleben, daß eine Lehrerin die Umgebung vorbereitet hat, die Kinder aber nicht ansprechen, sich nicht interessieren und unordentlich reagieren. Was ist los? Liegt es an der Methode, an der Umgebung, am Lehrer oder an den Kindern? . . . Was fehlt, ist ‚ein Punkt der Berührung', der, etwa einer psychologischen Brücke vergleichbar, die Seele des Kindes mit einem bestimmten, umgrenzten Stück der äußeren Wirklichkeit in Verbindung bringt."

Ein Beispiel aus dem Musikunterricht: auch die Musik wird nach Maria Montessori dem Kinde am besten durch konkretes Handeln nahegebracht, weshalb es zum täglichen Programm einer Montessori-Klasse gehört, daß die Kinder sich eine Weile frei zur Musik bewegen. „Stellen wir uns nun vor", meint sie, „eine Lehrerin spiele vom Morgen bis zum Abend, und dennoch bewegten sich die Kinder nur ‚irgendwie' hin und her, unrhythmisch und unharmonisch. Was hier fehlt, ist der Kontaktpunkt. Der kindliche Körper müßte sich im Rhythmus der Musik bewegen, damit zwischen der Seele des Kindes und der Musik eine Brücke geschlagen wird. Im Augenblick, da das Kind die Verbindung zwischen der Musik und seinen eigenen Bewegungen begreift, ist der Berührungspunkt da. Wenn jetzt die Musik ihren Rhythmus wechselt, ändert das Kind entsprechend seine Bewegungen."

Etwas Ähnliches muß auf der geistigen Ebene vor sich gehen, wenn eine fördernde Wirkung erfolgen soll. In dem Vortrag, dem die eben zitierten Sätze entnommen sind, beendet Maria Montessori ihre Beweisführung mit den folgenden emphatischen Sätzen: „Dies ist mein Credo! Ich glaube, daß in der Seele des Kindes geistige Entwicklung nur erfolgen kann, wenn der Kreis zwischen der Seele und der äußeren Welt durch einen Punkt der Berührung geschlossen wird."[27]

Der Berührungspunkt fördert die Entwicklung

Um die Wirkung des Berührungspunktes besser zu verstehen, brauchen wir uns nur an den „kleinen Entdecker" zu erinnern, der zwei Welten, eine innere und eine äußere, gleichzeitig aufzubauen hat. Was ihm dabei am meisten hilft, ist ein Mittel, in die ungeheure Anhäufung verschiedenartigster Eindrücke Ordnung und Zusammenhang zu bringen.

An dieser Stelle gewinnt der Berührungspunkt seine Bedeutung. Es gehört zu den häufigsten Mißdeutungen der Montessori-Methode, Maria Montessori habe ihr Material, insbesondere das Sinnesmaterial, erdacht, um den Kindern neue Eindrücke, neue Geräusche, neue Formen und so weiter vorzuführen. Das ist völlig falsch. Darin liegt das vornehmste Ziel nicht, sondern darin, Ordnung in die vielfältigen Eindrücke zu bringen, die das Kind schon aufgenommen hat und noch aufnehmen wird. „Wie die Musik die zufälligen Bewegungen des Kindes — Laufen, Springen, Hüpfen, Drehen — in genaue, begrenzte, mit dem Rhythmus übereinstimmende Figuren verwandelt, so veranlaßt in der Sphäre des Geistes der Berührungspunkt das Kind, sich, statt planlos zu schweifen, einer Realität zuzuwenden, die ihm einen neuen Pfad eröffnet.“ So bringt der Berührungspunkt für die Dauer seiner Wirksamkeit eine Begrenzung, die aber, gleich der schmalen Pforte des Evangeliums, zu einem erweiterten und erfüllteren Leben führt. Jeder Teil des Materials, richtig angewandt, eröffnet neue Ausblicke und enthüllt neue Eigenschaften und Ordnungsgesetzlichkeiten der umgebenden Welt, die immer da waren, aber bis jetzt unbemerkt geblieben sind. Deshalb bezeichnet Maria Montessori auch das Material als „Schlüssel zum Universum“. Sie sagt, manche Leute fänden, wir gäben den Kindern zu wenig „Stoff“, aber das meinten sie nur, weil ihnen nicht klar sei, daß wir den Kindern in Wahrheit Mittel in die Hand geben, besser zu sehen. „Sie verwechseln die Schlüssel zum Universum mit dem Universum selbst.“

Wie der Berührungspunkt entsteht

Da das Entstehen des Berührungspunktes so wichtig ist, dürften ein paar praktisch-methodische Hinweise hinsichtlich seines Zustandekommens angeraten sein. Es versteht sich von selbst, daß er nicht bei einer ganzen Klasse gleichzeitig eintreten kann, denn sein Eintreten ist seinem ganzen Wesen nach ein individueller Prozeß und kann nicht „en bloc“ hergestellt werden. Der Beginn in einer neu zusammengestellten Klasse ist immer besonders schwierig. Aus diesem Grunde, meint Maria Montessori, solle sich die Lehrerin anfangs mit allen Kindern gemeinsam beschäftigen „wie eine gewöhnliche Lehrerin“ und durch ihre Persönlichkeit unmittelbar und überzeugend wirken. Sie könne ihnen zum Beispiel „eine Geschichte erzählen, Spiele mit ihnen machen, mit ihnen marschieren, ihnen vorsingen, kurzum irgend etwas tun, was die Aufmerksamkeit all der kleinen Wesen auf sie selber konzentriert, wie es ja in den meisten Schulen üblich ist. Später wird sie dergleichen nicht mehr tun, denn je mehr einzelne Kinder von innen heraus eine ‚Berührung‘ mit dem Material finden, um so mehr werden sie sich von der Lehrerin ab und dem Material zuwenden.“

Generelle Regeln, wie die Lehrerin die erforderliche Beziehung zwischen den noch ungeordneten Kindern und ihrer Umgebung schaffen soll, lassen sich nicht aufstellen. Bei kleinen Kindern ist es ziemlich sicher, daß die Übungen des praktischen Lebens dabei eine bedeutende Rolle spielen werden. In *jedem* Fall aber wird der Berührungspunkt immer nur durch tätige Bewegung zustande kommen, immer durch eine bestimmte konkrete Tätigkeit mit einem klar erkennbaren Ziel. Indem man immer mehr Übungen des praktischen Lebens und immer mehr elementares Material einführt, werden die Kinder eins nach dem andern sich konzentrieren und die Übungen ausführen, „als seien sie geistig zutiefst berührt". Die Lehrerin wird die „Neuerweckten" von Tag zu Tag mehr Herren ihrer selbst werden und einen Persönlichkeitstyp enthüllen sehen, den sie kaum in ihnen vermutet hätte; und sie wird Maria Montessoris Lehrsatz bewiesen finden, daß „Selbstbildung durch Selbsttätigkeit beginnt".
Zum Schluß noch ein weiterer praktischer Hinweis. Jeder erfahrene Montessori-Lehrer weiß, wie oft er staunend festgestellt hat, was alles die Kinder unabhängig von ihm, ja ohne sein Wissen gelernt haben. In der natürlichen Atmosphäre der Montessori-Schule lernt immer eins vom andern, und Kinder, die das Material wirklich verstanden haben, sind oft bessere Lehrer als Erwachsene, „die vom seelischen Rhythmus des Kindes schon zu weit entfernt sind. Kindern fällt es oft leichter, gewisse ‚seelische Schranken', die andere Kinder irgendeinem Fach, meistens Lesen und Rechnen, gegenüber errichtet haben, niederzulegen und ihre eigene Kenntnis dem verschlossenen Geist des Gefährten mitzuteilen." Woraus erhellt, daß nicht der Lehrer allein den Berührungspunkt zu erwecken vermag, daß das auch durch die Kinder selbst geschehen kann.

Selbsttätiges Handeln und Konzentration

In den Schulen ist es allgemein üblich, die Aufmerksamkeit der Kinder z. B. durch optischen Anreiz oder durch Geschichten oder durch Verheißung von Belohnungen (oder durch Androhung von Strafen) zu erreichen. Maria Montessori sichert sich Interesse und Konzentration des Kindes durch selbsttätiges Handeln. „Von Anfang an war das Phänomen der Konzentration beim Aufbau unserer Methode unser Führer. Erfahrung hat uns gelehrt, daß sie sich einstellt, wenn die Kinder mit dem Material arbeiten — niemals ohne ein Material.
Das Material darf nicht auf abstrakte Weise interessieren, sondern muß das Kind zu konkretem Tun auffordern, dessen Eigenart darin besteht, immerfort wiederholt werden zu wollen. Ferner muß diese Tätigkeit eine geistige Atmosphäre haben."

Besucher von Montessori-Schulen, besonders wenn sie an das strenge Schweigen der gewöhnlichen Schule gewohnt sind, meinen, es müsse sehr schwer, wo nicht unmöglich für die Kinder sein, sich inmitten des Kommens und Gehens und der allgemeinen Bewegung in einer Montessori-Klasse, die wir mit einem emsig summenden Bienenstock verglichen haben, auf ihre Arbeit zu konzentrieren. Die Erfahrung lehrt aber das Gegenteil. Das selbsttätige Handeln ist es, das durch den Berührungspunkt die Konzentration sichert — nicht die Stille. Auf das konkrete Material kann sich das Kind durch Selbsttätigkeit „bis zur Selbstvergessenheit" konzentrieren — ohne absolute Stille. Nötiger als Stille der Umgebung ist Sicherheit vor unnötiger Einmischung Erwachsener, wenn der Kontakt einmal geschlossen ist.

Die selbsttätige Auseinandersetzung mit dem Material führt zu neuen Entdeckungen

Bekanntlich lehrt man die Kinder jeden Teil des Materials in der richtigen Weise zu handhaben. Sehr oft sind aber mit dieser Handhabung die Möglichkeiten des Materials keineswegs erschöpft, und es passiert immer wieder, daß die Kinder bei der Arbeit auf andere Verwendungsmöglichkeiten stoßen und so zur Entdeckung neuer Tatsachen und neuer Beziehungen kommen. Es ist schon historisch, daß viele der heute in allen Montessori-Schulen gebräuchlichen Übungen in dieser oder jener Schule von den Kindern selbst entdeckt worden sind.

Ein Beispiel: die Blau-roten Stangen dienten anfangs dazu, die Zahlen von eins bis zehn zu vermitteln. Aber die meisten Kinder begannen, ohne daß die Lehrerin sie dazu anregte, sie alsbald anders zu ordnen, indem sie Einser- und Neuner-, Zweier- und Achterstange miteinander kombinierten und so fort, bis sie die Zahlenstiege in ein Rechteck verwandelt hatten (wobei nur die Fünferstange übrigbleibt). Somit hatte das Kind, ohne es zu wissen, die verschiedenen Möglichkeiten, die Zahl zehn zusammenzusetzen, entdeckt. Dann wird es vermutlich das Muster systematisch auseinandernehmen, wodurch es zur ursprünglichen Treppe zurückkommt. Dabei führt es eine Reihe kleiner Rechenaufgaben aus, indem es die Zahl zehn in verschiedene Subtraktionssummen zerlegt: 10 — 1 = 9; 10 — 2 = 8 und so weiter. Bei dieser Gelegenheit möchte ich ein nicht uninteressantes kleines Erlebnis erzählen. Als ich, während ihrer Londoner Zeit, eines Tages Maria Montessori besuchte, traf ich sie mit den Blau-roten Stangen beschäftigt. Sie war ungewöhnlich gehobener Stimmung, denn sie hatte bei der Beschäftigung mit den Stangen soeben selbst einen „Montessori-Ausbruch" erlebt! Obwohl sie dies Elementar-Material seit über fünfundzwanzig Jahren kannte, hatte sie an diesem Morgen entdeckt, daß sich mit den Stangen ganz ausgezeichnet die algebraische Formel: $1 + 2 + 3 + 4 \ldots n = \frac{n\,(n + 1)}{2}$ beweisen ließ. Dies Beispiel mag zeigen, wie wichtig es ist, das Material ohne Hast und Eile zu benutzen. Dann kann es geschehen, daß man auf dem Wege über die Beschäftigung mit Zahlen unversehens in die Sphäre der Algebra oder der Geometrie gerät und so, wie von der Spitze eines Berges, unbekannte Gebiete entdeckt, die darauf warten, entdeckt zu werden.

Die weite Verbreitung der Arbeitsschulidee und ähnlicher Bewegungen beweist, daß sich die Erkenntnis von der Bedeutung der Tätigkeit für das Kindergarten- und Grundschulalter immer mehr durchsetzt. Leider ist die Erkenntnis, welcher Art die Tätigkeit sein muß, wenn sie zu körperlicher, geistig-seelischer und sozialer Entwicklung führen soll, nicht in derselben Weise verbreitet. Hier könnten Maria Montessoris Lehren von der „synthetischen Bewegung“, von „Zentrum und Peripherie“ und vom „Berührungspunkt“ erhellend wirken.

Vierzehntes Kapitel

EINE STUNDE IN EINER MONTESSORI-SCHULE*

Schon beim Betreten des Gebäudes fühlen wir uns wie in einer andern Welt. Wir sind wirklich in einer *Casa dei Bambini*, in einem *Kinderhaus*. Räume, Gänge, Garderoben, Toiletten, Einrichtungs- und Gebrauchsgegenstände — alles ist der kindlichen Körpergröße angemessen. In der mit Palmen und Blumen geschmückten Eingangshalle stehen an den Wänden kleine Sofas und Sessel. Auf einem der Sofas sitzen zwei kleine Buben in einer ruhigen Unterhaltung — worüber sie wohl reden? —, während um den Tisch in der Mitte drei kleine Wesen stehen und die sonderbaren Geschöpfe in einem Aquarium bestaunen.

Von der Halle aus treten wir in einen der Schulräume, und der Eindruck, in der Welt des Kindes zu sein, verstärkt sich. Wir sehen einige dreißig oder vierzig Kinder zwischen vier und sieben über den ganzen Raum verteilt, von denen jedes etwas anderes tut. Die meisten arbeiten an kleinen Tischen, einige aber auch auf am Boden ausgebreiteten Teppichen. Rundum an den Wänden stehen breite, niedere, freundlich gestrichene Schränke, die die Arbeitsmittel beherbergen. Überall Farbe — sogar die niedlichen kleinen in einer Reihe hängenden Staubtücher sind verschiedenfarbig. Auf den Tischchen stehen kleine Vasen mit Blumen. Im Schein der durch die breiten, niederen Fenster hereinströmenden Sonne bietet sich uns ein sehr hübsches, sehr anziehendes Bild.

An einer der Schmalseiten ist der Raum durch eine aus der Wandmitte vorspringende Mauer in zwei größere Alkoven unterteilt. Der eine enthält außer einem niedrig angebrachten Spülbecken mit Hähnen für heißes und kaltes Wasser Abfalleimer, Putzeimer, Scheuerbürsten, Schuhbürsten — kurzum alles häusliche Zubehör, klein und handlich für Kinder. Der Alkoven nebenan ist als Leseraum eingerichtet. Mit einem kleinen Sofa, ein paar Sesselchen und einer kleinen Bibliothek sorgsam ausgewählter Bücher bildet er eine Art Schlupfwinkel, in den sich die Kinder zurückziehen können, wenn sie etwa in einer Arbeitspause in einem Buch lesen wollen. Nichts erinnert an eine Schule. Keine Bankreihen, kein Katheder und auf den ersten Blick auch keine Lehrerin! Bei Gelegenheit entdecken wir sie am andern Ende des Raumes, wo sie mitten in einer Gruppe von Kindern auf

* Manches, worüber in diesem Kapitel berichtet wird, findet sich heute in vielen Kindergärten und Grundschulen: die hellen, freundlichen Räume, die niedrigen Schränke, die kleinen Tische und Stühle. Aber die Ähnlichkeit ist meist nur oberflächlich. Noch immer steht die Montessori-Schule hinsichtlich einer konsequent durchgeführten „Vorbereitung der Umgebung" sowohl an Quantität wie auch an Qualität, hinsichtlich der Mannigfaltigkeit, der Durchdachtheit ihres Lehrmaterials und des in ihr herrschenden „Arbeitsklimas" einzig da.

einem Teppich am Boden kniet und ihnen das auf dem Teppich ausgebreitete Zahlenmaterial erklärt. Die andern Kinder, bis auf zwei oder drei, die sie offenbar etwas fragen wollen, nehmen nicht die mindeste Notiz von ihr. In dieser Schule scheinen die Erwachsenen keine Rolle zu spielen, während die Kinder aktiv geworden sind und gewissermaßen die Initiative ergriffen haben. Selbst an die Wandtafel, ehedem Reservat des Lehrers, schreiben hier die Kinder; sie ist entsprechend niedrig, sehr breit, und fest auf die Wand aufgearbeitet.
Verschwunden ist auch das einseitige Schweigen der alten Schule, das so oft ein Schweigen unterdrückter Aktivität war, und mit ihm das starre Gebundensein der Kinder an ihren „Platz". Hier herrscht geschäftige Selbsttätigkeit, und die Szene erinnert tatsächlich mehr an das tätige Treiben in einer Bank oder in einem Geschäft als an ein Schulzimmer, wie wir es früher gewohnt waren. Kinder kommen und gehen, öffnen und schließen Schubladen, tragen Gegenstände hierhin oder dorthin, sitzen einzeln oder in Gruppen bei der Arbeit. Wer hat je vierzig kleine Kinder in einem Raum gesehen, die alle frei herumgehen, reden und sich selbst ihre Beschäftigung wählen dürfen, und wo es dennoch keinen Streit, keine Launen, kein Geschrei gibt, wo alles ruhig, geordnet und harmonisch zugeht wie im „goldenen Zeitalter"? Viele sind tief in ihre Arbeit versunken, ihre Bewegungen haben etwas Ruhig-Zweckmäßiges und zeugen von erstaunlicher Selbstzucht. Wie kleine Männer und Frauen benimmt sich das Völkchen, und doch strahlt der Zauber der Kindheit von ihm aus.
Was sie tun? Man müßte hundert Augen haben wie der sagenhafte Argus, um die Frage angemessen beantworten zu können. Beinahe jedes tut etwas anderes. Selbst die Lehrerin weiß nicht, womit jedes gerade beschäftigt ist, aber das bereitet ihr keine Sorgen. Sie ist zufrieden, *daß* sie arbeiten, denn sie weiß, daß die Kinder sich durch die selbsttätige Auseinandersetzung mit dem Arbeitsmaterial besser unterrichten als sie selbst es könnte.
Ein pausbäckiger kleiner Bursche geht gerade zielbewußt zum andern Ende des Raumes, wo auf einem Regal eine Anzahl sauber zusammengerollter farbiger Teppiche liegt. Mit einem davon kommt er zurück und nachdem er zwischen drei Tischen einen freien Raum ausfindig gemacht hat, breitet er seinen Teppich aus. Dann geht er zu einem andern Regal und kommt mit einer flachen Schachtel mit vielen Fächern zurück. In jedem Gefach sind hölzerne Schreibschrift-Buchstaben — rot die Konsonanten, blau die Vokale. Der Junge setzt die Schachtel neben seinen Teppich und macht sich mit Feuereifer daran, Wörter zusammenzusetzen. Als Vorlage dienen ihm kleine Bilder, die er zuvor am Rand des Teppichs in einer Reihe untereinander hingelegt hat, und nun bildet er die Wörter: Hut, Sofa, Tür, Tor, zunächst noch lauter phonetische Wörter. Wörter mit Unregelmäßigkeiten in der Rechtschreibung werden später auf andere Weise vorgenommen.

Genau vor uns an einem Tischchen sitzt ein sechsjähriges Mädchen, das tief in eine ziemlich geheimnisvolle Beschäftigung versunken ist. Aus einer kleinen Dose zählt sie ein paar rote Perlen ab und legt sie in einer Reihe auf einen quadratischen Karton mit kleinen Höhlungen (wie für ein Perlenspiel). Dann führt sie am Kopf des Kartons eine kleine rote Scheibe entlang, zählt abermals und schreibt etwas auf einen Streifen Papier, wiederholt geruhsam den ganzen Prozeß noch mehrere Male und scheint sehr befriedigt; und dabei lehrt sie sich bloß das Einmaleins mit sieben, nimmt die rechnerischen Untersuchungen zuerst experimentell auf dem Brett vor und schreibt dann die Resultate nieder:

1 X 7 = 7
2 X 7 = 14
3 X 7 = 21 usw.

Soeben ist sie bei 12X7 = 84 angelangt. Und jetzt? Ruhig steht sie auf, sucht, mit dem Zettel in der Hand, nach der Lehrerin, wartet geduldig, bis sie drankommt und zeigt ihre Resultate. Die Lehrerin überprüft sie und gibt den Zettel mit anerkennendem Lächeln zurück. Unsere kleine Rechnerin geht an ihren Platz, scheint einen Augenblick zu überlegen, geht dann mit entschlossener Miene wieder an einen der Schränke und kehrt mit einem gleichartigen Zettel zurück. Am Kopf steht „Einmaleins mit acht" und darunter:

1 X 8 =
2 X 8 =
3 X 8 = usw.

Wieder läßt sie sich nieder und beginnt auf dieselbe Weise das Einmaleins mit acht auszuarbeiten. Bemerkenswert ist dabei die Tatsache, daß nicht die Lehrerin ihr gesagt hat, sie solle das nächste Einmaleins vornehmen; die Entscheidung lag völlig bei dem Kinde selbst.

Ein Kerlchen von höchstens viereinhalb kommt von einem der Schränke — köstliche Schatzhäuser sind das! — mit einem hölzernen Kasten zurück, setzt ihn auf seinen Tisch und zieht sich selber auf seinem Stühlchen an den Tisch heran wie ein Mann, der sich auf eine gute Mahlzeit freut. (Und so ist es wohl auch, nur daß dies kein Mahl für den kleinen Bauch ist.) Als der Junge den Kasten öffnet, kommt eine leuchtende Farbenskala von rot über grün bis lila zum Vorschein. Dies sind die Farbentäfelchen, und als sie alle ausgebreitet daliegen, bilden sie einen sehr anziehenden Anblick. Jetzt nimmt er sich ein rotes Täfelchen heraus, sucht unter denen auf dem Tisch nach dem Pendant und legt, als er es gefunden hat, die beiden nebeneinander. Und so geht es weiter, bis er das kunterbunte Gemisch zu einer

Kolonne gleichfarbiger Paare geordnet hat. Dann legt er alle Täfelchen sorgsam zurück, geht wieder an den Schrank und vertauscht den Kasten gegen einen größeren mit nicht weniger als vierundsechzig Täfelchen, sieben Schattierungen von jeder Farbe. Bei dieser Übung werden die Farben nicht gepaart; jede wird in sich von der dunkelsten zur hellsten Schattierung geordnet.

Offenbar hat aber unser junger Freund seinen Farbensinn etwas überschätzt, denn er vertauscht manchmal die Schattierungen, was dem wachsamen Auge der Lehrerin nicht entgeht. Wie aus dem Boden gewachsen steht ein sechsjähriges Mädchen da, setzt sich neben den kleinen Jungen, hilft ihm die Farben sortieren und dann wieder ordentlich einräumen. Vorsichtig faßt sie die Täfelchen nur an den hölzernen Rändern an, ohne die Farbfläche zu berühren, und verlangt von dem kleinen Jungen, daß er es genauso macht. Diese von der Lehrerin ausgehende Anweisung bewahrt die hübschen Täfelchen davor, von den nicht immer sauberen Fingerchen beschmutzt zu werden.

Als der Junge den Farbenkasten zum Schrank zurückträgt, stößt er beinahe mit einem kleinen Mädchen zusammen, das mit einem Eimer Wasser einem unbesetzten Tisch zustrebt. Neben ihn setzt sie ihren Eimer nieder, holt eine kleine Scheuerbürste, eine Seifenschüssel und Tücher, rollt die Ärmel auf und macht sich daran, von einer der Tischecken ein paar Tintenflecke wegzuscheuern, dehnt dann aber die Aktion auf die ganze Tischfläche und — bitte! — sogar auf die Beine aus. Schließlich wischt sie den Tisch erst mit einem feuchten, dann mit einem trockenen Tuch ab — und hält Ausschau nach einem neuen Objekt für ihren Tatendrang. Schließlich entdeckt sie am andern Ende des Zimmers einen unbesetzten Tisch, bringt ihre Putzutensilien dorthin und beginnt zu scheuern. Freilich ist dieser Tisch ganz sauber, denn er ist am selben Vormittag schon einmal gescheuert worden. Aber das macht nichts. Ein geheimnisvoller Instinkt in ihrem Innern läßt ihr diese Tätigkeit als derzeit köstlichsten Lebensinhalt erscheinen.

Vom Nebentisch erhebt sich gerade ein Junge, geht fort, und alsbald wird der unbesetzte Tisch Marys nächstes Opfer. Als die Flut ihrer Aktivität den höchsten Stand erreicht hat (hier nicht nur metaphorisch zu verstehen), kommt der Junge mit einer Schachtel in der Hand zurück. Beim Anblick seines Tisches drückt sein Gesicht Erstaunen, um nicht zu sagen Mißbilligung aus. So etwa müßte ein Schriftsteller dreinschauen, der heimkäme und in seinem Allerheiligsten die Putzfrau am Werk fände. Eine lebhafte Konversation entspinnt sich, der ich der Distanz wegen nicht folgen kann; indessen geht aus der Mimik der beiden zweifellos hervor, daß der Junge protestiert und das kleine Mädchen reumütig und verwirrt ist. Aber was soll sie tun, sie kann ja nicht einfach weggehen und ihm seinen nassen Tisch überlassen. Eine dritte Person betritt den Schauplatz, ein etwa siebenjähriger Junge. Ihm wird der Fall vorgetragen, und da er ihn leidenschaftsloser sieht als die beiden Beteiligten, schlichtet er ihn wie ein kleiner Salomo, indem er auf einen anderen leeren Tisch deutet, eben jenen, den unser kleines Mädchen kurz zuvor gescheuert hat. Alle drei gehen hin und inspizieren ihn. Da die Platte hier und da noch etwas feucht ist, läuft das Mädchen bereitwilligst nach einem trockenen Tuch und reibt die feuchten Stellen nach. Dann setzt der Junge seine Schachtel auf den Tisch, Mary kehrt zu ihrem halbgescheuerten Objekt zurück, der kleine Schiedsrichter zu seiner eigenen Arbeit, und alles ist in bester Ordnung.

Eine regelrechte Übung in sozialer Anpassung! Ganz allein und ohne erwachsene Hilfe haben die kleinen Leute ein wichtiges soziales Problem gelöst. In der Schule alter Prägung, wo die Kinder nur auf direkte Anordnung der Lehrerin handeln, würden solche Situationen kaum entstehen, und wenn, würde *sie* sie schlichten, nicht die Kinder. In der kleinen Gemeinschaft der Montessori-Schule ergeben sich beständig solche Situationen, die gegenseitiges Entgegenkommen erfordern und den Kindern Gelegenheit bieten, soziales Gefühl zu entwickeln. Sich in der richtigen sozialen Anpassung zu üben, ist in diesem Alter so wichtig wie Lesen- und Schreibenlernen; und für den Notfall kann natürlich immer die Lehrerin als Berufungsinstanz in Aktion treten.

Von der Terrasse dringen reine, klare Einzeltöne ins Zimmer. Draußen bietet sich uns ein reizendes Bild. Eine Siebenjährige hat vor sich auf dem Tischchen einen Satz gleicher, etwa 12 cm hoher glänzender Silberpilze mit hölzernen Stengeln aufgebaut, kleine Glöckchen, die sich nur in der Tonhöhe voneinander unterscheiden. Sie schlägt sie mit einem Hämmerchen an und paart sie der Tönhöhe nach, so wie der kleine Junge die Farbtäfelchen gepaart hat. Ohne es zu wissen, schafft sie sich damit eine Grundlage für den späteren Musikunterricht. Die Zuschauer stören sie nicht; ihre Arbeit fesselt sie zu sehr.

Daß die Kinder, auch wenn Besucher kommen, ruhig mit ihrer Tätigkeit fortfahren, gehört für den Neuling zu den eindrucksvollsten Erlebnissen in der Montessori-Schule. Vielleicht schaut das eine oder das andere Kind bei seinem Eintritt von der Arbeit auf und lächelt ihn freundlich an, manchmal erhebt sich eines und sieht sich nach einem Stuhl um, meist aber hält die Anziehungskraft des Materials die Kinder so in Bann, daß der Besucher sich genausogut in Timbuktu aufhalten könnte.

Bei der Rückkehr ins Zimmer kommen wir an unserm Einmaleins-Mädchen vorbei. Ist sie mittlerweile etwa zum Einmaleins mit neun übergegangen? Nein, sie hat den Zettel mit dem Einmaleins mit acht vor sich und ist dabei, ihn mit einem Blumenrand zu zieren. Offenbar hatte sie genug von der „Wissenschaft", und ihre Seele hat sich zum Ausgleich der „Kunst" zugewandt. In der Verbindung von Mathematik und Kunst scheint die Kleine keinen Widerspruch zu sehen. Eben führt sie die letzten Striche an ihrem Randschmuck aus und legt dann den verzierten Zettel sorgsam in eine kleine Tasche, wo schon andere liegen. Wenn sie das Einmaleins mit zwölf hinter sich hat, wird sie sie alle miteinander zu einem kleinen Büchlein zusammenheften und es später noch viel benutzen, um das Einmaleins auswendig zu lernen und um bei Multiplikationsaufgaben zur Kontrolle nachzuschlagen.

Auf dem Weg zu einem neuen Tisch schlendern wir an den Schränken vorbei und werfen hier und da einen Blick hinein. Verglichen mit den Arbeitsmitteln, die man in gewöhnlichen Elementarschulen anzutreffen pflegt, ist das Montessori-Material einfach verblüffend reichhaltig und originell. Ohne Anweisung stünden selbst wir Erwachsenen den meisten Dingen ratlos gegenüber, weshalb es zu den wichtigsten Funktionen der Lehrerin gehört, die Kinder in den richtigen Gebrauch des Materials einzuweihen und sich gelegentlich zu überzeugen, daß sie sich an den richtigen Gebrauch halten. In der Regel werden die Kinder einzeln mit dem Material bekannt gemacht, oft auch in kleinen Gruppen derselben Entwicklungsstufe. Es ist Aufgabe der Lehrerin, den richtigen psychologischen Augenblick für die Einführung von etwas Neuem zu erkennen. Natürlich ist es nicht möglich, im Rahmen dieses Buches alle Teile des Materials und ihre pädagogischen Funktionen zu schildern. Allein die genaue Beschreibung der sorgsam aufgebauten Tätigkeiten für das Erlernen von Schreiben und Lesen, von Rechnen und Grammatik, von Musik, Erdkunde und Geschichte würde ein Buch, wenn nicht gar Bände füllen.

Übrigens Geschichte! In der Halle ist eben in dieser Richtung etwas vor sich gegangen. Drei oder vier Kinder haben die „Geschichtszeitbänder“ entrollt, eine zehn bis fünfzehn Meter lange, antiken Handschriften nachgebildete Papierrolle mit einem Rollstab an jedem Ende. Sie ist in Jahrhunderte eingeteilt, beginnt mit 2000 v. Chr., führt — hoffnungsvoll! — bis 2000 n. Chr. und hat in der Mitte einen kleinen goldenen Abschnitt: die dreiunddreißig Jahre von Christi Leben als dem Mittelpunkt der Zeitrechnung.

Die Kinder sind dabei, auf der Linie eines bestimmten Jahrhunderts Bilder mit erklärenden Karten auszulegen. Ein Kind legt eine Serie biblischer Gestalten aus dem Alten Testament, ein anderes im nachchristlichen Teil eine Serie „Transportwesen durch die Jahrhunderte“, die mit einem römischen Streitwagen beginnt und mit einem Düsenflugzeug endet. Hinten in der Halle untersucht inzwischen eine Gruppe jüngerer Kinder das Dezimalsystem und seine Bezeichnungen. Ihr Arbeitsmaterial ist eine riesenlange, aus hundert Gliedern zu je zehn Perlen zusammengesetzte goldene Kette. Da sie wegen ihrer enormen Länge nicht leicht zu handhaben ist, holen mehrere Kinder sie gemeinsam von dem Gestell, auf dem sie aufbewahrt wird, und ziehen sie auf dem Boden zu einer langen goldenen „Eisenbahn-Linie" aus. Nun legen sie die Hunderterkärtchen 100, 200, 300 . . . wie „Bahnhöfe" die Strecke entlang und als „Endstation" die Tausenderkarte. Kein Wunder, daß der Anblick der goldenen Linie in ihrer glitzernden Perspektive ihnen zu einem besseren und respektvolleren Verständnis für die Zahl 1000 verhilft als bloßes Anhören der Ziffern. Sind alle Hunderterkarten an ihren Plätzen, placieren fortgeschrittenere Kinder kleine Kärtchen mit Ziffern wie 259, 736, 888 an die richtigen Stellen und holen dann die Lehrerin aus dem Klassenraum herbei, damit sie die Aufgaben überprüfe. Manchmal, erzählt sie, machen sich Kinder ganz aus eigenem Antrieb daran — denn niemand würde einen solchen Vorschlag wagen —, alle tausend Perlen von der ersten bis zur letzten zu zählen. (Eine riesige Aufgabe für ein kleines Kind, eine wahre Pilgerfahrt die goldene Straße entlang!) Einmal hatte ein fünfeinhalbjähriges Kind bis 563 gezählt, kam dann zur Lehrerin und sagte: „Ich bin müde" (kein Wunder!), „darf ich ein Zeichen dahin legen, bis wohin ich gekommen bin, damit ich morgen da weitermachen kann?"

Im Klassenraum ist mittlerweile die Arbeit weitergegangen. Als wir wieder eintreten, warten zwei ältere Buben auf die Lehrerin. Sie haben die Quadratwurzel aus der Zahl 73 441 gezogen und fragen, ob das Resultat 271 richtig sei.

Es mag überraschen, daß im selben Zimmer, wo die kleinen Kinder gerade lesen lernen, andere mit so schwierigen Aufgaben beschäftigt sind. Letzteres setzt eine lange Reihe von Übungen voraus, die sich mit den Quadratzahlen und mit Zahlsachverhalten, denen binomische Formeln in der Algebra zugrunde liegen, beschäftigen. Aber auch das Wurzelziehen geht konkret mittels beweglicher sinnbildlicher Zahlen (farbiger kleiner Stöpsel) auf einem gelochten Brett vor sich. Maria Montessori schätzt die Jahresklassen-Einteilung nicht — noch weniger Klassen mit A-, B- und C-Zügen. Nach ihrer Ansicht werden allseitig dann die besten Erfolge erzielt, wenn jeweils zwei oder drei Jahrgänge zusammengefaßt sind*.

Wenn man beim Gang durch die Räume mit wachsendem Staunen die Fülle an Arbeit in ihrer ungeheuren Vielfalt sich vergegenwärtigt, die hier ohne Einmischung der Lehrerin geleistet wird, dann drängen sich natürlich die Fragen auf, wer eigentlich die Kinder zum Arbeiten bringt, wer für Disziplin sorgt und mit welchen Mitteln. Im gewöhnlichen Kindergarten und in der üblichen Schulklasse tut das alles der Lehrer, dessen wichtigste Aufgabe es ist, die Kinder bei der Stange zu halten. In der Montessori-Schule bringt

* Deshalb gibt die Montessori-Arbeit, was freilich die Behörden nicht immer einsehen wollen, die beste Lösung für die Dorfschule, wo der Lehrer zu gleicher Zeit notgedrungen in einem Raum drei, vier, fünf Altersgruppen zusammengefaßt unterrichten muß.

niemand die Kinder zum Arbeiten, der Lehrer ganz gewiß nicht, und auch die Disziplin hängt nicht — oder höchstens mittelbar — von ihm ab. Wie oft habe ich in Montessori-Schulen unbeaufsichtigte Klassen gesehen; die Kinder waren meistens viel zu vertieft in ihre Arbeit, um die Abwesenheit des Lehrers überhaupt zu bemerken. Die Disziplin der Montessori-Klassen kommt von innen. Sie ist natürlich nicht an einem Tage entstanden, vielmehr zeigt sie sich als ein Ergebnis langen, inneren Wachstums und mit ihm verbundener monatelanger Übung, sich selbst zu beherrschen.

Im Klassenraum geht etwas vor sich, etwas Ungewöhnliches, um nicht zu sagen Geheimnisvolles. Die Szene hat sich umschlagend verändert, beinahe, als sei aus heiterem Himmel Perseus mit dem Gorgonenhaupt erschienen und habe alle in Stein verwandelt. Aber der Bann geht lediglich auf ein schlichtes Schild an der Wand zurück, das in großen Buchstaben das Wort „Stille“ trägt. Sowie die Kinder eines nach dem andern es bemerken, legen sie unverzüglich hin, mit was sie gerade gearbeitet haben; binnen kurzem haben alle kleinen Hände die Arbeit eingestellt, und alle kleinen Körper sitzen bewegungslos da. Die Ruhe im Raum ist wie die Stille über einem Teich, nachdem der Wind sich gelegt hat.

Als die Lehrerin nun die Vorhänge zuzieht, scheint sich die Stille zu vertiefen. Leise geht sie zur Tür, öffnet sie behutsam, geht auf Zehenspitzen hinaus und läßt die Tür offen.

Bewegungslos und gebannt sitzt auch der Besucher und fragt sich, was jetzt kommen wird. Zunächst geschieht nichts, außer daß jeder wie von selbst auf die „Geräusche der Stille“ lauscht, die sich „wie Mäuse“ hervorwagen — das Krachen eines Stuhls, das Ticken einer Uhr, das Rattern eines Zuges in der Ferne, das Zwitschern der Vögel im Garten, das Zuschlagen einer Tür. Da steht im Halbdämmer ein Kind auf, sehr langsam und leise stellt es seinen Stuhl zurück, geht auf Zehenspitzen zwischen den Tischen hindurch zur Tür und verschwindet. Dann stiehlt sich ein zweites Kind hinaus, dann noch eins und noch eins. Endlich vernehmen auch die Ohren des Besuchers etwas — die Stimme der unsichtbaren Lehrerin, die ganz leise, gleichsam mit dem Flüstern eines Flüsterns, die Kinder nacheinander beim Namen ruft. Wie ein Rauchwölkchen, wie ein treibender Sommerfaden schwebt die Stimme herbei und ruft das erwartungsvoll lauschende Kind.

Menschen, die kleine Kinder nur als quecksilbrige Wesen kennen, empfinden eine ganze Klasse voll, die zehn bis fünfzehn Minuten lang bewegungslos dasitzen, wie eine Offenbarung. Aber ehe die Kinder das konnten, hatten sie schon auf mancherlei Weise Selbstüberwindung geübt. Außerdem wird während des langen schweigenden Wartens jedes Kind durch die Zuversicht getragen, daß der Ruf auch an es selber ergehen wird.

Hat das letzte Kind das Zimmer verlassen, ist die „Leise-Übung“ vorbei. Das Schild „Stille“ wird umgedreht, und die Kinder kehren an ihre Plätze und zu ihren unterbrochenen Tätigkeiten zurück. Nun bläst der Wind wieder stetig über den Teich, und kleine Wellen tanzen lustig in der Sonne. Von der Lehrerin ist in diesem Kapitel so wenig die Rede gewesen, daß der unerfahrene Leser ihre Bedeutung für den Geist der kleinen Gemeinschaft unterschätzen möchte. Ihr ist, da sie einen sehr wesentlichen Faktor im pädagogischen Geschehen einer Montessori-Klasse darstellt, ein eigenes Kapitel gewidmet.

IV. DIE NEUE ERZIEHUNG

„Bisher hat der Erwachsene das Kind und den Halbwüchsigen nicht verstanden, und deshalb liegt er mit ihnen in ständigem Kampfe. Das kann nicht dadurch anders werden, daß der Erwachsene mit der Vernunft neue Kenntnisse erwirbt, daß er gewisse Bildungsmängel beseitigt. Nein, es handelt sich darum, einen völlig anderen Ausgangspunkt zu finden. Der Erwachsene muß den in ihm selber liegenden, bisher unbekannten Irrtum entdecken, der ihn daran hindert, das Kind richtig zu sehen. Kein Schritt nach vorwärts ist möglich, solange diese vorbereitende Erkenntnis nicht gewonnen ist, und solange wir nicht die Haltung erworben haben, die sich aus ihr ergibt."

Kinder sind anders, Seite 26

Fünfzehntes Kapitel:

DAS KERNPROBLEM IN DER ERZIEHUNG

Wir leben in einem ausgesprochen erziehungsfreudigen Zeitalter. Kein Tag ohne Veröffentlichungen zu Erziehungsfragen — und durchaus nicht alle stammen von Fachleuten, viele von Interessierten außerhalb des Berufsstandes. Allgemein scheint man der Ansicht zu sein, daß zwar eine Menge Geld, Zeit und Kraft auf die Erziehung verwendet werde, die Resultate dem aber nicht im entferntesten entsprächen. An Zahl und Mannigfaltigkeit lassen denn auch die Reformvorschläge nichts zu wünschen übrig. „Größere und hellere Schulräume!" „Kleinere Klassen!" „Bessere Auslese durch Tests und Prüfungen!" „Bessere Lehrergehälter, um den Beruf für den rechten Menschentyp anziehend zu machen!" Aus alledem scheint sich ohne weiteres zu ergeben, daß das Problem mehr oder minder für eine Organisationsfrage gehalten wird.

Die Kritiker innerhalb des Berufsstandes allerdings, besonders die in den Lehrerbildungsanstalten, sehen es in der Unterrichtsmethode. Unter ihnen stehen den Befürwortern freier Disziplin und Selbstentfaltung ausgemachte Gegner „dieser ganzen verzärtelnden Psychologie von heute" gegenüber, die dringlich die Rückkehr zur „gesunden Tracht Prügel" fordern. Vor nicht allzuvielen Jahren sah eine einflußreiche Gruppe das Heil in dem Zauberwort „Aktivität". Und natürlich gab und gibt es wie eh und je die, die von einer Methode überhaupt nichts halten, weil es ja schließlich und endlich doch nur auf die Persönlichkeit des Lehrers ankomme.

Nach Maria Montessoris Ansicht gehen alle diese Reformbestrebungen, so gut und richtig viele an sich sein mögen, am Wesentlichen vorbei, weil sie das Problem nicht an der Wurzel packen. Nach ihrer nur scheinbar widersprüchlichen These ist „das Kernproblem der Erziehung überhaupt kein erzieherisches, sondern ein soziales Problem. Was not tut, ist eine *bessere Erziehung* zwischen den beiden großen Gruppen der Gesellschaft, den Kindern und den Erwachsenen." Hier liegt die wahre *crux* des ganzen Fragenkomplexes verborgen, und wenn wir uns das nicht ständig vor Augen halten, sind alle unsere Bemühungen um eine Erziehungsreform zum Scheitern verurteilt oder sinken zum bloßen Flickwerk herab. Zweifellos war Maria Montessori, gerade weil sie niemals regelrecht zur Lehrerin ausgebildet worden, sondern von außen her, gewissermaßen per Zufall in das Gebiet der Erziehung geraten war, unbefangen genug, es in einem neuen und unkonventionellen Lichte zu sehen.

Das Kategorische ihrer oben zitierten These läßt sich nur so erklären, daß sie einem grundsätzlichen Mißstand zwischen Kind und Erwachsenem auf die Spur gekommen war. Kurz umrissen, sieht sie die Lage folgendermaßen: auf der ganzen Welt, in zivilisierten wie in unzivilisierten Ländern, in allen sozialen Schichten, auch in den begüterten, wird der Schwache vom Starken unterdrückt, und diese Unterdrückung ist deshalb nicht weniger wirklich und in ihren Folgen verhängnisvoll, weil sie unbewußt und also unabsichtlich geübt wird. Wir haben hier tatsächlich die befremdlichsten aller Unterdrückungsformen vor uns, weil die Unterdrücker die Unterdrückten lieben und alles eher für sie tun, als sie hindern möchten. Auch lieben die Unterdrückten in der Regel ihre Unterdrücker. Eltern, Kindermädchen, Erzieherinnen, Lehrer — eben alle, die mit Kindern zu tun haben, sind „unschuldigschuldige" Opfer eines tragischen Mißverständnisses.

Dieser Standpunkt mag manchem Leser so absurd vorkommen, daß er ihn einem Menschen mit einem so eminenten Maß an gesundem Menschenverstand wie Maria Montessori gar nicht zutraut. Sie hat ihn auch nicht von heute auf morgen bezogen, hat ihm vielmehr nach jahrelangen sorgsamen Beobachtungen nicht mehr ausweichen können. Im Rückblick auf ihre Erfahrungen und die Resultate, die sich während dreißigjähriger Verwirklichung ihrer Pädagogik in den verschiedensten Ländern gleicherweise eingestellt hatten, enthüllte sich ihr als Fazit das lebendige Bild des unverstandenen Kindes. Niemals hätte sich ihre Pädagogik so schnell auf der ganzen Welt durchgesetzt und zu so gleichartigen Ergebnissen führen können, hätte es sich bei der Unterdrückung des Kindes nicht um eine allgemeinmenschliche Erscheinung gehandelt. So wirkten ihre Ideen überall als befreiende Kräfte, halfen sie überall einem neuen Kindertyp ans Licht. Darum hat Maria Montessori ihr Werk und die mit ihrem Namen verbundene Bewegung zusammenfassend „einen sozialen Feldzug zum Verständnis des Kindes" genannt. „Denn", erläutert sie, „wo eine Menge schwacher Kreaturen unverstanden inmitten der Starken lebt, muß sie zum Krankheitsherd werden." Bei anderer Gelegenheit nennt sie ihr Werk „den Versuch einer sozialen Revolution zugunsten des *‚cittadino dimenticato'*, des *vergessenen Bürgers*, dessen Rechte die Gesellschaft bisher nie wirklich anerkannt hat."

„Die letzte Revolution"

Aus der Vergangenheit sind uns Revolutionen zugunsten unterdrückter Klassen wohlbekannt: der Sklaven, der Arbeiter, der Frauen, der arbeitenden Kinder und so weiter, die aber alle zeitlich und örtlich begrenzt waren.

Die Unterdrückung des Kindes durch den Erwachsenen dagegen ist ein weltweites soziales Problem, wie es noch keines gegeben hat. Weder ist sie auf Klassen oder Rassen noch auf Länder oder Epochen beschränkt, und der durch sie angerichtete Schaden ist so unermeßlich, daß Maria Montessori halb im Scherz, halb im Ernst ihre Bemühung, ihn zu heilen, als „letzte Revolution" bezeichnet hat. Denn, meint sie, wenn wir dieses ungeheure Universalübel mit der Wurzel ausreißen könnten, würden wir zugleich die Samen aller andern Formen von Unrecht mit vernichten, die aus ihm erwachsen.
Was selbstverständlich nicht heißen soll, daß Maria Montessori die Bedeutung der Religion für den sozialen Fortschritt der Menschheit verkannt habe. Vielmehr glaubte sie, die religösen Einflüsse müßten, solange die allgemeine Unterdrückung des Kindes herrschte, auf ernste psychologische Hindernisse stoßen. Denn, wie schon die Scholastiker lehrten, „muß die Gnade auf der Natur aufbauen".

Der Kampf zwischen Kind und Erwachsenem

Wenn innerhalb der Gesellschaft eine Gruppe ihrer Rechte beraubt wird, so müssen sich daraus zwangsläufig Spannungen ergeben, die schließlich zum Kampf der Unterdrückten gegen die Unterdrücker führen. Darin macht die Unterdrückung des Kindes keine Ausnahme. Sie hat zwischen Erwachsene und Kinder einen Zwiespalt gebracht, der nun „schon Tausende von Jahren ungehindert fortbesteht". Diese einzigartige Form von Unterdrückung verdient eine nähere Betrachtung: wie wird sie ausgeübt und worin bestehen ihre traurigen Folgen? Nach Maria Montessoris Ansicht betrachtet der durchschnittliche Erwachsene das Kind einfach als *unvollkommenen Erwachsenen*, der an sich noch keinerlei sozialen und ökonomischen Wert darstellt. „Es ist ein unproduktives Mitglied der Gesellschaft, ein bloßes Anhängsel ohne soziale Aufgabe." Zudem wird es in seinem noch unentwickelten Zustand in der Welt der Erwachsenen oft als „Störenfried" betrachtet, weswegen man es tunlichst ins Kinderzimmer oder in die Schule verbannt, bis es sich zum nützlichen Mitglied der menschlichen Gesellschaft entwickelt haben wird. Aber das Kind ist ja lediglich der potentielle Erwachsene, ist kein Wesen ohne Bedeutung, ist kein bloßes Zwischenglied zwischen Nichts und Bürger, sondern ein soziales Wesen von höchster konstruktiver Kraft — und zwar jetzt und hier! Maria Montessori wird nicht müde, die Wahrheit zu verkünden, daß „das Kind den andern Pol der Menschheit" darstelle. Das Kind ist produktiv und hat zum Aufbau der Kultur einen ebenso wichtigen — wo nicht wichtigeren — Beitrag zu leisten als der Erwachsene. Denn seine Arbeit besteht ja in nichts Geringerem als im Erschaffen des künftigen Erwachsenen (vgl. achtes Kapitel).

Der vergessene Bürger

Wie jeder Erwachsene ist auch das Kind Bürger dieser Welt und besitzt gewisse unveräußerliche Rechte, die aber unglücklicherweise der Erwachsene noch niemals wirklich anerkannt hat. Nicht willentlich hat man sie dem Kinde versagt. Man kannte sie gar nicht! Daher Maria Montessoris schon zitierter Ausspruch vom „vergessenen Bürger“.

Dankbar gibt sie zu, daß die Dinge heute bei weitem nicht mehr so schlecht stünden wie ehedem. Während der vergangenen fünfzig Jahre sei hinsichtlich der Rechte des Kindes ein großes Erwachen über die Gesellschaft gekommen, seien Bewegungen zum Wohle des Kindes entstanden, gebe es Kindergärten, Kinderkliniken und so weiter. Tatsächlich habe die Gesellschaft die Rechte des Kindes als physisches Wesen erkannt. Was noch fehle, sei die entsprechende Erkenntnis von seinen Rechten als werdender menschlicher Persönlichkeit, des Rechtes zur freien Entfaltung nach den Gesetzen seiner eigenen geistigen und seelischen Natur. Unwissenheit enthalte dem Kinde diese seine geistigen Rechte vor, wie Unwissenheit ihm noch vor hundert Jahren seine leiblichen Rechte vorenthalten habe. Das kleine Kind, selbst der Säugling, ehe er gehen und stehen könne, sei ja nicht einfach ein kleines Tier mit nichts als animalischen Bedürfnissen, sondern ein sich entfaltender menschlicher Geist und müsse darum von Geburt an mit der Achtung behandelt werden, die einem vernunftbegabten Wesen mit einer unsterblichen Seele zukomme.

Die Rechte des Kindes

Wer also im Kinde das sich entfaltende innere Leben berücksichtigt, muß ihm gewisse Grundrechte zugestehen: das Recht auf Unabhängigkeit, auf Tätigkeit, auf eigene Welterfahrung und angemessene Wachstumsbedingungen, ohne die das Kind seine große Aufgabe als Baumeister des Menschen nicht befriedigend lösen kann. Bringt der Erwachsene das Kind um diese Grundrechte, bereitet er ihm Leid — und sich selbst auch. Bestürzend oft lesen wir in der Presse Meldungen über Kinder, die festgebunden wurden, damit sie stillhielten, oder betäubt, damit sie nicht störten. Und wenn die kindliche Bewegungsfreiheit auch glücklicherweise nicht überall mit so drastischen Mitteln beschnitten wird, so ähneln doch viele Erwachsene jener Mutter im *Punch*, die ihrem Mädchen zuruft: „Mary, laufen Sie doch mal schnell nach oben und sehen Sie nach, was Tommy macht, und sagen Sie ihm, er soll es bleiben lassen.“

Ein so behindertes Leben, wie die meisten Kinder es führen, wäre auch für den Erwachsenen eine Qual, auf die er mit Zorn und Ärger reagieren würde.

Für das Kind geht es dabei um eine elementare Daseinsfrage, um seine Existenz als Menschenwesen überhaupt, weil unabhängiges Tätigsein, freies Entdecken der Umwelt durch Sinne und Bewegung in konkretem Handeln ja das Wesen seines geistigen Lebens ausmachen.

Der gestörte Entdecker

Vielleicht können einige Beispiele klären helfen, was Maria Montessori unter mangelnder Achtung vor dem inneren Leben des Kindes versteht. Eines Tages stand ich in Salzburg vor einem kleinen Laden (aber die Begebenheit hätte sich natürlich genausogut anderswo abspielen können). Eine gut gekleidete Dame machte drinnen im Geschäft Einkäufe und hatte ihr etwa vierjähriges Töchterchen draußen gelassen. Im Pflaster vor der Ladenfront befand sich eine runde Metallplatte mit rauher Oberfläche (vermutlich eine Falltür über einem Kohlenschacht), während das umgebende Pflaster glatt war. Das Kind hockte neben der Platte nieder und begann mit sehr konzentriertem Ausdruck die Fingerspitzen langsam und bedächtig bald über die rauhe und bald über die glatte Fläche zu führen. Es stellte also dieselben Vergleiche zwischen den beiden Oberflächen an, wie die Kinder es bei einer von Montessoris bekannten Sinnesübungen (Tastbretter, „Rauh und Glatt“*) tun. Das Kind war noch völlig in seine echte Untersuchung versunken, als die Mutter aus dem Laden trat. „Schmutzfink!“ rief sie mit Abscheu in der Stimme, „ist es denn zu glauben, daß du mit den Fingern das Pflaster reibst?“ Und damit ergriff sie das Händchen des Kindes — zarte Fühler des erwachenden Geistes! — und gab ihm einen schallenden Klaps, worauf sie die Kleine von der betreffenden Pflasterstelle wegriß wie von einem Pestherd. Nicht so bald werde ich den Ausdruck auf dem Gesichtchen des Kindes vergessen, als die Mutter es auf die Hand schlug. So ähnlich hätte vermutlich Pasteur dreingeschaut, wenn während seiner Serumforschung seine Frau hereingekommen wäre und ihm mit dem Teigroller eins übergezogen hätte.

Die kleine Bergsteigerin

Ein weiteres Beispiel mutet deshalb tragischer an, weil der Kummer dem an sich löblichen Wunsche entsprang, dem Kinde zu helfen. Ein kleines Ding, das gerade laufen konnte, begann mühsam eine Treppe hinaufzu-

* Einmal streichelte mir übrigens ein dreieinhalbjähriges Kind das Gesicht, als plötzlich sein Ausdruck ganz konzentriert wurde. Dann begann es abwechselnd mein Kinn und meine Stirn zu berühren und sagte dazu, wie bei der bewußten Übung: „Rauh, glatt, rauh, glatt.“

klettern. Als es drei oder vier Stufen erklommen hatte, wurde es von seinem Kindermädchen aufgehoben und den Rest der Stufen hinaufgetragen. Das Kind begann zu schreien und machte sich bei erster Gelegenheit von neuem an den Aufstieg, und wieder sprang das Mädchen ihm bei. Das wohlmeinende, aber nicht sehr gescheite Geschöpf begriff einfach nicht, daß nicht das Obenankommen die Kleine faszinierte, sondern das Erklimmen, das schwere und aufregende Abenteuer, diese — für sie — gigantische Treppe zu bezwingen. Das um die Freude seiner Anstrengung gebrachte Kind mag sich wie ein Bergsteiger gefühlt haben, den bei der Besteigung des Matterhorns unversehens ein Engel ergriffen und (wie Habakuk) auf den Gipfel getragen hätte. Auch dies Mädchen ahnte nicht, daß es eines der Grundrechte des Kindes verletzt hatte, das Recht, die Dinge *selbst* zu tun.

Es ist wirklich traurig, daß so viele Erwachsene nicht begreifen wollen, wie tief das instinkthafte Verlangen, die Dinge selbst zu tun, in den Kindern wurzelt, und wie groß ihre Freude ist, wenn sie aus eigener Kraft einen Fortschritt erzielt haben. Maria Montessori erzählt eine Geschichte von einem zweieinhalbjährigen Buben, der es ganz allein fertiggebracht hatte, sich auszuziehen. Seine Freude über diesen Erfolg war so groß, daß er — so wie der liebe Gott ihn geschaffen hatte — in den Salon lief, wo seine Mutter eine Teegesellschaft gab, und triumphierend ausrief: „Das hab‘ ich ganz alleine gemacht!“

Mißverständnisse

In der Mehrzahl der Fälle gehen Reibungen zwischen Kindern und Erwachsenen auf falsche Auslegung der beiderseitigen Beweggründe zurück, denn beide leben ja, psychologisch betrachtet, in verschiedenen Welten. Der Erwachsene denkt in hohem Maße praktisch und will mit seiner Arbeit möglichst schnell fertig werden. Außerdem sieht der durchschnittliche Erwachsene nicht ein, warum sich das Kind ihm nicht anpassen sollte. Von den Gesetzen, die das innere Leben des Kindes bestimmen, von seiner „Arbeit“ und den verschiedenen sensitiven Perioden, die es durchlaufen muß, hat er wenig oder gar keine Ahnung.

Das Kind auf der anderen Seite kann sich dem Erwachsenen nicht anpassen. Je nach den Grenzen, die seine Entwicklungsphase ihm setzt, vermag es meist den Standpunkt des Erwachsenen gar nicht zu fassen. *Punch* brachte einmal ein Bild eines Vaters, der mit seiner kleinen Tochter im Zoo vor einem Strauß steht. Im Text darunter sagt der Vater resigniert: „Also meinetwegen ist es ein Huhn!“ Armer Mann — und armes Kind! Er konnte nicht begreifen, daß seine Kleine ihr Bestes tat, den neuen Vogel ihrem kärglichen Vorrat geistiger Kategorien einzuordnen. Ein kleiner Junge meines Bekanntenkreises brachte mir eines Tages meinen Tabakbeutel und sagte: „Hier, Mr. Standing, hier ist der Tee für Ihre Pfeife!" Nicht schlecht für ein zweijähriges Kind. Hat nicht Aristoteles gesagt, der Geist arbeite durch Zusammenfassen und Unterscheiden?

Daß der Erwachsene von den verschiedenen sensitiven Perioden nichts weiß, ist eine der Hauptquellen aller Mißverständnisse zwischen ihm und dem Kinde. Er vermag von ihrem intensiven Leuchten nur wenig wahrzunehmen, da er sich schon zu lange an normales Tageslicht gewöhnt hat. Weitere Beispiele für solche Mißverständnisse und ihre oft recht traurigen Folgen berichtet Maria Montessori im Dritten Teil von *Kinder sind anders*, wo sie vom „Kampf zwischen Kind und Erwachsenem" spricht.

Reaktionen des Kindes auf Unterdrückung

Natürlich wissen kleine Kinder noch nicht, daß ihnen ihre Grundrechte versagt werden, aber sie empfinden die Unterdrückung zuinnerst, und ihr Selbsterhaltungstrieb drängt sie dazu, sich entsprechend zu verhalten. „Das Kind zieht sich gewissermaßen in sich selbst zurück, verbirgt seine Kräfte, um sich dem Erwachsenen anzupassen, der es beherrscht. Es verbirgt sein wahres Selbst, vergißt es und vergräbt den ganzen Reichtum seines nach Entwicklung strebenden Lebens in seinem Unterbewußtsein."

Da sein legitimes Streben vereitelt wird, trägt es eine verborgene Last mit sich herum. Seine Reaktionen können die verschiedensten Formen annehmen, können sich als Geschrei, als Ungehorsam, als Lügenhaftigkeit oder als Launen äußern, aber auch als neurotische Symptome wie nächtliche Ängste, Bettnässen, Schüchternheit, Stottern — kurzum in jenen Abwegigkeiten, von denen wir im zehnten Kapitel schon gesprochen haben.

Besserungsanstalt für Eltern und Erzieher

Wie gesagt, schränken die meisten Erwachsenen die Rechte des Kindes nicht absichtlich ein, sondern gewöhnlich aus Unwissenheit, weil sie sie nicht kennen, weil sie sie mißverstehen oder weil sie keine Geduld haben. Eine Anmerkung Maria Montessoris in ihrem Buche *Selbsttätige Erziehung im frühen Kindesalter* hat mich auf einen Gedanken gebracht, an dem ich mich häufig in Tagträumen weide. Vorausgesetzt, daß Geld keine Rolle spielte, würde ich eine Art Ausbildungs- oder Besserungsanstalt für Eltern, Kindermädchen, Lehrer und alle „Erziehungsberechtigten" erbauen lassen, und zwar in einem Riesenmaßstab, das heißt, daß alles in einem Hause wie für Riesen eingerichtet würde, die, am Erwachsenen gemessen, ebensoviel größer wären wie wir im Verhältnis zu den kleinen Kindern, die in *unserer* Umgebung leben müssen. Alle Haken für Hüte und Mäntel zum Beispiel würde ich 2,40 bis 3 m hoch anbringen lassen und mich an dem erbaulichen Schauspiel weiden, würdige Rechtsanwälte, beleibte Börsenmakler und stattliche Witwen nach ihren Hüten und Mänteln hüpfen zu sehen. Wenn sie aber durchaus nicht dran kämen, müßten er oder sie einen sehr schweren Stuhl durch die Diele schleifen, hinaufklettern und ihre Sachen herunterholen. Die Waschbecken würden so hoch angebracht, daß die Erwachsenen grade über den Rand spähen könnten, und dann bekämen sie unhandliche Seifenstücke von der Größe eines halben Brotlaibes in die Hand. Die Stühle wären so hoch, daß die Damen und Herren nur unter Schwierigkeiten hinaufklettern könnten und, wenn sie schließlich oben säßen, ihre Füße unbehaglich in der Luft baumelten. Die Toiletten wären so riesig, daß die Erwachsenen beim Benützen ständig davor zittern müßten, hineinzufallen.

Aber das wäre erst die Vorbereitung. Alsdann gäbe es in meiner Anstalt riesenhafte Wärter, deren einzige Tätigkeit darin bestünde, daß sie unaufhörlich hinter meinen „Zöglingen" her wären und sie an allem hinderten. Was sie auch täten — ohne Warnung, ohne Erklärung stürzten sich plötzlich die Wärter auf sie, brächten sie mit Klapsen zum Schweigen und setzten sie auf einen Stuhl, wo sie ruhig sitzenzubleiben hätten. Ein andermal beugten sie sich ebenso unvorbereitet zu meinen Zöglingen herunter, um ihr Tempo bis zu atemloser und unerträglicher Geschwindigkeit zu beschleunigen. Ein Zögling wäre beispielsweise gerade dabei, seinen Mantel anzuziehen — schon käme einer der Riesen, risse den Mantel aus den Händen, stopfte ihn höchst unfeierlich hinein und beschimpfe ihn überdem, daß er so tranig sei. Starke Arme ergriffen ihn dann, schwängen ihn durch die Luft und packten ihn in einen enormen Kinderwagen, wo er ordentlich festgeschnallt würde und lange und öde Stunden mit der Betrachtung des leeren Himmels oder der noch leereren Zimmerdecke verbringen könnte. Bei einer Mahlzeit, mitten im ruhigen Gespräch, würde der Zögling ruckzuck von einem der unerbittlichen Wesen auf den Schoß gezogen, sein Löffel würde ihm entrissen und das Wesen schaufelte ihm mit diesem Löffel das Essen eilig in den Mund.

Zu Anfang des letzten Krieges war ich eines Tages bei Bekannten im Kinderzimmer bei einer Teemahlzeit anwesend, wo ein winziges Geschöpfchen von noch nicht zwölf Monaten genauso von seiner Kinderfrau behandelt wurde, weil es nicht augenblicklich hinunterschluckte, was es im Mündchen hatte. Die Nanny legte das arme Kleine flach auf den Rücken und drückte ihm eine Serviette aufs Mündchen, bis der Bissen geschluckt war. Eine ebenfalls zuschauende Dame war ob dieser barbarischen Behandlung so entsetzt, daß sie sich nicht enthalten konnte, leise zu mir zu sagen: „Nun, auf diese Weise wird Janet sich leicht an ihre Gasmaske gewöhnen."

Ist es nicht über die Maßen verwunderlich, daß so viele Eltern weder Mühe noch Kosten scheuen, für ihren Garten den richtigen Gärtner und für ihre Pferde den richtigen Pfleger aufzutreiben, aber nichts dabei finden, ihre Kinder Mädchen zu überlassen, die außer ihrer bürgerlichen Unbescholtenheit und ihrer Bereitschaft, für einen minimalen Lohn zu arbeiten, keinerlei oder wenig Eignung aufzuweisen haben? —
In meiner Besserungsanstalt für Erwachsene würde nach dem Prinzip „Wie das Vergehen, so die Strafe“ verfahren. Wäre ein Vater zum Beispiel Geologe, hätte gerade eine ihm bisher unbekannte Versteinerung gefunden und wollte sie zu genauerer Untersuchung mitnehmen, schon nähme ihm sein Wärter das kostbare Objekt aus den Händen und schmisse es mit dem Ausruf „Laß doch den dreckigen Stein!“ voller Abscheu weg. Wäre er Golfspieler, fühlte sich in großer Form und hätte die ersten fünfzehn Löcher in einer Rekordzeit gemacht, schon käme sein Wärter, entrisse ihm gewaltsam die Schläger und schimpfte ungeduldig: „Herrgott, bist du langsam. Komm, laß mich das machen!“ Und dann spielte er trotz Gegenwehr die Runde zu Ende. Sollten meine Zöglinge dann unter dem Druck dieser strengen Büßermethode darauf verweisen, sie hätten aus Unkenntnis geirrt, würde ich ihnen ins Gedächtnis rufen, daß deshalb die Folgen nicht weniger wirklich und verhängnisvoll seien — wie ein Heuschober ebenso unvermeidlich abbrenne, ob die Zigarette unwissentlich oder absichtlich fallengelassen werde. Auch das würde ich ihnen ins Gedächtnis rufen, wie oft *sie* Kinder für Vergehen bestraft hätten, die ebenfalls aus Unkenntnis oder aus Protest gegen falsche Behandlung begangen worden waren. Und schließlich würde ich sie ebenfalls durch konkrete Situationen erfahren lassen, daß das Kind seinem Überwältiger gegenüber nicht einmal eine Berufungsinstanz hat.

Auch später noch geht der Kampf weiter

Unseligerweise hört der Kampf mit dem Ende der Kindheit nicht auf. Meine erste Erfahrung als Lehrer machte ich vor nunmehr dreißig Jahren in einer höheren Internatsschule, die als eine der besten ihrer Art gegolten hat und gilt. Ich war einigermaßen verblüfft über die Grundeinstellung der Schüler gegenüber ihren Lehrern. Ganz gegen meinen Willen fand ich mich alsbald in einem mit unerbittlichem Ernst geführten „Klassenkampf“ verwickelt. Da stand ich nun, war erpicht darauf, hilfreich und freundlich zu sein und mein Bestes zu geben, und mußte erleben, daß die Buben sich gegen den jungen, unerfahrenen Lehrer wandten wie ein Rudel Wölfe gegen ein einzelnes Opfer. Nicht daß dabei irgendwelche persönliche Bitterkeit im Spiel gewesen wäre — nein, nach einer allgemein anerkannten Regel war der Lehrer, der sich nicht zu wehren verstand, ihre rechtmäßige und natürliche Beute. Deshalb blieb einem neuen Mitglied des Kollegiums nicht anderes übrig, als die Lage zu nehmen, wie sie war, von der Strafgewalt Gebrauch zu machen, Rädelsführer „auszuschalten" und seinerseits den Kampf ins feindliche Lager zu tragen. Durch die Strafgewalt des Lehrers wurden die latenten Schwierigkeiten zwischen ihm und den Schülern gewissermaßen in der Schwebe gehalten. Fiel dieser Druck weg, wurde der latente Kriegszustand aktuell, und alle Dämonen erfinderischer Quälerei brachen wieder hervor.

Als ich später einmal neu an eine nordirische Internatschule kam und mein kleines, in einer Ecke des großen Knabenschlafsaals eingebautes Zimmerchen bezogen hatte, unterhielten sich die Buben in der ersten Nacht damit, ans Fenster meines Schlafraums zu klopfen und Sachen über die Trennungswand zu werfen. Aus reiner Selbstverteidigung ernüchterte ich ihre Begeisterung, indem ich sie ein paarmal morgens eine halbe Stunde vor der Zeit aufstehen und Strafarbeiten schreiben ließ. Monate später, als wir einander schon gut kannten und ich ein gewisses Maß von Selbstverwaltung eingeführt hatte, fragte ich eines Tages einen der Buben, der heute selbst an jener Schule unterrichtet, warum sie das gemacht hätten. „Ja, sehen Sie, Sir", sagte er, „wir kannten Sie ja noch nicht. Sie waren einfach *der neue Lehrer*."

Warum war für die Buben jeder neue Lehrer zuerst einmal ein potentieller Feind? Weil ganz offenbar im Fundament der Beziehung zwischen den beiden Elementen, den Buben und den Lehrern, etwas nicht in Ordnung war. Womit wir wieder beim Thema unseres Kapitels angekommen wären, daß das Kernproblem der Erziehung weniger ein erzieherisches als ein soziales Problem ist: notwendig ist die Schaffung einer neuen Beziehung zwischen dem Erwachsenen auf der einen und dem Kind in seinen verschiedenen Entwicklungsstadien auf der andern Seite.

Eine wirkliche Erziehungsreform müßte also auf das eine Ziel zusteuern, in jedem Entwicklungsstadium zur Befreiung des normalen Kindes zu führen, das seine Abwegigkeiten abgelegt hat. Das ist freilich leichter gesagt als getan, denn auch *wir*, die Erwachsenen, haben ja als Kinder und Heranwachsende einmal diesen Kampf gekämpft, und die meisten von uns haben „seelische Wunden" davongetragen, deren Narben uns unser ganzes Leben lang bleiben werden. Mit andern Worten: nur wenige Erwachsene haben sich wahrhaft normal entwickeln dürfen. „Da der Kampf zwischen Kind und Erwachsenem beinahe allgemein ist, stellt ein seelisch völlig gesunder Erwachsener eine wahre Seltenheit dar. Unbefriedigte Bedürfnisse hinterlassen im Kinde Male, die sich später als Hemmungen, seelische Anomalien oder moralische Charakterabwegigkeiten auswirken." Dieser blinde Kampf zwischen dem Starken und dem Schwachen — er erinnert mich an Matthew Arnolds Vers „Wo nächtlich blinde Heere sich bekriegen" — hat schließlich einen geschwächten Erwachsenen hinterlassen, der weniger leistungsfähig, befangener, kümmerlicher, unharmonischer, kurzum „unentwickelter" ist, als die Natur ihn gewollt hat.

Soll das so weitergehen?

Wie soll der Kampf bloß enden? Es gibt nur einen Weg. Hier können sich die Unterdrückten nicht, wie bei den meisten Revolutionen, gegen ihre Unterdrücker erheben, „weil die schüchterne und unsichere Stimme des Kindes in der Welt keinen Widerhall findet". Diese „letzte Revolution" müssen die Unterdrücker selbst zugunsten der Unterdrückten organisieren und durchführen, worauf man freilich vergebens hoffen würde, bestünde nicht in diesem Falle der einzigartige Umstand, daß die Unterdrücker die von ihnen „Versklavten" lieben. Der erste Schritt zu ihrer Befreiung besteht darin, daß der Erwachsene dem Kind gegenüber eine neue geistige Haltung einnehmen lernt, eine sich bescheidende, durch das Vertrauen in die gottgegebenen inneren Schöpferkräfte des Kindes ehrfurchtsvollere Haltung. Wir müssen aufgeben, was Fröbel die „vorschreibende, eingreifende Erziehung" genannt hat, vor allem aber müssen wir zu erkennen suchen, wo unserer Möglichkeit zu helfen Grenzen gesetzt sind, müssen von der Vorstellung loskommen, die unsere Überheblichkeit und unser Stolz uns eingeben: der Fortschritt in der Entwicklung des Kindes hänge nur von uns ab und nicht ebenso von den schöpferischen Kräften seines Innern.

Sechzehntes Kapitel:

DIE VORBEREITETE UMGEBUNG — IHRE BEDEUTUNG FÜR DIE ERZIEHUNG

Nach einer weitverbreiteten, von europäischen wie amerikanischen Erziehungsautoritäten vertretenen Ansicht sollen Kinder nicht vor dem siebten Jahr schreiben, lesen und rechnen lernen. Der mit dem Montessori-System Vertraute kann zu dieser Forderung nur den Kopf schütteln. Erst kürzlich habe ich einen Vormittag in einer Londoner Montessori-Klasse verbracht, wo der Altersdurchschnitt zwischen sechs und sechseinhalb lag. Alle Kinder über fünf konnten lesen und schreiben, viele sich sogar schriftlich ausdrücken und so ihre eigenen Erlebnisse auf eine für sie neue Weise mitteilen.

Durch die vorangegangenen Kapitel sollte ja vor allem gezeigt werden, welche Riesenschritte das Kind zu seiner eigenen Erziehung in den ersten drei Jahren seiner Entwicklung schon von selbst (spontan) gemacht hat: eine geistige Leistung, die nach Aussage des bekannten Arztes und Anthropologen *Alexis Carell* vergleichsweise ebenso groß ist wie die, die dasselbe Individuum später als Erwachsener unter bewußten Anstrengungen im Zeitraum von sechzig Jahren vollbringt. „Man kann ganz dicht an einem Kinde vorbeigehen, ohne es zu sehen", meint Maria Montessori und ist der Ansicht, daß viele Pädagogen zwei wesentliche Faktoren im Bildungsprozeß des Kindes nicht genügend in Rechnung setzen: die Tätigkeit des absorbierenden Geistes der ersten Kindheitsperiode und die mit ihm in Verbindung stehende pädagogische Wirksamkeit der vorbereiteten Umgebung. Von ihrem Standpunkt aus haben die Vertreter der ehedem alleingültigen Ansicht freilich recht, denn nach dem traditionellen Verfahren wendet sich der Lehrer unmittelbar an die Intelligenz des Kindes, und vor dem siebten Jahr ist das Kind kaum so weit entwickelt, daß sich seine Intelligenz auf direktem Wege, durch rationales Erklären, ansprechen läßt. Dennoch muß man den Irrtum, in dem die traditionellen Formen des Schulunterrichts leider auch heute noch befangen sind, in Anbetracht der herausgestellten Tatsachen fast als tragisch bezeichnen, wenn sie aus ihrer Sicht heraus zu dem Ergebnis gelangen, Bildung und Erziehung des Kindes könnten erst dann beginnen, wenn es in der Lage sei, auf rein verstandesmäßigem Wege die Dinge zu begreifen.

Funktion und Bedeutung der vorbereiteten Umgebung können wir uns leicht verdeutlichen. Die alte Erziehungsmethode war eine Angelegenheit zwischen Lehrer und Schüler; sie bestand vorwiegend in der direkten Form pädagogischen Einwirkens und wandte sich fast ausschließlich an den Intellekt des Kindes. Die Pädagogik Maria Montessoris begreift zu diesen beiden „einen neuen dritten Faktor“ ein, der fast ebenso bedeutsam ist wie die beiden andern: *die vorbereitete Umgebung*. Der Lehrer steht jetzt in einer neuen Beziehung zu den Kindern, nicht nur in der direkt gegebenen, sondern zugleich auch in der indirekten Beziehung über und durch die vorbereitete Umgebung. Ebenso sind die Kinder direkt auf ihn *und* auf die vorbereitete Umgebung bezogen, wie auch indirekt auf den Lehrer durch die vorbereitete Umgebung.

Ist die vorbereitete Umgebung notwendig?

Natürlich wird häufig die Frage gestellt, ob denn für so kleine Kinder von zweieinhalb Jahren aufwärts eine Umgebung eigens vorbereitet werden müsse. Warum man sie nicht frei herumlaufen und „absorbieren“ lassen könne, was sie in Haus und Garten fänden? Maria Montessori weist darauf hin, daß nur zu oft den Kindern gar kein Garten zur Verfügung stehe, daß die übliche Wohnung eine Umgebung für Erwachsene, daß endlich der Tageslauf nach „Tempo und Rhythmus“, wie überhaupt die ganze Umgebung der Lebensform der Erwachsenen angepaßt sei.
Ohne Zweifel war früher, als das Leben noch mehr mit dem Rhythmus der Natur übereinstimmte, die Lage für das Kind günstiger und ist es auf dem Lande auch heute noch. Je mehr sich Leben und Kultur des Erwachsenen komplizieren, um so notwendiger braucht das Kind eine eigens vorbereitete Umgebung.

Sie dient der Selbständigkeit

Vor allem soll die vorbereitete Umgebung einen Ort darstellen, wo das Kind mehr und mehr selbsttätig werden kann. In voller Abhängigkeit vom Erwachsenen kann das Kind sich nicht so entwickeln, wie es das eigentlich müßte. Lebt das Kind in einer vorbereiteten Umgebung, tritt es in eine lebendige Beziehung zu ihr und lernt sie lieben. Selbstverständlich liebt es deshalb den Erwachsenen nicht weniger, eher mehr, weil es selbständiger und „unabhängiger“ von ihm leben kann. *Der* Erwachsene, der gleichsam Teil der Umgebung ist, der Lehrer, wird vom selben Ziel geleitet, dem auch die Umgebung dient: dem Kind zu wachsender Unabhängigkeit und zur Vervollkommnung durch eigene Bemühungen zu verhelfen. Nur Dinge, die seiner Entwicklung dienen, finden in der vorbereiteten Umgebung Platz; alles, was ihr entgegenstehen könnte, selbst gleichgültige oder belanglose Dinge, sollten ausgeschlossen sein. Die aufbauenden seelischen Kräfte, die die Natur dem Kinde für seine Persönlichkeitswerdung mitgibt, sind nicht unbegrenzt und sollten deshalb nicht auf Tätigkeiten der falschen Art verschwendet werden.

Eine behütende und anregende Umgebung

In vielen Vorträgen hat Maria Montessori betont, daß der Gedanke der vorbereiteten Umgebung als Entwicklungshilfe für das noch Unausgereifte nichts Neues sei. Auch auf diesen Einfall sei die Natur bereits gekommen und praktiziere ihn bei vielen Gattungen. Bienenstock, Vogelnest, Ameisenhaufen, die Plazenta der Säugetiere sind denn auch im Grunde nichts anderes als sorgsam vorbereitete Umgebung für sich entwickelnde Junge. Wie die vorbereiteten Umgebungen der Natur zugleich der Entwicklung und dem Schutz dienen, so muß natürlich auch die künstlich vorbereitete Umgebung das Kind vor allen Gefahren schützen. Obwohl man in ihr das Kind zu einem freien und selbständigen Leben ermutigt, muß doch das immer wachsame Auge der Lehrerin Haus und Garten überblicken können. Diese bergende Umwelt muß die geistige Nahrung für den seelischen Embryo enthalten und sollte selbstverständlich möglichst schön und ansprechend sein. „Für die Kleinsten das Beste" war immer Maria Montessoris Leitspruch. Eine gut ausgestattete Montessori-Klasse, wie wir sie im vierzehnten Kapitel beschrieben haben, ist tatsächlich ein wohltuender Anblick. Auch das Material ist geschmackvoll und spricht an: die Farbtäfelchen zum Beispiel, die Perlentreppe in zehn Farben, das leuchtend goldene Dezimalsystem, die bunten Wort-Symbole und so fort — alles stimmt zu einem heiteren Akkord zusammen, alles ist solide gearbeitet und fleckenlos sauber. Das trifft für die ganze Einrichtung eines Kinderhauses oder einer Schulklasse zu, auch für die kleinen Tische, Stühle, Schränke, Regale und auch für die Türen, Fenster, Gardinen und die vier Wände.

Dennoch warnt Maria Montessori vor einer Überbetonung des ästhetischen Moments: die ästhetische Erwägung ist der Notwendigkeit, den Kindern die richtige Art von Beschäftigung zu geben, nachzuordnen, falls beide Forderungen miteinander in Konflikt geraten sollten. In Barcelona stifteten einmal reiche Freunde der Dottoressa ihrer dortigen Schule niedrige Tischchen mit schönen Marmorplatten und verzierten Beinen. Binnen kurzem rangierte sie sie alle miteinander wieder aus und ersetzte sie durch einfachere und leicht bewegliche hölzerne Tischchen. Sie waren den Bedürfnissen der Kinder besser angepaßt, weil sie sie leichter transportieren konnten und auf ihrem hellen Anstrich Schmutz und Staub besser zu erkennen waren.

Sie soll den Geist „frei setzen"

Die Umgebung soll also auf das Kind und seine Bedürfnisse zugeschnitten sein — aber auch das würde an sich noch nicht genügen. „Wenn wir den Geist nicht frei machen, haben wir noch nichts getan", sagt Maria Montes-

sori. „Eine Umgebung, in der die Kinder lediglich körperlich frei herumlaufen und spielen können, reicht nicht aus. Diese Art Freiheit geben wir den Katzen und Eidechsen."
Nach einem allgemeingültigen biologischen Gesetz braucht jeder Organismus zur Entfaltung der in ihm angelegten Möglichkeiten in seiner Umgebung bestimmte Faktoren. Je einfacher der Organismus, um so geringer im allgemeinen die Zahl der nötigen Faktoren. Die wachsende Pflanze braucht in der Hauptsache Luft, Erde, Feuchtigkeit und Sonne; ein Tier braucht zur Befriedigung seiner zahlreichen und verschiedenen Instinkte schon beträchtlich mehr; das Kind endlich „der Sohn des Menschen" mit seiner „göttlichen Vernunft" (Hamlet) braucht, wenn seine Möglichkeiten sich erfüllen sollen, eine noch viel reichhaltigere Umwelt. Außer vegetativen und „animalischen" Bedürfnissen hat es intellektuelle, soziale und moralische. Und endlich besitzt es als geistiges Wesen ein religiöses Verlangen. Wir wollen uns nicht des verhängnisvollsten aller Irrtümer schuldig machen, das Kind sei, bevor es seine Vernunft bewußt gebrauchen könne, für religiöse Einflüsse noch nicht empfänglich und einer tiefen, wenn auch gefühlsmäßigen geistlichen Entwicklung nicht fähig (vgl. Montessori: *The Child in the Church*[10]).

Ordnung in der Umgebung

Etwas sollte die vorbereitete Umgebung vor allem andern auszeichnen: Ordnung sollte den Montessori-Klassenraum bis in die kleinste Kleinigkeit durchwalten, in allen Teilen gegenwärtig sein, wie der Geist in allen Teilen des Körpers, den er belebt, gegenwärtig ist. Diese Ordnung drückt sich auf sehr verschiedene Weise und auf verschiedenen geistigen Ebenen aus, immer der Entwicklungstufe der Kinder angemessen, denen sie hilft. Da das Kind mit dem zweiten Lebensjahr den Höhepunkt seiner sensitiven Periode für Ordnung erreicht hat, bedeutet es ihm, wenn es mit zweieinhalb bis drei Jahren in das Montessori-Kinderhaus gelangt, keine Schwierigkeiten, das erste Verhaltensgesetz für seine Arbeit: „Für jedes Ding einen Platz und jedes Ding an seinen Platz" zu befolgen. Im Gegenteil verschafft es Kindern ein Gefühl tiefer Befriedigung, Dinge an ihrem Platz zu finden und dorthin zurückbringen zu können, weil das ja in dieser Phase die Erfüllung eines Entwicklungsbedürfnisses bedeutet. Richtig geführte Kinder wahren mit Freude die Ordnung ihrer Umgebung. Sie dringt durch die lebendige Auseinandersetzung mit der vorbereiteten Umgebung in sie ein, und die im Inneren vorhandene Anlage stärkt und festigt sich.

Ordnung spart Kräfte

Die Ordnung aufrechtzuerhalten, ständig darauf zu achten, daß nicht gegen sie verstoßen werde, daß auch nicht das winzigste Teilchen des Materials unersetzt bleibe, falls es verlorengeht, gehört zu den Hauptpflichten der Lehrerin. Alles muß immer vorhanden sein und an seinem Platz sein, denn die Ordnung hat ja nicht nur einen ästhetischen Wert. Bei allen ihren Tätigkeiten — daran muß immer wieder erinnert werden — arbeiten die Kinder ja gleichsam „mit eigenem Dampf". Die spontanen konstruktiven Kräfte im Kind sind, wie ich schon sagte, zwar von unschätzbarer Kostbarkeit — aber begrenzt, weshalb sie nicht an Unnötiges verschwendet werden sollten. Nehmen wir an, ein Kind holt sich einen kleinen Teppich und die Schachteln mit den verschiedenfarbigen Perlen für das „Schlangenspiel" (eine aufregende und recht schwierige Aufgabe, bei der eine goldene, aus den Zehnern gebildete Schlange systematisch eine vielfarbige Schlange aus verschiedenen Perlenstangen verschlingt). Mitten in diesem komplizierten Vorgang entdeckt das Kind, daß die schwarze Fünfer-Perlenstange, die es jetzt haben müßte, fehlt. Das ganze Wesen des Kindes mit seiner Intelligenz, seinem Willen, dem Gefühl und der körperlichen Aktivität — was alles ja auf die Tätigkeit gerichtet war — gerät dadurch in Stocken, als sei im wahrsten Sinne des Wortes „ein Knüppel zwischen die Speichen geraten". Die Konzentration reißt ab, der Wille läuft leer, die Energien zerstreuen sich und werden unfruchtbar, vielleicht sogar destruktiv.
Auch wir Erwachsene kennen ja solch einen Zustand. Wie viele Briefe bleiben ungeschrieben, weil irgendeine Kleinigkeit nicht an ihrem Platz oder nicht vorhanden ist. Mit einem gewissen Willensaufwand macht man sich am Abend, wenn man müde ist und die Kräfte schon begrenzt sind, daran, endlich einen längst fälligen Brief zu schreiben — und erlahmt, weil der Füllfederhalter leer ist. Nach Tinte suchen? Nein . . . der Brief bleibt ungeschrieben. Daß der Arbeitserfolg einer Klasse weitgehend von der Ordnung in der Umgebung abhängt, weiß jeder Montessori-Lehrer, weshalb er sich das Wort des heiligen Augustinus: „Serva ordinem et ordo servabit te", „Diene der Ordnung, so dient die Ordnung dir", zum Motto wählen sollte.

Die Beziehung zwischen Kind und Umgebung

Wird das Prinzip, die Ordnung in der Umgebung aufrechtzuerhalten, von den Kindern und der Leiterin verstanden und konsequent befolgt, manifestiert sich auf geistiger Ebene das, was Maria Montessori die *Beziehung* zwischen den Kindern und ihrer Umgebung nennt. Ihre Ordnungsliebe ist dann so weit Teil ihrer selbst geworden, daß sie sofort eingreifen, wenn die Ordnung gestört ist.

Erst kürzlich beobachtete ich in einem Montessori-Kinderhaus einen dreieinhalbjährigen Jungen, der aus einem Kruge Reis in eine Tasse schüttete. Dabei fielen einige Körnchen auf den Böden. Rasch wie die Feuerwehr erschien ein kleines Mädchen von etwa viereinhalb auf der Szene und kehrte mit Schaufel und Besen die Körnchen auf. Kaum war sie damit fertig, hielt ihr schon ein noch jüngeres Kind einen kleinen Kehrichteimer hin. Alles geschah völlig spontan, die Lehrerin am andern Ende des Raumes kehrte der Szene den Rücken zu und sah nicht einmal, was vor sich ging.

Ordnung im geistigen Bereich

Aber es geht nicht nur um das Einhalten der Ordnung in diesem Sinne, sondern indem die Kinder selbsttätig mit dem Material arbeiten, erfassen sie intuitiv das in jedem Material latent vorhandene Ordnungsprinzip. Und eben das absorbieren sie: nicht so sehr jeden Teil des Materials im einzelnen, sondern die Beziehung jedes Teils zum Ganzen. Jedes Material besteht aus einer Reihe von Gegenständen, die nach dem in ihnen ruhenden Ordnungsprinzip verwendet werden müssen. So kann der Rosa Turm nur richtig aufgebaut werden, wenn das Kind die zwischen den einzelnen Würfeln bestehende Ordnung findet. Die Farbtäfelchen sind nach einem farblichen Ordnungsprinzip zu sortieren, die Blau-roten Stangen offenbaren eine auf dem Begriff Länge basierende Ordnung. Selbstverständlich erklärt man das den Kindern nicht, man lehrt sie lediglich das Material benützen, das „Erfassen“ und „Begreifen“ der Ordnungen vollziehen sie selber, jedes auf seine Weise.

Vorbereitete Wege zur Kultur

Auch dem differenzierten Montessori-Material, das einer bereits fortgeschrittenen selbsttätigen Erziehung dient, wohnen selbstverständlich Ordnungsprinzipien inne. In diesem weiterführenden Material finden die verschiedenen Bereiche der Kultur und ihre Techniken, wie zum Beispiel Sprache, Rechnen, Heimat- und Naturkunde, konkrete Berücksichtigung, weshalb sie auch „Vorbereitete Wege zur Kultur“ genannt werden. Mit seiner Hilfe erschließen sich die Kinder einen der Bereiche und machen ihre eigenen individuellen Entdeckungen. Die meisten Wege gehen vom Sinnesmaterial aus und führen die in ihm enthüllte Ordnung auf eine höhere, mehr abstrakte Ebene hinauf. Die zehn Blau-roten Stangen, das erste Zahlenmaterial, sind genau so lang wie die Roten Stangen, die aber noch eine rein sensorische Übung darstellt. Der einzige Unterschied zwischen den beiden Serien besteht darin, daß die Blau-roten Stangen markiert sind, so daß jede Stange als ein einheitlich untergliedertes Gebilde (Zahl) und nicht mehr nur als bloße *Länge* behandelt ist, was vom psychologischen Standpunkt aus einen grundsätzlichen Unterschied bedeutet: denn wenn das Kind von den Roten Stangen zu den Blau-roten Stangen übergeht, verläßt es zugleich die mehr sensorische Ebene und ersteigt die mehr abstrakter, intellektueller Verarbeitung, die auch die Zahlen umfaßt. In der Praxis wird sich immer wieder zeigen, daß das Kind, sobald es die dem jeweiligen Sinnesmaterial innewohnende Ordnung aufgenommen hat, ganz natürlich und ohne jeden Bruch einen der verschiedenen Pfade beschreitet, von denen jeder zu einem der vielen Kulturbereiche hinführt. Immer noch besitzt es den Geist des Entdeckers, nur entdeckt es jetzt nicht mehr lediglich die Eigenschaften der Dinge. Auf jedem Pfade wird es von einer Reihe sorgsam gestufter geistiger Betätigungen erwartet, die so angelegt sind, daß das Kind beim Fortschreiten von der einen zur andern mehr und mehr über das betreffende Wissensgebiet sich aufschließen und verstehbar machen kann.

Selbstverständlich setzt auch dies Material die Anwesenheit des ausgebildeten Lehrers voraus, der wie ein Schutzengel den kleinen Reisenden auf seinem Pfade begleitet, um notfalls zu helfen und bei Schwierigkeiten Mut zuzusprechen. Im großen und ganzen aber reist das Kind tatsächlich allein, denn auch hier beschränkt sich der Lehrer auf die „Mindestdosis" an Hilfe, damit das Kind „den Hafen mit eigenem Dampf erreicht". So lösen wir mit Hilfe der vorbereiteten Umgebung das Problem, dem Kinde Wissen zu vermitteln, ohne zugleich die selbsttätigen Kräfte seines Innern zu lähmen. Schon einmal habe ich darauf hingewiesen, daß selbst Anhänger der Montessori-Bewegung den Wert der vorbereiteten Umgebung überschätzen und die Aktivität des kindlichen Geistes so mißverstehen, daß sie den Lehrer zu einer fast belanglosen Rolle verurteilen möchten. Wir kennen mittlerweile die Bedeutung des Lehrers für das Entstehen des „Berührungspunktes" und werden seine Hauptfunktion als „dynamisches Zwischenglied" zwischen Kind und Umgebung in einem eigenen Kapitel noch etwas eingehender zu betrachten haben.

Der Idealfall ist nicht Voraussetzung

Bei der Schilderung des Montessori-Kinderhauses im vierzehnten Kapitel sind wir vom Idealfall ausgegangen. Glücklicherweise braucht man, wenn man ein Montessori-Kinderhaus einrichten will, nicht auf ihn zu warten. Einige der besten mir bekannten Montessori-Kinderhäuser waren zum Beispiel in Grundschulen untergebracht: ein gewöhnlicher Kindergartenraum war ohne Reduzierung der Kinderzahl in einen Montessori-Kindergarten

umgewandelt worden. Selbstverständlich verlangt ein Erziehungssystem, das so viel Bewegungsfreiheit läßt und zugleich so viel Schrankraum braucht, pro Kind immerhin etwas mehr Platz als das alte System. Indessen ist auch beschränkter Raum kein absolutes Hindernis: Montessori-Kinder, die sorgsam in den Übungen des praktischen Lebens unterwiesen worden sind, benehmen sich sehr bald diszipliniert. Und Kinder, die mit Material arbeiten, das viel Bodenfläche verlangt wie die Tausenderkette oder die Zeittafel, können das auch auf einer angrenzenden Veranda, auf einem Flur oder in einer Halle tun. Da die Disziplin der Montessori-Klasse Selbstdisziplin ist, wirkt sie auch außerhalb des Klassen- oder Kindergartenraumes.
Wenn es aber auch wahr ist, daß die Montessori-Pädagogik für das einzelne Kind mehr Platz erfordert als der alte Kindergarten, so warnt Montessori andererseits vor dem zu großen Raum, in dem das Kind das Gefühl der Geborgenheit verlieren würde.

Und die ideale Schülerzahl?

Sogar Anhänger der Montessori-Pädagogik sind oft anfangs der Meinung, eine Methode, die die Kinder frei arbeiten lasse, müsse am besten bei einer kleinen Kinderzahl, etwa einem Dutzend, funktionieren. Aber die Praxis hat ergeben, daß erfahrene Lehrer lieber mit dreißig Kindern als mit der Hälfte arbeiten. Ich selbst habe viele Klassen mit einer Durchschnittszahl von vierzig Kindern unter einem Lehrer erlebt.
Man darf ja nicht übersehen, daß in der Montessori-Klasse die Kinder ständig voneinander lernen. Sehr häufig sieht man sie eine Stunde oder einen ganzen Vormittag lang zu zweien, dreien oder vieren zusammenarbeiten. Bei solchen Teams (Arbeitsgruppen) weiß gewöhnlich ein Kind mehr als die andern und leitet die Operation. Auch gibt es einen Kindertyp, der gern andern, mit dem Material beschäftigten Kindern zusieht und das Material vom Sehen gebrauchen lernt. Manchmal kann man auch ein jüngeres Kind mit seinem ganzen „Kram" an den Tisch eines älteren Gefährten übersiedeln sehen, weil es von dessen Wissensvorrat profitieren will. Die älteren Kinder betrachten solche Hilfeleistung als Selbstverständlichkeit, antworten bereitwillig und oft mit erstaunlicher Geduld, denn schließlich müssen sie sich ja immer wieder in ihrer eigenen Tätigkeit unterbrechen lassen. Daß auch damit für alle in Frage kommenden Altersstufen eine vorzügliche soziale Erziehung verbunden ist, leuchtet wohl ohne weiteres ein und widerlegt jene Kritiker, die die Montessori-Pädagogik für zu individualistisch und damit für anti-sozial halten.
Maria Montessori selbst hat vierzig Kinder für die äußerste Anzahl gehalten, die unter einem Lehrer harmonisch leben und gut arbeiten könne.

Darüber hinaus möchte sich „das kleine Wesen wie in einer Masse verloren fühlen. Es sollten nicht mehr Kinder in der Klasse sein, als es in sein kleines Herz zu schließen vermag.“

Und wie lange?

Maria Montessori hat die vorbereitete Umgebung für Kinder zwischen zweieinhalb und sieben Jahren manchmal den *luogo chiuso* genannt, den „geschlossenen Raum“, der gewissermaßen einem Saatbeet oder einem Ei vergleichbar sei, also einem eigens für die Entwicklung bestimmten Ort. Dieser Stand der Dinge dauert aber nicht ewig. Eines Tages ist es soweit, daß das Leben in dieser Umgebung das Kind nicht mehr voll befriedigt. Sobald wir seine Lebensfreude nachlassen sehen, wissen wir, daß es sich einem „Kreuzweg“ nähert, daß ein Entwicklungsstadium zu Ende geht und ein neues anhebt. Staunend und neugierig sehen wir es in die große Welt außerhalb des „geschlossenen Raumes“ hinausblicken. Neue Interessen erwachen und ziehen neue Bedürfnisse nach sich. Eine neue sensitive Periode ist geboren: das Kind steht an der Schwelle der zweiten Kindheitsperiode. Seinen neuen Bedürfnissen wird die vorbereitete Umgebung, auch die weiterführende, allein nicht mehr genügen, wenn sie auch noch auf Jahre hinaus wichtige Funktionen behält. Mit der tiefen inneren Umwälzung im Kinde wird sich vor allem ein Bedürfnis nach verstärktem sozialem Kontakt und einer ausgeprägteren Form sozialen Lebens einstellen (Jugendorganisation), zugleich aber auch das Bedürfnis nach einem mehr verstandesmäßigen Verarbeiten und Lernen, worüber im zwanzigsten Kapitel noch zu sprechen sein wird.

Stufen für den Geist

Maria Montessori bezeichnet die vorbereitete Umgebung mit den in ihr möglichen zahllosen Tätigkeiten als Stufen zu einem reicher entfalteten Leben. Unermüdlich ersteige das Kind eine nach der andern und auf jeder finde es Nahrung für seinen Geist, finde es Gegenstände, die ihm gestatteten, jene geheimnisvollen Energien in seinem Innern zu üben und zu entfalten, die es unentwegt und ohne Pause aufwärts steigen lassen, um ein Erwachsener zu werden.

Siebzehntes Kapitel:

DIE BEDEUTUNG DER FREIHEIT IN DER ERZIEHUNG
oder
ECHTE UND UNECHTE FREIHEIT

Corruptio optimi pessima

„Montessori? Das ist doch die Methode, die den Kindern völlige Freiheit läßt. Nicht gerade das, was ich mir für meine Kinder wünsche. Ich bin für Disziplin." Der letzte Satz könnte von Maria Montessori selbst stammen. Sie war auch sehr für Disziplin, und kein Teil ihrer Pädagogik wird so häufig mißverstanden wie ihr Grundsatz von der freien Wahl der Beschäftigung. Die Vorstellung, daß die Montessori-Pädagogik Kinder sozusagen wild aufwachsen lasse, mag darauf zurückgehen, daß sogenannte Montessori-Schulen von Menschen eingerichtet worden sind, die die Grundprinzipien der Pädagogik Montessoris keineswegs verstanden hatten. *Corruptio optimi pessima*, schlimmer als das Schlechte ist das Gute, wenn es mißverstanden wird.
Nicht Maria Montessori allein hat den Wert der Freiheit für die Erziehung betont, denn der Gedanke der Freiheit lag damals in der Luft, aber vielleicht hat niemand so klar wie sie das Wesen der Freiheit und ihre pädagogische Bedeutung gesehen und deshalb so genau zwischen echter und unechter Freiheit in der Erziehung zu unterscheiden vermocht. Viele Schulen bekennen sich zur sogenannten „freien Disziplin", wobei nur leider von Disziplin nicht viel zu merken ist. „O Freiheit", sagte Madame Rolande auf dem Wege zum Schafott, „wie viele Verbrechen werden in deinem Namen begangen!" Und wie viele Irrtümer! In Maria Montessoris Augen sind Freiheit und Disziplin zwei Aspekte derselben Sache, untrennbar wie die beiden Seiten einer Münze.
Wie es in der Bibel heißt, ist es die Wahrheit, die uns frei machen wird. Nicht wenn wir tun können, was wir wollen, sind wir frei, sondern wenn wir wollen, was recht ist. Die Theologie versichert uns, die Seligen im Himmel vermöchten nicht zu sündigen, dieser Umstand aber zerstöre ihre Freiheit nicht. Es ist so unpsychologisch wie untheologisch gedacht, die Möglichkeit, Unrecht zu tun, für das Charakteristikum der Freiheit zu halten. Eine Formulierung Goethes im „Wilhelm Meister" gibt Maria Montessoris Anschauung genau wieder: „Ich sah, daß das unschätzbare Glück der Freiheit nicht darin besteht, daß man alles tut, was man tun mag, und wozu uns die Umstände einladen, sondern daß man das ohne Hindernis und Rückhalt, auf dem geraden Wege tun kann, was man für recht ... hält."

Freiheit und Unabhängigkeit

Bevor wir uns die Verwirklichung des Prinzips der Freiheit in der Praxis der Montessori-Arbeit ansehen, ein paar Worte über Freiheit und Unabhängigkeit. In Maria Montessoris Sprachgebrauch ist Unabhängigkeit der weitere Begriff. Ein Wesen kann zum Beispiel unabhängig sein, ohne frei zu sein; aber man kann nicht wirklich frei sein, ohne zuvor Unabhängigkeit erlangt zu haben. Unabhängigkeit ist nach Maria Montessori ein biologisch-anthropologischer Begriff. Unabhängigkeit ist der menschliche oder tierische Organismus, der ohne unmittelbare Hilfe anderer bestehen und funktionieren kann. So hängt der Nestling ganz und gar von seinen Eltern ab; kann er aber fliegen und sich selbst ernähren, wird er unabhängig. Mit dem Erwerb neuer Funktionen gewinnt der wachsende Organismus stufenweise seine Unabhängigkeit. Aber kein noch so unabhängiges Tier kann in dem Sinne *frei* sein wie der Mensch. Die menschliche Freiheit ist an die Fähigkeit vernunftgemäßen Denkens gebunden, weil jeder Wahl eine Entscheidung vorangehen muß.

Freiheit oder Sklaverei

„Einer, den eine Macht außerhalb seiner selbst zu handeln nötigt", sagt Thomas von Aquin nach Aristoteles, „ist ein Sklave." Es gibt zwei Möglichkeiten: das Kind tut etwas aus eigenem Antrieb oder es führt es auf Geheiß der Lehrerin aus.

Zwei gleichaltrige Jungen sind mit einer großen Division beschäftigt. Oberflächlich tun beide dasselbe, es muß aber nicht so sein, wenn der eine der beiden Buben die Aufgabe macht, weil man sie ihm aufgegeben und der andere, weil er sie sich gewählt hat. Im letzteren Falle gibt die Persönlichkeit des Kindes die Direktive, im ersteren die Lehrerin. Wir sollten immer nach dem Prinzip jener Mutter handeln, die, als ihr kleines Kind bei seinen Gehversuchen ihren Rock nicht loslassen wollte, dem Kinde unauffällig einen Zipfel seines eigenen Kleides ins Händchen gab. Als das Kind plötzlich merkte, daß es allein gehen konnte, war seine Freude groß. Die Natur hat dem Kinde den Trieb mitgegeben, sich so schnell wie möglich vom Erwachsenen unabhängig zu machen und allein zu handeln, und wo immer wir können, sollten wir dem Kinde dabei helfen.

„In unsern Schulen gibt es kleine Kinder, die sich ihre Beschäftigung selbst aussuchen und sie dann ruhig und mit geordneten Bewegungen ausführen. Wählte sich das Kind die Tätigkeit nicht selbst, drängte statt dessen vielmehr die Lehrerin sie ihm auf und schriebe ihm jeden Schritt vor: ‚Paß auf, so mußt du's machen. Tu, was ich dir sage!', dann handelte das Kind ständig unter dem Einfluß eines andern, und seine Persönlichkeit wirkte sich nicht als Einheit aus, sie würde vielmehr von der Lehrerin gespalten und verdrängt. Diese Unabhängigkeit scheint uns so wichtig, daß es unserer Meinung nach nicht darum geht, daß das Kind tut, was es will, sondern daß es selber es will und tut. Als ein Individuum zu handeln oder nicht, entspricht ‚Sein oder Nichtsein'. Dieser — und ich glaube: nur dieser — Weg führt zur Freiheit. Seit Jahrhunderten erkennen Erziehungsreformer im Prinzip an, daß das Kind wachse, indem es seine verborgen in ihm schlummernden Kräfte entfalte, und daß man es deshalb möglichst seiner spontanen Tätigkeit überlassen solle — aber in der Praxis leben auch heute noch sehr viele Kinder in der ‚Sklaverei' eines übermächtigen und immer dominierenden Erwachsenen."

Verwirklichung der pädagogischen Freiheit

Wie wir im letzten Kapitel festgestellt haben, ist jeder Organismus für die volle Entfaltung seines So-Geartetseins auf bestimmte Faktoren in seiner Umwelt angewiesen. Eine Umwelt, die Katzen und Eidechsen „Freiheit" gewährte, würde für die höhere, die wahre Freiheit eines „vernunftbegabten Wesens" nicht ausreichen. Seine Umwelt muß außer den Bedürfnissen, die seinen vegetativen und animalischen Funktionen entspringen, auch die befriedigen, die sich aus seinen vernünftigen, sozialen, ästhetischen und religiösen Anlagen ergeben. Selbstverständlich müssen wir bei der Vorbereitung einer Umwelt, in der ein Kind frei handeln soll, diese seine höheren Funktionen in Betracht ziehen. Ohne eine Umgebung, die zu zahlreichen Tätigkeiten auffordert, könnte dem Kinde keine freie Wahl gelassen werden. Ebenso sinnlos wäre es freilich, das Kind in eine so vorbereitete Umgebung zu setzen, ohne ihm Unabhängigkeit zu gewähren, die Möglichkeit also, spontan und ohne unmittelbare Hilfe des Erwachsenen zu handeln.

Wie also wird das Prinzip der „freien Wahl in der vorbereiteten Umgebung" praktiziert? Wir kennen das Bild der arbeitenden Montessori-Klasse aus dem vierzehnten Kapitel: soviel Kinder, soviel Tätigkeiten, könnte man sagen, und jedes Kind hat sich die seine gewählt. Jedoch gibt es auch Einschränkungen der individuellen Freiheit.

Ein Kind, die etwa fünfeinhalbjährige Bridget, hat sich den Rechenrahmen ausgesucht. Kaum ist sie damit auf ihrem Platz angelangt, als die Lehrerin zu ihr tritt, und nach einem kurzen Gespräch vertauscht Bridget den Rahmen gegen die Blau-roten Stangen. Ab und zu können wir ähnliche „Eingriffe" der Lehrerin beobachten; vielleicht tadelt sie Michael, weil er seinen Fuß in den Deckel einer am Boden liegenden Schachtel gestellt hat; oder sie trennt die Arbeitsgemeinschaft von John und Peter, weil John noch

nicht richtig in Gemeinschaft arbeiten kann; oder sie hindert Jimmy, mit den Farbentäfelchen ein Haus zu bauen. (Warum nicht? meinen Sie! Wir kommen auf diesen Punkt im neunzehnten Kapitel zu sprechen.)
Also: wenn die Lehrerin auch grundsätzlich die Kinder ihre Tätigkeiten selbst wählen läßt, greift sie eben doch in bestimmten Fällen ein und setzt dem Prinzip der freien Wahl Grenzen. Den Grundsatz, nach dem sie dabei verfährt, hat Maria Montessori folgendermaßen formuliert: „Niemals sollte die Lehrerin sich scheuen, zu unterbinden, was nicht gut ist — aber in Gutes einzugreifen, sollte sie sich vorsehen, und gut ist jede Tätigkeit, die zu Ordnung, Harmonie, Selbstentfaltung und damit zu Disziplin führt; während Ungutes die schöpferischen Energien des Kindes zerstreut und dadurch Unordnung heraufruft."

Einschränkungen

Hier haben wir also eine, und nicht die einzige, Einschränkung des Prinzips. „Die Freiheit des Kindes muß immer in den Interessen der Allgemeinheit ihre Grenze finden; dadurch entwickelt das Kind, was wir ‚gute Manieren' nennen."
Auch eine zweite Einschränkung ist sehr wichtig: Kein Kind darf irgendeinen Teil des Materials wählen, wenn es seinen Gebrauch nicht schon kennt. Darum hat Bridget den Rechenrahmen nicht haben dürfen. Diese zweite Einschränkung beleuchtet die Tiefe von Maria Montessoris Einblick in die Beziehung zwischen Einsicht und Wollen. „Um etwas wollen zu können, müssen wir mit dem, was wir wollen, erst bekannt und vertraut sein. Dieses Prinzip durchzieht meine ganze Methode und gilt für jede spontane Handlung. Wir können nicht wählen, was wir nicht kennen . . . Das Kind wählt spontan zwischen einer großen Menge von Reizen; aber es soll nur die Dinge wählen, die es schon kennt, die ihm schon vorgelegt worden sind. Nur das ist wirkliche Wahl. Natürlich könnte das Kind ins Zimmer kommen und aus reiner Neugier* dies oder jenes Stück in die Hand nehmen; das wäre keine wirkliche Wahl. Man hört oft, Neugier veranlasse die Kinder zum Umgang mit dem Material, aber das stimmt nicht. Erst wenn die Neugier befriedigt ist, beginnt die wirklich anhaltende Tätigkeit des Kindes."
Aber — und das ist die dritte Einschränkung — das Kind darf sich auch nur so lange mit den Gegenständen beschäftigen, wie es sie in der richtigen Weise benützt. Manche Kritiker empfinden das als unvertretbare Beschneidung der kindlichen Freiheit, behaupten zum Beispiel, das Kind daran zu

* Denn Neugier ist der Ausdruck eines Instinktes, echte Wahl aber der Ausdruck vernunftbegabten Wesens.

hindern, mit den Zylindern Eisenbahn zu spielen, sei ein willkürlicher Eingriff in seine Eigenäußerung. (Auch darüber wird im neunzehnten Kapitel noch zu reden sein.)

Freiheit und Gesetz widersprechen sich nicht

„Es darf uns nicht erschrecken", sagt Maria Montessori, „wenn wir uns in der Frage der Freiheit auf Schritt und Tritt gewissen Widersprüchen gegenübersehen. Man darf Freiheit nicht für einen Zustand ohne Regel und Gesetz halten." Alle Montessori-Beschäftigungen haben den Zweck, die Entwicklung des Kindes zu fördern. In der wissenschaftlichen Genauigkeit, mit der sie auf bestimmte innere Bedürfnisse des Kindes eingestellt sind, liegt ihr Wert. Dürften die Kinder das Material beliebig verwenden, würde es die zum Wachstum führende Selbsterziehung nicht bewirken. „Die an das Material geknüpften Einschränkungen bedeuten keine Versklavung des Kindes, sondern Hilfen." Jedes Stück des Materials ist auf einen bestimmten Endzweck hin angelegt, das Material ist nicht Selbstzweck, und hinsichtlich dieses Sachverhaltes trifft der philosophische Satz zu: „Freiheit ist die Fähigkeit, die Mittel zum erwünschten Zweck zu wählen."

Nehmen wir etwa den Rosa Turm. „Die Würfel müssen in ihrer Größenordnung aufeinandergestellt werden. Käme es uns nur darauf an, daß das Kind sich beschäftigt, dann wäre ein Gegenstand so gut wie der andere. Geht unser Zweck aber über die bloße Beschäftigung hinaus, geht er darauf aus, zu einem Vergleich zwischen den Größen der Gegenstände anzuregen, dann muß das Material nicht nur genau festgelegt, es muß auch mit entsprechender Genauigkeit gehandhabt werden." Durch Bindung an die innere Ordnung der Dinge gewinnt das Kind geistige Freiheit.

„Das heißt aber nicht das Kind versklaven, denn alle diese Übungen entsprechen seinen natürlichen Bedürfnissen. Ein dreijähriges Kind in einen Aktivitäts-Zyklus einzuschließen, der seinen Bedürfnissen nicht entspräche, wäre unmöglich. Wie die Dinge aber liegen, springt es von selbst in diesen ‚Kreis' hinein. Sklaverei wäre es, wenn die Lehrerin, in der Illusion, dem Kinde damit zu helfen, den Kreis durchbräche und das Kind herausholte."

Freiheit, Konzentration und Sensitivität

Auch die wohlbekannte Konzentration des am Material tätigen Kindes ist eine Frucht der Freiheit, denn sie ergibt sich aus der Möglichkeit der freien Wahl der Beschäftigung. „Ein Kind zieht einen Teil des Materials einem andern vor, vermöchte aber nicht zu sagen, warum. Dennoch bedeutet seine

Wahl Selbstaussage, die es uns ermöglicht, seine Entwicklung zu verfolgen: durch seine Wahl drückt ja das Kind seine Bedürfnisse besser aus als durch Worte. Es ist weder Zufall noch bloße Laune, daß es heute lieber das eine als das andere tun will. Jede willentliche Wahl ist zugleich auch eine Übung der inneren Sensitivität."

Maria Montessori setzt dies Wählen nicht mit bewußtem Entscheiden gleich, sie sieht eher etwas wie Eingebung darin. Was wir aber auch darin sehen: für die Praxis ist diese innere Sensitivität wichtig, und je mehr Gelegenheit wir dem Kinde geben, ihr zu folgen, um so feinfühliger und aufgeschlossener wird es seinen eigenen inneren Bedürfnissen gegenüber werden. Das kostbare Vermögen, das dem Individuum Angemessene auszuwählen, kann so leicht schwinden, wie eine Flamme erlischt. Wir Erwachsenen haben die Fähigkeit, aus der Fülle dessen, was durch unsere Sinne eindringt, nach unsern inneren Notwendigkeiten auszuwählen, weitgehend verloren; um so mehr sollten wir es uns angelegen sein lassen, im Kinde diese „innere Flamme" zu hüten, wie die Priesterinnen der Vesta im Tempel ihrer Göttin die Flamme zu hüten hatten.

Freiheit und Arbeitszyklus

Die von den Kindern gewählte und spontan ausgeführte Arbeit aber hat ihre eigenen Gesetze, hat, wie der Tag, ihren Anfang und ihr Ende, vollendet sich, wie der Tag, in einem Kreis. Diesen Zyklus sollte man nicht unterbrechen, denn die Kinder beweisen durch ihr Verhalten, daß sie, wenn sie ihren Arbeitszyklus ohne Unterbrechung vollenden dürfen, nicht ermüden. Einige Wissenschaftler haben das Problem der Ermüdungsbekämpfung in den Schulklassen untersucht und entweder zur Verkürzung der Arbeitsstunden oder zu Unterbrechungen in gewissen Abständen geraten. Praktisch aber ermüden die Kinder durch diese Art von Unterbrechung noch mehr. „Nur dann arbeitet man ohne vorzeitige Ermüdung, wenn man den Arbeitszyklus vollenden kann. Diese inneren Gesetze sind wie alle Lebensgesetze geheimnisvoll. Mit Logik ist ihnen nicht beizukommen. Seit das Kind uns den Arbeitszyklus enthüllt hat, wissen wir, daß wir ihm am wirksamsten helfen, wenn wir beiseite stehen und es nicht unterbrechen."

Früchte der Freiheit

Und welche Früchte zeitigt die Freiheit der Montessori-Klasse? Zunächst schafft sie der Individualität Spielraum. Die Natur schwelgt in Formen; wie ein Künstler von unermeßlicher Fruchtbarkeit wiederholt sie sich nie. So wie keine zwei Menschengesichter einander gleich sind, so ist auch jeder menschliche Geist eine *eigene* Schöpfung und baut sich seine eigene Intelligenz auf. Jeder hat seine eigenen speziellen Fähigkeiten, seine eigenen Anziehungskräfte, seinen eigenen Schwerpunkt, seine eigene Methode, Erfahrung zu organisieren, seine eigenen Erleuchtungen. Wie oft aber werden diese individuellen Eigenschaften getrübt, um nicht zu sagen aufgehoben, statt daß sie durch die Erziehung immer klarer heraustreten. *Pater A. Roche S. J.* schreibt: „In jüngeren Jahren sind Kinder völlig eigenständige Wesen, jedes stellt ein neues Leben dar, eine frische Zelle unzerstörbarer Willensfreiheit . . . einen lebendigen Schatz von Unsterblichkeit, den die Schöpferhand Gottes in unsere Mitte geschleudert hat. In ihren Kinderstubenjahren sind sie individueller, eigenartiger, als sie zwischen zehn und zwanzig oder noch später als Erwachsene sein werden, wenn sie sich unseren Konventionen leidlich angepaßt haben“ *(The Child at Prayer)*. Vor allem andern diese Individualität sucht Maria Montessori dem Kinde durch Freiheit zu bewahren. Sie umschließt es mit einer Art von bergendem Kreis, der seine Individualität sichert und vertieft.

Auch die Disziplin ist eine Frucht der Freiheit. „Die Kinder selbst lehrten uns etwas sehr Wichtiges, daß Freiheit und Disziplin immer Hand in Hand gehen. Wir sind sogar noch weiter gegangen und haben uns von dem Gedanken leiten lassen, daß in der Klasse, in der die Disziplin zu wünschen übrig läßt, etwas mit der Freiheit nicht stimmt.“

Freiheit enthüllt, wie schon gesagt, die Fähigkeit zu jener wirkungsvollen Konzentration, die das Kennzeichen inneren Werdens ist. Freiheit erlaubt jedem Kind, in seinem eigenen Schritt zu gehen, so daß der rasche Wanderer vom langsamen nicht aufgehalten wird, noch der langsame vom schnelleren gedrängt. Auch der kindliche Verstand hat ja seinen eigenen Rhythmus, und wenn er wirksam arbeiten soll, muß er getreulich den Weisungen des inneren Führers folgen können, wozu abermals Freiheit gehört. Und ohne Freiheit gibt es auch keine Selbstdisziplin, keine Willenskraft und keinen echten Gehorsam.

Aber . . .

„Aber“, lautet ein oft erhobener Einwand gegen die Montessori-Pädagogik, „wenn das Kind in der Schule alles tun darf, muß es dann nicht notwendigerweise eigenwillig, selbstbezogen und ungehorsam werden? In jedem Leben gibt es nun einmal ein gewisses Maß an Plackerei. Läßt man aber das Kind immer nur tun, was es will, so bereiten wir es doch recht unzulänglich auf die unangenehmen Aufgaben des Lebens vor.“

Daß die Kinder in einem Montessori-Kinderhaus keineswegs alles dürfen, geht aus dem bisher Gesagten eindeutig hervor, aber die hartnäckigsten unter den Gegnern halten immer noch an der Theorie fest, die beste Methode, das Kind gefügig und fleißig zu machen, beginne damit, „seinen Willen zu brechen". In Wahrheit braucht das Kind natürlich so wenig einen gebrochenen Willen, wie der Läufer gebrochene Beine. Wie jede Fähigkeit wird auch der Wille am besten durch *Übung* gekräftigt. „Wenn ein Kind eine Serie koordinierter, auf ein Ziel gerichteter Bewegungen ausführt, wenn es eine Übung mit größter Geduld wiederholt, dann übt es seinen Willen." Oder: „Wenn das Kind die Arbeit anderer zu achten beginnt, wenn es geduldig auf einen Gegenstand wartet, den es haben möchte, statt ihn einem anderen Kind aus der Hand zu reißen; wenn es umhergehen kann, ohne überall anzustoßen oder auf die am Boden ausgebreiteten Sachen zu treten und zu stören — dann ist es dabei, seine Willenskräfte zu organisieren, Impulse und Hemmungen ins Gleichgewicht zu bringen. Damit, daß man Kinder zwänge, regungslos nebeneinander zu sitzen, würde man ein solches Ergebnis nicht zustande bringen."

Muß es denn Plackerei sein?

„Ja, aber", ruft der Kritiker, „gewiß arbeitet das Kind, aber es tut es ja gern! Es macht ihm ja Spaß, also ist es keine Plackerei!" Nun ja, aber warum sollte es schließlich nicht gern arbeiten, wenn es nur tätig ist? Das bekommt ihm auch körperlich besser, denn „bekanntlich führt angestrengte Konzentration viel schneller zur Ermüdung, als wenn echtes Interesse die Konzentration wach hält. Unter Druck, etwa der Pflicht, getane Arbeit führt schneller zur Ermüdung als bei Interesse als treibender Kraft" *(Kimber and Gray: Anatomy and Physiology).*

Über die Frage der Plackerei scheint in mancher Leute Geist Unklarheit zu bestehen. Plackerei ist ja schließlich kein Selbstzweck. „Niemand wird leugnen wollen", sagt Dr. *Quick* in *Educational Reformers*, „daß gerade die erfolgreichsten Männer von ihrer Arbeit begeistert sind. Würden wir uns wohl gern von einem Arzt behandeln lassen, der das Studium der Krankheiten als Plackerei empfindet, oder von einem Zahnarzt, dem das Behandeln von Zähnen ein Greuel ist?" Wie Menschen, die ihre Arbeit gern tun, bevorzugen auch Kinder schwierige Arbeit, Arbeit, die ihnen Nüsse zu knakken gibt. Nichts langweilt ein Kind schneller als zu leichte Arbeit. In einer Montessori-Klasse schnappte ich einmal folgendes kleine Gespräch auf: „Ich zeig' dir heute eine neue Rechenaufgabe", sagte die Lehrerin zu einem kleinen Mädchen. — „Ist sie schwer?" — „Ja, ziemlich." — „Oh, hurra!" rief das Kind vergnügt.

Freiheit und Gehorsam

Eng mit dem Üben des Willens durch unabhängige Tätigkeit hängt die Bildung des Gehorsams zusammen. Die Frage ausführlich zu behandeln, ginge über den Rahmen dieses Buches hinaus; ein kurzes Zitat mag die Richtung weisen: „Für ein kleines Kind ist Gehorchen eine Leistung. Um gehorchen zu können, muß man einen gewissen Reifegrad erreicht haben, und den kann das Kind nur von sich aus erreichen. Hemmen wir das Individuum in seiner Entwicklung, so kann das unentwickelte Wesen nicht gehorchen. Erst muß ein Kind sich selbst befehlen können, ehe es die Befehle einer neuen Beziehung zu den Kindern, nicht nur in der direkten keinen komplizierten militärischen Befehl geben, solange er die dazu nötigen Kenntnisse nicht besitzt. Ebenso sinnlos ist es, ein Kind ordentlich essen, seine Nase putzen, sich an- und ausziehen zu heißen, solange es die dazu nötigen Geschicklichkeiten nicht erworben hat."

Freiheit zu sozialem Leben

Auch die Entwicklung des Kindes zum tätigen, hilfsbereiten Mitglied der begrenzten, aber echten Gemeinschaft der Montessori-Schule ist die Frucht der Freiheit. Unaufhörlich bekommt das Kind Gelegenheit, die höchste der Künste, den Umgang mit Menschen, zu üben, nachdem es durch die Übungen des praktischen Lebens und die Lektionen in Anmut und Höflichkeit in allen Kenntnissen und Geschicklichkeiten unterwiesen worden ist, die es braucht, seine sozialen Gefühle darzutun.

Ein besonders skeptischer Besucher nahm sich in einer Montessori-Klasse eines der Kinder beiseite — ein siebenjähriges Mädchen — und fragte: „Ist es wahr, daß ihr alles tun dürft, was ihr wollt?" „Ich weiß nicht", sagte die Kleine vorsichtig, *„ich weiß nur, daß wir alles gern tun."* *

* Viel Weisheit verriet auch die Bemerkung eines Ordensoberen in Spanien: „Man braucht eine Methode der Freiheit nicht zu fürchten, die die Worte im Munde des Lehrers zählt und kleine Kinder auf einer Linie am Fußboden gehen heißt."

Achtzehntes Kapitel:

„DIE NEUEN KINDER“ UND „DIE NEUE LEHRERIN“

Wir verdanken Maria Montessori nicht nur einen neuen Weg der Erziehung, sondern vor allem die Entdeckung des Kindes, des „neuen Kindes“, wie es um seiner überraschenden, bislang unbekannten Eigenschaften willen genannt worden ist. Aber unser Dank gebührt ihr auch für die Schaffung eines neuen Typus von Lehrerin — Maria Montessori nennt ihn „Leiterin“, denn das Leiten der natürlichen kindlichen Kräfte ist die Hauptaufgabe der „neuen Lehrerin“ [28].

Die neuen Kinder bilden mit der neuen Lehrerin zusammen eine Erziehungseinheit, eine dynamische, in unablässigem Werden begriffene Wesenheit. Richtiger spräche man vielleicht von einer „sozialen Einheit“, da wir ja mit Maria Montessori das Grundproblem der Erziehung nicht so sehr für ein pädagogisches als für ein soziales Problem halten, dessen mögliche Lösung wir in einer gewandelten Beziehung zwischen den Kindern und den Erwachsenen als den beiden großen Gruppen der Gesellschaft sehen. So ließe sich denn die Montessori-Leiterin als ein Mensch kennzeichnen, der weiß, wie diese „neue Beziehung“ beschaffen sein soll, und der sie bis in die kleinsten Einzelheiten getreulich zu verwirklichen trachtet. Entsprechend muß die Ausbildung von Erzieherinnen und Erziehern in der Montessori-Pädagogik sich von den anderen Formen der Lehrerbildung und Kindergärtnerinnenausbildung unterscheiden.

Die geistige Ausbildung der Leiterin

Die angeborenen spontanen Kräfte des Kindes in die vom Schöpfer gewollten Bahnen zu leiten, ist nicht leicht und verlangt eine ganz besondere Vorbereitung. Sie beginnt damit, dem Kinde gegenüber die rechte innere Einstellung zu beziehen. Damit ist in der Regel auch ein innerer „Standortwechsel“, eine innere Umstellung verbunden. Die angehende Leiterin braucht einen tieferen Sinn für die Würde des Kindes als menschliches Wesen, ein verfeinertes Organ für seine spontanen Tätigkeiten, ein solides Wissen von den geistig-seelischen Gesetzmäßigkeiten in seiner Entwicklung und ernsthafte Achtung vor ihm als dem Schöpfer des Erwachsenen. Maria Montessori läßt keinen Zweifel darüber, daß der Erwerb der richtigen inneren Einstellung keine Frage des Psychologiestudiums und eines entsprechenden Kenntniserwerbs ist, sondern ein Problem tief innerer geistiger Vorbereitung, die in der Pflege gewisser moralischer Fähigkeiten besteht.

Die Forderung einer moralischen Vorbereitung, ehe man die Sorge für Kinder übernehmen könne, war bisher vornehmlich auf die Mitglieder religiöser Orden beschränkt. Nach Maria Montessori aber sollte jede Erzieherin sie erfüllen: ihr Herz zu reinigen und die Nächstenliebe in ihm wie eine Flamme zu nähren suchen, „sich mit Demut zu bekleiden“ und, vor allem, dienen zu lernen, das heißt, alle unscheinbaren und zarten Äußerungen des wachsenden Lebens in der kindlichen Seele wahrzunehmen und ihr zu helfen suchen. — Das alles aber verlangt echte innere Bemühung um Selbstvervollkommnung. Zur Erlangung dieser geistigen Haltung bedarf es oft einer Art innerer Wandlung; sie setzt eine „Umwertung der Werte“ voraus.

Der Balken im eigenen Auge

Uns Erwachsenen trüben die eigenen Mängel den klaren Blick auf das Kind. Deswegen ist der Erwachsene so stark auf Mängel des Kindes und ihre Besserung eingestellt. Wenn wir zuerst den Balken aus unserm eigenen Auge entfernen, taugt es um so besser, den Splitter in dem des Kindes zu sehen. In diesem Entfernen des Balkens aus dem eigenen Auge besteht gewissermaßen die geistige Vorbereitung der Leiterin.
Selbstverständlich ist damit nicht gemeint, daß nur Heilige das Schulzimmer betreten dürften, denn dann müßten die meisten Schulen schließen und geschlossen bleiben. Der Ton liegt auf dem *Spezifischen* der inneren Vorbereitung: es geht nicht um den Erwerb des ganzen Katalogs der Tugenden, sondern um die, die wir im Umgang mit den Kindern am nötigsten brauchen.

Zorn und Überheblichkeit

Zwei Sünden vor allem verzerren uns das Bild des Kindes: Zorn und Überheblichkeit. Also sind Demut und Geduld als ihre Gegensätze die Tugenden, die die angehende Leiterin von allem braucht. Warum der Lehrer so besonders leicht die Beute dieser beiden Fehler wird, ist nicht schwer zu ergründen. Der Erwachsene, der unter seinesgleichen in einer normalen Erwachsenengesellschaft lebt, stößt mit seinen Mängeln ständig auf Widerstand. Wird er zum Beispiel leicht zornig, erregt er den Zorn seiner Mitmenschen; ist er hochfahrend, hat er bald den Ruf eines überheblichen Menschen, der ihm dann schon zu Ohren kommen wird. So hält „soziale Kontrolle“ das Wachstum unserer Mängel einigermaßen in Grenzen. Wer aber ständig mit kleinen Kindern zusammenlebt, hat diese Kontrolle nicht. Die Kinder sind so unerfahren, daß sie alles vom Erwachsenen hinnehmen; sie haben ja auch keine Vergleichsmöglichkeiten und können ihm nicht mit gleicher Münze heimzahlen. „Eine solche Lage begünstigt natürlich eine gewisse Charakterentwicklung. Mit Recht hat *Charles Lamb* einmal gesagt, der Lehrer sei ein Mann unter Knaben — aber ein Knabe unter Männern. Kinder sind oft noch so unerfahren, daß sie möglicherweise des Lehrers Handlung auf eigene Kosten rechtfertigen. Sie glauben sogar, sie selbst seien im Unrecht, wenn das auch keineswegs der Fall ist, nur weil der Lehrer sie — zu Unrecht — beschuldigt hat. So wie in den *Kleinen Blumen des hl. Franziskus* Bruder Juniper in seiner Demut weint, weil er sich für einen Heuchler hält, nachdem ein Priester ihn so gescholten hat."

Als Dienende

„Leiterin" oder „Lehrerin" sein wollen setzt Ehrfurcht vor dem Kinde als einem uns von Gott anvertrauten Wesen voraus. Ist der Akt der Demut einmal vollzogen, wird die Lehrerin nicht mehr glauben, sie müsse mit der eigenen Persönlichkeit die ihr anvertrauten werdenden Persönlichkeiten formen. Eher wird sie sich nach der Weisung des Evangeliums als Dienende betrachten.

Dieser „Dienst am Kinde" liegt Maria Montessori ganz besonders am Herzen, und sie hat immer wieder neue Bilder für ihn gefunden. Beispielsweise vergleicht sie die Lehrerin mit einer guten Magd, die ihrem Herrn das Essen bereitet und auf den Tisch stellt, sich aber nicht anmaßt, ihm zu sagen: „Das mußt du essen und das nicht."

Denn es bedarf tatsächlich eines *Vertrauensaktes* von seiten der Lehrerin, sich auf die innere Entscheidungsfähigkeit des Kindes zu verlassen und es nicht immer wieder direkt beeinflussen zu wollen. Die Erfahrung wird diesen Vertrauensakt vielfältig rechtfertigen.

Freilich besteht zwischen der Spontaneität des durch Arbeit normalisierten Kindes und den kapriziösen Launen eines Neulings ein himmelweiter Unterschied. „Kommt ein abwegig sich verhaltendes Kind in das Kinderhaus, so hat die Leiterin gewissermaßen ein Wesen vor sich, das eigentlich noch gar nicht richtig existiert. Deshalb müssen unsere Leiterinnen eine Art Glauben hegen, daß auf dem Wege der Konzentration das noch „unsichtbare Kind" eines Tages sich zeigen wird. Von den Abwegigkeiten, die sie bei Kindern anfangs finden — bei den einen mehr, bei den andern weniger —, dürfen sie sich nicht beirren lassen. Ihr inneres Auge sollte in jedem Kinde sein wahres, auf einer geistigen Ebene schon vorhandenes Selbst erblicken."

Damit nun die „richtige Beziehung“ zwischen Lehrerin und Kindern entstehe, müssen auch die schon abwegig gewordenen Kinder eine innere Umstellung durchmachen. Während die Erwachsenen sie bewußt erleben, da sie sie bewußt wollen, vollzieht sie sich beim Kinde unbewußt, und zwar durch jenen oft erwähnten Prozeß der „Normalisierung durch Arbeit“. Entgegen vielen veralteten Lern- und Unterrichtsmethoden, in denen die Aktivität vom Lehrer ausging, hat der Montessori-Lehrer als Ideal vor Augen, daß das Kind mehr und mehr zum aktiveren, er selbst mehr und mehr zum passiveren Partner werde — nicht sogleich natürlich und nie restlos. Sein Ziel, die kindliche Unabhängigkeit, wird er nur durch diese Umkehrung der Rollen erreichen. Maria Montessori hat diese Lage häufig mit den Worten Johannes des Täufers: „Er muß wachsen, ich aber muß abnehmen“ gekennzeichnet. Die berufene Leiterin ist froh, wenn alle ihre kleinen Schutzbefohlenen, unabhängig von ihr, auf ihre Arbeit konzentriert sind — mag der Zustand auch nie lange anhalten.

Das dynamische Bindeglied

Zwischen der vorbereiteten Umgebung und den Kindern ist die Leiterin das Bindeglied, freilich alles andere als eine Art mechanischer Kupplung zwischen zwei Elementen. Immer wieder weist Maria Montessori darauf hin, daß sie das „dynamische Bindeglied“ sein müsse, was vor allem voraussetzte: Einsicht und Geduld, gute Beobachtungsgabe und Unterscheidungsvermögen sowie Takt, Erfahrung, Nächstenliebe und nicht zuletzt natürlich eine genaue Kenntnis des psychodidaktischen Materials in allen seinen Teilen. Sie muß ferner wissen, *wann* sie dem einzelnen Kinde oder einer Gruppe eine Lektion zu geben hat, welche und wie. Das erfordert eine gute Kenntnis der individuellen kindlichen Entwicklung und ihrer sensitiven Phasen.

Auch sollte sie nie vergessen, daß sie selbst ein Teil der Umgebung ist und zudem der lebendigste. Sie sollte immer anziehend und angenehm aussehen, gut angezogen sein, dazu heiter, fürsorglich und voll innerer Ruhe und Würde. „Wäre die Umgebung vernachlässigt, die Möbel verstaubt, das Material in Unordnung und vor allem die Leiterin schlampig in ihrem Äußern wie in ihren Manieren — dann fehlte ihrer ganzen Arbeit die unentbehrliche Grundlage ... Sie sollte allzu energische und abrupte Bewegungen vermeiden. Natürlich muß sie alles, was sie verrichtet, mit Freude und Anteilnahme tun, aber dennoch ruhig und gesammelt dabei sein. Durch barsches Benehmen wie durch übertriebene Zurückhaltung kann eine Lehrerin ein

Kind irritieren und sogar abstoßen. Ruhiges Benehmen nenne ich ein Verhalten, das nicht auffällt oder stört. Leise und sparsam sollte sie sich bewegen, aber natürlich, anmutig und spontan. Wie von Cordelia sollte es auch von ihr heißen: ‚Ihre Stimme ist sanft, freundlich und leise, etwas sehr Schönes bei einer Frau.'"

Über das „Unterrichten"

Da nach Maria Montessori der Leiterin die Rolle des dynamischen Bindeglieds zwischen Kind und Umgebung zufällt, hat die Dottoressa sorgsam vermieden, in ihren Vorlesungen etwas zu sagen, was die Spontaneität und natürliche Lebendigkeit in der Arbeit beeinträchtigt hätte. „Ich unterrichte nur selten über das Unterrichten, damit meine Äußerungen nicht stereotyp und parodistisch werden und dann eher hindern als anregen. Die Leiterin hat es mit den verschiedensten Persönlichkeiten zu tun, und deshalb ist es wichtiger, daß sie sich in ihrer neuen Welt orientiert, als daß sie nach strengen, allgemeingültigen Regeln sucht."
Natürlich hat Maria Montessori einige allgemeine Regeln über das Unterrichten, insbesondere über die Lektionen, festgelegt, wie zum Beispiel die, daß die Lehrerin beim Vorführen des Materials nicht mehr als unbedingt nötig erklären solle, weil alles Überflüssige verwirre und ablenke. So objektiv wie möglich soll sie es vorführen, ohne also die eigene Person in den Vordergrund zu stellen. „Manche Leute", sagt Maria Montessori, „werfen mir vor, ich tyrannisiere meine Lehrerinnen, wenn ich ihnen das sage. Aber dieser ‚Dogmatismus' (der ja keiner ist) rührt nicht von mir, sondern entspringt aus der Natur der psychologischen Tatsachen. Wenn wir zum Beispiel dem Kinde zuerst die Farbentäfelchen zum Sortieren nach Schattierungen gäben, würde es sich nicht dafür interessieren. Deshalb müssen wir mit dem Paaren der gleichfarbigen anfangen, so daß der Farbensinn des Kindes schon geübt ist, wenn es dann zu den Schattierungen kommt. Das bedeutet keine Einschränkung, weder für die Lehrerin, noch für die Kinder."

Mindert die Freiheit des Kindes die Autorität des Lehrers?

Manche Kritiker der Methode behaupten, die Freiheit des Kindes gehe auf Kosten der Autorität des Lehrers, falls sie sie nicht überhaupt aufhebe. Maria Montessori ist dagegen der Ansicht, daß ihre Pädagogik dem Lehrer nichts an Autorität nehme — sie trage sogar zu einer Steigerung seiner Autorität bei. Sie gibt jedoch freimütig zu, daß der Lehrer in ihrer Pädagogik die Autorität anders als bislang gewohnt ausüben müsse.

Es darf ja keinesfalls übersehen werden, daß zu einem gewissen Teil die Autorität auf das Material übergeht, das, richtig gebraucht, dem Kinde Erkenntnis vermittelt und auch die Fehler-Kontrolle enthält. Sehr zu Recht wird es psychodidaktisches Material genannt. Da durch die vorbereitete Umgebung dem Lehrer ein Teil seiner bisherigen Arbeit abgenommen wird, gewinnt er Zeit, seine Autorität auf einer höheren Ebene und auf subtilere Weise auszuüben. Er kann die gewonnene Zeit samt der ersparten Energie der Beobachtung der Kinder und dem Eingehen auf ihre individuellen Bedürfnisse widmen, kann hier verweilen, da ermutigen, einem Kinde, das das Material nicht richtig benutzt, helfen und gelegentlich selbst als „Irrtums-Kontrolle" dienen.
Die Autorität des Montessori-Lehrers wird als „Entwicklungshilfe in wissender Verantwortung, streng in Weisheit und Liebe" ausgeübt. Zuversichtlich können sich die Kinder an sie halten. Gerade dieser Wandel der Autorität und ihrer Ausübung gibt der neuen Gemeinschaft zwischen Lehrer und Kindern ihre Form und ihre Vollkommenheit. Maria Montessori verlangt, der Lehrer solle „als lebendige Gegenwart wirken, die die schlafenden Seelen der Kinder weckt. Seine Rolle mag der der Sonne verglichen werden, bei deren Licht wir Unterschiede erkennen können, die wir zuvor nicht sahen."
Dogmatische Regeln, wie er zu lehren habe, werden nicht aufgestellt, nur eines ist unabdingbar: er muß, was er lehrt, mit innerer Überzeugung und Begeisterung lehren. „Wenn Sie zum Beispiel", sagte Maria Montessori in einer Vorlesung, „kein Interesse an Grammatik haben, können Sie vermutlich auch in den Kindern keins erwecken."

Ermutigung zum Selbsttätigsein

„Sowohl in der Schule wie daheim sollte der Erwachsene immer der sein, der ermutigt. Die Leiterin hat die heikle Aufgabe, die kindlichen Lebensimpulse zu schützen und zu fördern. Darum muß sie, was das Kind sagt und tut, rasch erfassen, und darf nicht, wie das bei Erwachsenen so üblich ist, was das Kind bringt, nur flüchtig ansehen und bei erster Gelegenheit dann zu wichtigeren Dingen übergehen. Sie soll geduldig zuhören und auf das Kind eingehen, wenn es sie etwas fragt. Denn das Kind ist schwach und unerfahren und darum in seinen Urteilen unsicher. Deshalb kommt es ja zum Erwachsenen, deshalb sucht es bei ihm Ermutigung, Billigung, Prüfung, Rat und Hilfe. Deshalb soll die Leiterin das Kind nicht nur beobachten, um den rechten psychologischen Augenblick für neue Instruktion nicht zu verpassen, sondern damit ihr auch seine tastenden Versuche, seine Zweifel, seine Entdeckungen und sein freudiges Erstaunen nicht entgehen, auf daß nichts, keine Erfahrung des kindlichen Geistes vorübergehe, ohne Frucht zu tragen . . . damit es nicht irregehe, weil es die Richtung nicht kennt oder nicht weiß, wie es weiterkommen soll."

. . . aber nicht zuviel loben

Auch hier muß die Leiterin, wie immer, auf die „richtige Dosis" bedacht sein. Lobt sie das Kind zu sehr, entsteht die Gefahr, daß es fürderhin um ihres Lobes willen arbeitet. Damit wäre ihm ein äußerliches Ziel gesetzt, das für seine geistige Entwicklung ohne Wert ist. „Wenn das Kind um unseres Lobes willen arbeitet, wird es dies durch alle Arten von Tricks zu erlangen suchen. Kostbare Energie wird vertan und schwindet, so wie eine Flüssigkeit durch einen kleinen Sprung des Gefäßes entweicht."

Noch einmal die Nichteinmischung

Maria Montessori wußte selbst, wie sehr gerade das Prinzip der Nichteinmischung mißverstanden und falsch angewendet worden ist. Sie beschrieb in meiner Gegenwart einmal eine sogenannte Montessori-Schule, der sie einen Besuch abgestattet hatte. „Es herrschte ein wahrer Höllenlärm, aber die Lehrerin unternahm nichts dagegen. Sie glitt wie ein körperloser Schatten von einem Kind zum andern und flüsterte ihnen etwas ins Ohr. Das war ihre Vorstellung von Nichteinmischung."

Ein andermal hörte ich sie von ihrer Besichtigung einer französischen Schule berichten, die sich ebenfalls ihrer Prinzipien zu bedienen glaubte. „Wir traten in einen Raum, es war der Physiksaal, der bis auf den Lehrer völlig leer war. Als ich mich bei dem Lehrer nach seiner Unterrichtsmethode erkundigte, sagte er unbekümmert, er unterrichte nicht, die Kinder entdeckten. Soviel ich ergründen konnte, hatte er eine geheimnisvolle weiße Mischung auf den Arbeitstisch gelegt, und vermutlich sollten die Kinder die verschiedenen in ihr enthaltenen Substanzen — auf dem Wege der Entdeckung — ermitteln. Wenn man bedenkt", beschloß sie mit einem wehmütigen Lächeln ihre beinahe unglaubliche Geschichte, „wie wenig wirkliche Entdeckungen ausgebildete Wissenschaftler zeit ihres Lebens machen, dann war es — gelinde gesagt, naiv, von unerfahrenen Kindern ohne Wissen, Methode und Anregung — und deshalb ohne Interesse — zu erwarten, daß sie Tag um Tag Entdeckungen machen würden. Kein Wunder, daß das Zimmer leer war!"

Wie meist, ist auch hier der Mittelweg zwischen zwei Extremen der goldene: mehr als das unentbehrliche Minimum an Instruktionen hieße das

Kind verwirren, weniger hieße es im Stich lassen. Nicht stören, wenn es konzentriert arbeitet, aber ohne Gewissensbisse eingreifen, wenn es nichts Besonderes tut oder seine Kameraden stört.

Tätigkeit und „Zeitvertreib"

Auf den ersten Blick schöpferische Tätigkeit von bloßem Zeitvertreib zu unterscheiden, ist nicht leicht, erst recht nicht für den Anfänger. Nutzpflanzen und Unkraut sehen sich als Sämlinge so ähnlich, daß nur das geschulte Gärtnerauge sie unterscheiden kann. Eine Lehrerin hatte in ihrer Klasse einen sehr widersetzlichen Jungen, der beständig die anderen störte. Eines Tages sah sie ihn zwischen den Tischen umhergehen und überall Farbstifte wegnehmen. Gerade wollte sie eingreifen, als sie bemerkte, daß er nur stumpfe Stifte wegnahm und sie durch gespitzte ersetzte. Es war seine erste spontane, geordnete und kameradschaftliche Handlung, die sie beinahe im Keime erstickt hätte, weil sie sie mißverstanden hatte.
Auch ist es nicht immer leicht, echtes Schlampen von Unaufmerksamkeit zu unterscheiden, die auf körperliches Mißbehagen, Unausgeschlafenheit oder auf irgendeine „seelische Barriere" einem Unterrichtsfach gegenüber zurückgeht.
Zudem, das haben wir schon einmal festgestellt, ist es leichter, abwegige Reaktionen zu erkennen als schöpferische Aktivitäten, weil sich die Abwegigkeiten gewöhnlich eindeutig und störend bemerkbar machen, während die feinen positiven Wachstumszeichen kaum sichtbar werden. Der unerfahrene Erwachsene benimmt sich leicht „wie ein Blinder, der dicht an einer zarten Blume vorbeigeht, ohne sie zu sehen, der sie vielleicht sogar zertritt, ohne es zu wollen und ohne es auch nur zu merken".

Aber Nichteinmischen bedeutet Nichteinmischen

Maria Montessoris Ansicht über das Korrigieren haben wir an anderer Stelle schon besprochen und kennen ihre so brauchbare wie eindeutige Maxime: „Lehre lehrend, nicht durch Verbessern!" Bei noch nicht normalisierten Kindern, besonders wenn sie ihr erstes wirkliches Interesse am Material oder an den Übungen des praktischen Lebens bekunden, ist es ganz besonders wichtig, das Prinzip der Nichteinmischung zu beachten, weil das neu erwachte Interesse natürlichen Gesetzen unterliegt und einen Tätigkeitszyklus eröffnet. „Dies Debüt ist so gefährdet, daß die geringfügigste Kleinigkeit ausreicht, es wie eine Seifenblase zu zerstören und damit zugleich seine Schönheit. Auf diesen Punkt muß die Leiterin sehr aufmerksam achten: nicht eingreifen heißt wirklich in keiner Form eingreifen. Gerade hier verlassen viele Leiterinnen die Grundlinie unserer Arbeit. Das bisher so schwierige kleine Kind hat sich endlich auf eine Tätigkeit konzentriert. Würde die Leiterin jetzt im Vorbeigehen sagen: ‚Gut!‘ oder ‚Wie nett du das machst!‘, so würde das unter Umständen schon ausreichen, das Kind in sein ungeordnetes Tun zurückzuwerfen.

„Sogar bei Schwierigkeiten kann das Eingreifen der Lehrerin dazu führen, daß das Kind von seiner Arbeit abläßt. Nicht nur die Arbeit selbst erweckt das kindliche Interesse, sehr viel häufiger will es einfach Schwierigkeiten überwinden. Unnötige Hilfe, sogar ein Blick kann ausreichen, seine Aktivität zu lähmen, ja, schon die bloße Tatsache, daß ein Kind sich beobachtet fühlt. (Übrigens legen ja auch wir Erwachsenen manchmal die Arbeit aus der Hand, wenn uns jemand zusieht.)

„Dies ist das Prinzip, das zum Erfolg führt: wenn die Konzentration eingetreten ist, sollten wir uns so verhalten, als sei das Kind nicht mehr da. Wir können uns mit einem unauffälligen Blick gelegentlich vergewissern, was es tut.

„Zu wissen, wann man eingreifen soll und wann nicht, kann, wie alles andere, nur die Erfahrung lehren. Die echte Hilfeleistung darf nicht einem bloßen Impuls entspringen, sie muß auf zuchtvolle, einsichtig geübte Nächstenliebe zurückgehen. Solche Nächstenliebe befriedigt gleichermaßen die, die sie ausüben, wie die denen sie gilt. Sie darf nicht nach Hilfeleistung aussehen, sondern muß wie eine spontane, natürliche Geste wirken." Ähnliches gilt auch für das Verbessern, das diskret geschehen sollte. Ja, zu Anfang einer neuen Tätigkeit ist es meistens geraten, bei auftretenden Fehlern überhaupt nicht zu verbessern, sondern abzuwarten, ob das Kind in der Auseinandersetzung mit der gestellten Aufgabe den Fehler nicht selber findet.

Die Zustimmung des Kindes

Das Wesen der „neuen Beziehung" gründet ja in einer gegenseitigen Achtung zwischen der Leiterin und den Kindern, woraus natürlicherweise folgt, daß jeder so weit wie möglich die Wünsche der anderen Seite berücksichtigt. So sollte zum Beispiel die Leiterin, ehe sie eine Lektion erteilt, sich der Zustimmung des Kindes vergewissern, nicht nur, weil die guten Manieren das verlangen, sondern weil es auch psychologisch richtig ist. „Selbst wenn Sie jemand ein Geschenk machen wollen", sagte Maria Montessori einmal, „vergewissern Sie sich erst seiner Zustimmung. Diese Blumen hier", sie deutete auf einen Strauß, der vor ihr auf dem Tische stand und den eine Hörerin ihr vor der Vorlesung gebracht hatte, „diese Blumen hat man mir nicht einfach, ohne meine Zustimmung, hingestellt. Nein! Die Geberin kam auf mich zu, hielt inne, um mich auf ihr Geschenk vorzubereiten, und sagte dann: ‚Darf ich mir erlauben, Ihnen diese Blumen zu überreichen?‘ Selbst wenn ein Mensch, den wir kennen, in Schwierigkeiten gerät, sagen wir bezeichnenderweise: ‚Darf ich Ihnen helfen?‘ oder ‚Kann ich Ihnen irgendwie nützlich sein?‘ — Bei einem kleinen Kinde ist das besonders wichtig, denn es ist ja ganz natürlich, daß ein Kind einem Erwachsenen gegenüber in Verteidigungsstellung geht. Viele Kinder sind tatsächlich so empfindlich, daß sie sich nur ungern körperlich berühren lassen, zum Beispiel beim Guten-Tag-Sagen nicht gern die Hand geben. Mit dem Geist ist es nicht anders, und so sollten wir unsere Lektionen mit einer Art ‚Einladung an den Geist des Kindes‘ beginnen.

„Deshalb kann die Lektion nicht improvisiert erfolgen, kann man sie nicht wohl oder übel auf ein unvorbereitetes Kind abladen. Das Kind sollte darauf aufmerksam gemacht werden, daß etwas Wichtiges gezeigt wird. Die Lehrerin sollte alles, was nicht zur Vorführung gehört, vom Tisch entfernen und sogar in ihrer persönlichen Erscheinung vorbereitet sein, denn wenn zum Beispiel ihr Haar unordentlich herumhinge, würde das die Aufmerksamkeit des Kindes von der Vorführung ablenken. Ist alle diese *lavoro respettuoso*, diese ehrerbietige Mühe getan, dann erst kommt die eigentliche Einladung: ‚Soll ich dir etwas zeigen?‘ Worauf das Kind in der Regel mit Interesse eingehen wird.“

Verschiedener Gesichtswinkel

Besonders deutlich wird der Unterschied zwischen einem gewöhnlichen Schulunterricht und der Führung einer Montessori-Klasse durch die Art, wie sich die beiden Lehrer auf den Unterricht vorbereiten. Der Lehrer des alten Typs überlegt, welche Stunden er heute zu geben hat, vergewissert sich, ob er für den Notfall seine Notizen griffbereit hat, richtet seine Bücher, Karten, Zeichnungen und eventuell die korrigierten Hefte, und dann weiß er ganz genau, womit er selbst und die Kinder jede Stunde des Tages beschäftigt sein werden.

Im Gegensatz zu dem an einen Stundenplan gebundenen Kollegen hat der Montessori-Lehrer keine Ahnung, wie für ihn selbst oder die Kinder der Vormittag ablaufen wird. Vor Beginn des Unterrichts hat er wohl darüber nachgedacht, ob auch alle Teile des Materials, die abhanden gekommen waren, ersetzt sind, und ob er Robert die Tausenderkette auf dem Flur auslegen lassen soll, daß aber Jimmy dabei nicht mitmachen darf, denn er hat die Ordnung der Zahlen noch nicht richtig begriffen, ist deshalb uninteressiert und treibt Unfug. Diese Ungewißheit über den Ablauf des Morgens ist indessen alles andere als beängstigend, eigentlich macht sie die Arbeit erst recht anziehend, denn durch sie wird jeder neue Tag zum Abenteuer. Immer wieder ist es interessant, zu beobachten, welches Material sich die verschiedenen Kinder aussuchen und wie lange sie damit arbeiten; welche Kinder sich zur Gruppenarbeit zusammenschließen. Vielleicht steht auch für den Vormittag eine echte „Montessori-Explosion“ bevor. Sehr wohl möglich, daß Jimmy herausfindet, daß er schreiben kann, oder daß Nicholas herumläuft und jedermann seine großartige Entdeckung unterbreitet, wonach dreimal acht genausoviel ist wie achtmal drei. Und möglicherweise, er wagt es kaum zu hoffen, wird sich der kleine Neuling (eine schreckliche Plage bisher) heute richtig mit den Farbentäfelchen beschäftigen und seine erste Konzentration erleben.

Freilich kann eins der unvorhersehbaren Ereignisse des Vormittags auch darin bestehen, daß Robin beim Abwaschen eines Tisches einen Eimer schmutziges Wasser über Violets Malerei gießt, oder daß Vivienne sich ein Stück Plastilin ins Haar klebt oder daß gar Jack und Paul in eine Schlägerei geraten. Aber dergleichen kommt vergleichsweise selten vor. Zwar paart sich auch in der Montessori-Schule „das Strenge mit dem Zarten“, aber glücklicherweise überwiegt das Zarte bei weitem das Strenge — und von Woche zu Woche mehr.

Mit Recht hat Maria Montessori das Leben in der Montessori-Schule *una vita che si svolge*, ein sich entfaltendes Leben genannt. Genau das ist es: individuelles und soziales Leben, das sich von Minute zu Minute mit aller glorreichen *Ungewißheit und Unberechenbarkeit menschlicher Freiheit* abspielt.

Eine schöne Beziehung

Die zwischen Leiterin und Kindern im Laufe der Wochen und Monate sich entwickelnde Beziehung kann der am besten würdigen, der vom alten System zum neuen übergeht. Das soll nicht heißen, daß Lehrer des alten Systems sich ihren Schülern weniger hingebungsvoll widmeten, daß sie weniger opferwillig wären, und es wäre auch töricht, leugnen zu wollen, daß es unter dem alten System viele glückliche Schulklassen gegeben hat und gibt — denn Leidenschaft und Talent des geborenen Lehrers überwinden auch die mißlichsten Umstände. Dennoch möchte ich behaupten, daß im allgemeinen die Beziehungen zwischen Lehrer und Schülern früher weniger glücklich, vertraut und fruchtbar waren, als sie es hätten sein können, und zwar deshalb, weil durch die alte Beziehung zwangsläufig, wenn auch ungewollt, vom Lehrer ein gewisses Maß an Unterdrückung ausgeübt wurde. Folglich erstickten viele der besten Eigenschaften, beim Lehrer wie bei den Kindern, im Keim und kamen nie ans Licht.

Der Montessori-Lehrer spielt dagegen mehr die Rolle des „Schutzengels“, genauer gesagt eines Schutzengels, der ein Auskunftsbüro betreibt. Tag für

Tag hat er die spontanen Offenbarungen kindlichen Lebens aufmerksam zu beobachten, innere und äußere Hindernisse aus dem Weg zu räumen und mit Liebe und Klugheit die nicht aufzuhaltenden Kräfte des Lebens zu lenken. Tag um Tag, Monat für Monat in einer solch erfreulichen Gesellschaft zu leben — denn Freude ist der Grundton —, ständig von soviel Unschuld und Charme und solch gewinnender Offenheit umgeben zu sein, zu sehen, wie die Charaktere der Kinder sich vertiefen, wie sie immer mehr die Züge der „Normalität" annehmen — das alles macht die Arbeit der Montessori-Leiterin und des Montessori-Lehrers beneidenswert.

Der schönste Lohn

Für eine Montessori-Lehrkraft ist es die schönste Freude, mehr und mehr der persönliche Freund und Vertraute all der kleinen Menschenwesen zu werden. Sie strebt nicht bewußt danach, ihre Zuneigung zu gewinnen — sollte es auch nicht tun, weil sie sonst ihre Persönlichkeit der kindlichen aufzwänge und sie damit aus der eigenen natürlichen Bahn ablenkte. Nie darf sie ihre Mittlerrolle zwischen Kind und Umgebung vergessen und muß immer bereit sein, zurückzutreten, wenn der „Kontakt" geschlossen ist. Es darf den Lehrer nicht betrüben, wenn die Kinder sich mehr auf das Material konzentrieren als auf ihn, wenn sie zeitweise sogar seine bloße Existenz darüber zu vergessen scheinen. Es soll ihm lieber sein, wenn sie aus sich arbeiten, als wenn sie gebannt an seinen Lippen hängen, während er ihnen eine spannende Geschichte erzählt*. Die geduldige Zurückhaltung des Schöpfers seinen Geschöpfen gegenüber sollte er sich für sein Verhalten zum Vorbild nehmen. Empfangen nicht zahllose Menschen — von der ganzen tierischen Kreatur abgesehen — täglich zahllose Wohltaten, ohne Ihm, der so reichlich für sie sorgt, der ihnen nicht nur ihre Geistesgaben, sondern auch die „vorbereitete Umgebung" des Universums, in der sie leben, geschenkt hat — ohne *Ihm* auch nur einen Gedanken zu widmen?

„Aber eines Tages werden die Kleinen in ihrer Freiheit, auf der die Pädagogik gründet, nicht dies oder jenes Stück der Umgebung wählen, sondern den Lehrer selbst, den lebenden Schlüssel zu allen ihren Schätzen." Gibt es schöneren Lohn? Hat die Erde Kostbareres zu bieten als die dankbare Liebe eines Kindes?

* Selbstverständlich sollten in der Montessori-Klasse Geschichten erzählt werden, besonders biblische, aber auch dabei sollte der Lehrer auf jene „Übertragung der Aktivität" ausgehen, die ihm die Kinder entwöhnt, so daß sie selber zu den Quellen der Literatur hinfinden.

Neunzehntes Kapitel:

PHANTASIE, SPIEL UND WIRKLICHKEIT

Daß die Montessori-Pädagogik die kindliche Phantasie zugunsten einer vorzeitigen Rationalität verkümmern lasse, ist vielleicht der am häufigsten gegen sie erhobene Vorwurf. Maria Montessori gilt als erbitterte und unversöhnliche Gegnerin des Märchens. Vor etwa dreißig Jahren soll einmal ein englischer Schulmann einen Feldzug gegen sie organisiert und seinen Angriff auf ihr „Verbot, Kindern Märchen zu erzählen", gegründet haben. Aber er hatte sie in diesem Punkte völlig mißverstanden. Hätte er sich Mühe gemacht, ihre Bücher aufmerksam zu lesen, hätte er erfahren, daß sie bei Aufzählung der Literatur, die den Kindern in ihrer Casa dei bambini beim Anfertigen ihrer bunten Zeichnungen vorgelesen werden sollte, Andersens Märchen obenan gestellt hatte.

Maria Montessori ist keine Gegnerin des Märchens, aber sie fordert, daß die Kinder es im richtigen Alter kennenlernen. Ein Kind von sieben oder acht Jahren liest und hört Märchen mit Gewinn; ein Kind von zwei, drei oder vier Jahren nicht. In diesem zarten Alter kann man ihrer Ansicht nach den Kindern mit Märchen ernsten und sogar dauernden Schaden zufügen. Werden Märchen als das gelesen, was sie sind, als Dichtung, werden sie keinen Schaden anrichten. Im Gegenteil: in den Märchen liegt viel Gutes, wie kostbares Metall in ergiebigem Erz. So sagt *G. K. Chesterton: „Das ist die* große Lehre der Erzählung ‚Die Schöne und das Tier', daß man etwas lieben muß, *ehe* es liebenswert ist."

In vielen Märchen wird auch deutlich gelehrt, was Chesterton „aus Freude an der Pedanterie" die Lehre der bedingten Freude nennt, eine Lehre, die bis an die Wurzeln unserer moralischen Existenz geht. „Denn", fährt er fort, „in den Märchen beruht eine unbegreifliche Glückseligkeit auf einer unbegreiflichen magischen Bedingung. Eine Schachtel wird geöffnet, und das ganze Übel entkommt; ein Wort wird vergessen, und Städte gehen zugrunde; eine Lampe wird angezündet, und die Liebe entflieht; eine Blume wird gepflückt, und menschliches Leben ist verwirkt; ein Apfel wird gegessen, und die Hoffnung auf Gott ist dahin."*

Wie im fünften Kapitel schon herausgearbeitet wurde: wir vergessen allzu leicht, wie begrenzt die Erfahrung des kleinen Kindes noch ist, und daß es in den frühen Stadien seiner Existenz reichlich damit zu tun hat, die Teile des „Puzzle-Spiels", aus denen seine Umwelt besteht, zusammenzufügen. Wir sollten es daher durch die willkürliche Einführung einer nicht existenten

* Das Abenteuer des Glaubens, viertes Kapitel.

Zauberwelt nicht unnötig verwirren. Und was noch wichtiger ist: in diesem Alter nimmt das Kind alle diese Dinge noch als Tatsächlichkeiten hin und wird, wie Chesterton sagt, „ebenso bereitwillig glauben, um die Ecke herum sei ein Drache wie ein Dragoner". Es wird einen Teil seiner Kräfte daran verschwenden müssen, Märchenwelt und Realität voneinander zu unterscheiden, aber auch das Kind muß mit seinen Kräften haushalten, und in der Frühe seines Lebens sollten sie der wichtigen Aufgabe dienen, eine klare und geordnete Vorstellungswelt aufzubauen. Daß Kinder durch unzeitige Berührung mit der Zauberwelt ernstlich gefährdet werden können, geht aus folgender Geschichte hervor:

Ein kleines Mädchen zwischen zwei und drei Jahren hatte „Peter Pan" gesehen und meinte, ebenfalls fliegen zu können. Als sie heim kam, sprang sie aus einem hoch gelegenen Fenster und war tot. Ich erwähnte diese Begebenheit einmal in einem Vortrag, und hinterher kam eine Zuhörerin auf mich zu und sagte: „Was Sie da von dem kleinen Mädchen erzählt haben, hat mich sehr interessiert, weil im vergangenen Sommer meine kleine Tochter aus einem Fenster des ersten Stocks in den Garten gesprungen ist. Sie hat sich nicht ernstlich verletzt, denn sie ist in ein Blumenbeet gefallen. Als ich sie fragte, warum sie aus dem Fenster gesprungen sei, sagte sie einfach: ‚Goldilock hat es doch auch getan.'"

Ohne Zweifel handelt es sich beide Male um Sonderfälle; die vorzeitige Bekanntschaft mit der Scheinwelt kann das Kind aber auch Gefahren aussetzen, die *weniger deutlich* sichtbar werden. Es können zum Beispiel Ängste entstehen, die Jahre anhalten. Ich kannte einen Jungen, dem man *Conan Doyles „Lost World"* vorgelesen hatte, und der noch mit zehn Jahren von einer schrecklichen Angst vor Flügeleidechsen heimgesucht war. Bei Tage sagte ihm sein Verstand, das seine Ängste Einbildung seien, aber mit der Dämmerung kehrte die Furcht vor den ungeheuren Lederflügeln und den Krokodilszähnen zurück.

Es ist viel leichter, in diesem Stadium ein Kind der Wirklichkeit zu entrükken, als es in einem späteren zu ihr zurückzuführen. „Phantasie, die nicht auf einer realen Grundlage aufbaut, erschwert den Weg zur Wahrheit", sagt Maria Montessori.

Die Entwicklung der Einbildungskraft

„Und wie soll die Einbildungskraft sich entwickeln, wenn wir die Märchen weglassen? Eure Montessori-Schule ist zu realistisch! Kein ‚Als ob' und zu wenige Spiele! Hat denn das Kind nicht von Natur aus die Neigung, eine erfundene Welt der wirklichen vorzuziehen? Wird die vorzeitige Beschäftigung mit der nüchternen Wirklichkeit die kindlichen Phantasiekräfte nicht verkümmern und das Kind ‚prosaisch' werden lassen?"

„Nach allgemeiner Ansicht", sagt Maria Montessori, „ist das kleine Kind durch eine lebhafte Einbildungskraft gekennzeichnet, weshalb denn diese Naturgabe durch eine besondere Erziehung gepflegt werden sollte. Die kindliche Mentalität weicht aber von der unsern ab: sie entzieht sich, anders als die des Erwachsenen, genau markierten und einschränkenden Grenzen und ergeht sich in der bezaubernden Welt des Magischen, eine Neigung, die auch Naturvölker noch besitzen.

„Noch in anderen Merkmalen, die damit Vorformen geistiger Entwicklung deutlich zu erkennen geben, sind Kinder den Angehörigen von Naturvölkern ähnlich: wie etwa in der Einfachheit und Farbigkeit ihrer Sprache, ihren bildhaften Ausdrücken, in der Verallgemeinerung von Wörtern, durch die ein einzelnes Wort mehrere Zwecke oder Gegenstände bezeichnet und so weiter."

Zunächst einmal denkt Maria Montessori nicht daran, die kindliche Einbildungskraft zu unterdrücken, sie ist im Gegenteil ängstlich darum besorgt, daß das Kind sie möglichst gut entwickle. Wie der Name sagt, hat die Einbildungskraft etwas mit Bildern zu tun. Woher aber kommen die Bilder? Vor allem aus der Außenwelt. Wenn es wahr ist, daß es im Intellekt nichts gibt, was nicht vorher in den Sinnen war, so gilt das auch von der Einbildungskraft.

„Phantasieschöpfung bedeutet nicht zügelloses Schweifen zwischen Bildern von Licht und Farbe, zwischen Geräuschen und Eindrücken; sie ist vielmehr eine fast an die Realität gebundene freie konstruktive Kraft des Geistes, und je fester sie sich an die Formen der äußeren Schöpfung hält, um so größer wird der Wert ihrer inneren Schöpfung sein. Selbst bei der Schaffung einer unrealen und übersinnlichen Welt muß die Phantasie sich in den Grenzen halten, die durch die Wirklichkeit gegeben sind. Der Mensch erschafft, aber nach dem Bilde der göttlichen Schöpfung, in die er körperlich und geistig eingebunden ist.

„Die schöpferische Phantasie kann nicht in einem Vakuum arbeiten. Die sinnliche Wahrnehmung ist die Grundlage für die Tätigkeit der Phantasie."

Schöpferische Phantasie ist reich an Wirklichkeit

Nehmen wir irgendein großes Werk der schöpferischen Phantasie, Shakespeares „Sommernachtstraum" zum Beispiel, ein Werk der Phantasie *par excellence*, und betrachten wir es auf seinen Wirklichkeitsgehalt hin. So wunderbar, so ätherisch und wie aus einer andern Welt die Elfen uns anmuten mögen, sie sind dennoch wie durchtränkt mit der Realität des Diesseitigen. Ihre Darstellung basiert auf der genauesten Beobachtung der Wirklichkeit.

„Dann auf das Drittel 'ner Minute fort!
Ihr, tötet Raupen in den Rosenknospen!
Ihr andern führt mit Fledermäusen Krieg,
Bringt ihrer Flügel Balg als Beute heim,
Den kleinen Elfen Röcke draus zu machen!"

Wo in der ganzen Natur ließe sich ein Material finden, das sich besser zu Wams und Rock für kleine Elfen eignete als die dünne Haut der Fledermausflügel? Oder nehmen wir die Genauigkeit der Zeitangabe: das Drittel einer Minute, in der Titanias Aufträge durch die Elfen ausgeführt werden sollen! In der Phantasie des wahren Dichters ist so viel Wirklichkeit gespeichert, daß er „dem luftigen Nichts Namen und Wohnsitz" zu geben vermag. Nur so schafft er etwas, das die marmornen Denkmäler der Könige überdauert. In diesem Zusammenhang fällt mir eine Geschichte über den jungen Leonardo da Vinci ein, der einen Drachen zeichnen wollte. Er studierte sorgsam viele Arten schrecklicher Reptilien und Insekten, die er lebend gefangen hielt, zeichnete von einem ein Auge, vom andern ein Glied, vom dritten die Schuppen. Das fertige „Fabeltier" war so realistisch, daß bei seinem Anblick Leonardos Diener entsetzt schreiend aus dem Hause lief.

Entwicklungshilfe für den Aufbau der Phantasie

Auf welchem Wege aber kann man dem kleinen Kinde am wirksamsten helfen, eine starke schöpferische Phantasie aufzubauen?
Maria Montessori zögert nicht mit der Antwort: sie ist ganz und gar für eine reale, eine wirkliche Welt voll gesehener, gefühlter, bewegter, erfahrener Dinge. Wir können dem Kinde am besten zur Entwicklung seiner Phantasie verhelfen, wenn wir es in eine so vorbereitete Umgebung bringen, daß es in ihr auf Grund spontaner Beobachtung einen Vorrat genauer Bilder sammeln kann.
Aber die Gegner ihrer Pädagogik könnten immer noch einwenden, das sich selbst überlassene Kind werde aus der Realität alsbald in eine eigene Welt, eine Welt der Phantasie und des Spieles entweichen. Stimmt das? Hier stehen wir an einem entscheidenden Punkt. Es stimmt, sagt Maria Montessori, daß das Kind häufig aus der realen Welt in eine Welt des Scheins und des „So tun als ob" entflieht. Aber aus was für einer realen Welt? Aus einer Welt der Erwachsenen, einer Welt der Proportionen, der Ziele, der Maßstäbe und des Tempos von Erwachsenen, in der es oft ein Störenfried ist, den man, wenn irgend möglich, ins Kinderzimmer oder in die Schule verbannt, bis es endlich so weit ist, daß es als „nützliches" Mitglied in die Gesellschaft eintreten kann. Und auch an diesen „Orten der

Verbannung“, dem Kinderzimmer und der Schule, steht das Kind immer noch unter der Botmäßigkeit des Erwachsenen.
Daher ist es kein Wunder, wenn das Kind sich aus einer solchen Wirklichkeit in eine Scheinwelt eigener Schöpfung zurückzieht, in der es selbst bestimmt und herrscht. „Aber“, meint wiederum die Gruppe der Gegner, „sehen Sie das Kind doch an, wie es mit seinen Puppen und Puppenstuben spielt, wie es eine Puppengesellschaft gibt und eine Tasse unsichtbaren Tee nach der andern eingießt, wie es seine Puppeneinrichtung ordnet, wie es so tut als wasche es nach einer eingebildeten Mahlzeit das Puppengeschirr ab! Was hat Maria Montessori dazu zu sagen?“
Auch dazu hat Maria Montessori eine Menge zu sagen. Sie beginnt mit dem Hinweis, daß im Laufe der Zeit die Puppen zum Beispiel immer größer geworden seien. Und mit zunehmender Größe der Puppen seien natürlich auch die Stühle, die Tische und das ganze Zubehör der Puppen größer geworden. „Nehmen wir nun an, daß dieser Prozeß weitergehe, bis die Puppe des Kindes so groß ist wie das Kind selbst, und daß sich die ganze Puppeneinrichtung entsprechend vergrößert, was wird dann geschehen? Sie werden sehen, daß es sich notgedrungen damit begnügt hat, sozusagen stellvertretend in einer eingebildeten Puppenwelt zu leben. Jetzt wird es den Platz der Puppe einnehmen und in einer realen Welt, die seiner Größe entspricht, ein eigenes wirkliches Leben führen. Das Kind, das zuvor den Puppentisch für eine eingebildete Puppengesellschaft gedeckt hat, wird jetzt einen wirklichen Tisch mit wirklichen Tellern und Tassen für die Mahlzeit der Kinder decken. Und hinterher werden die Kinder abwaschen und in ihrer Wirklichkeit Staub wischen und Ordnung machen. Das Kind geht so aus einer Scheinwelt in eine wirkliche Welt über, in der es ihm weit besser gefällt, weil es in ihr erfüllter und wirklicher lebt.“
Mit diesem Übergang aus einer Scheinwelt in eine wirkliche, in der das Kind „arbeiten“ kann, geht im Wesen des Kindes eine Veränderung vor sich. Ich erinnere mich da an eine Unterhaltung mit einem Londoner Schulinspektor, der auch eine Reihe pädagogischer Bücher geschrieben hat. Er hatte am Vormittag zwei Kindergärten seines Distriktes besucht. In dem einen hatten die Kinder nur Spielsachen der verschiedensten Art, in dem andern Montessori- und ähnliche Arbeitsmittel. Besonders der Unterschied in der Atmosphäre der beiden Einrichtungen war ihm aufgefallen: in der einen Geschrei, Streit und Störungen aller Art; in der andern geschäftige Ruhe, Ordnung und Freude.

In einem Vortrag zum Thema „Wirklichkeit und Schein" sagte Maria Montessori Folgendes: „Ständig begegnen wir sich widersprechenden Vorstellungen von der Natur des kindlichen Geistes. Die einen meinen, die Phantasie kleiner Kinder von drei Jahren an solle ermutigt werden, die Kinder sollten sich durch das Spiel überhaupt mehr nach der Seite der Phantasie hin entwickeln. Wir dagegen behaupten, Kinder sollten echte Tätigkeiten haben und sich so lange mit ihnen beschäftigen dürfen, wie sie wollen. Wir haben das ‚Arbeit' genannt.

„Ganz allgemein kann man sagen: wenn irgendwo zwei sich widersprechende Ansichten nebeneinander existieren, dann haben beide eine Existenzberechtigung. So ist es auch in diesem Fall. Wir sehen uns zu der Folgerung gezwungen, daß in jedem Individuum ‚zwei Formen der Intelligenz' leben. Jede prägt sich auf die ihr eigene Weise aus: die mehr frei gestaltende Phantasie und die vorwiegend sachbezogene, konstruktiv tätige Intelligenz."

In dem Vortrag, aus dem wir zitiert haben, hat Maria Montessori darauf hingewiesen, daß Kinder vielfach eine große Liebe für die Mathematik entwickeln, „die Wissenschaft der Ordnung, der Genauigkeit und Intelligenz *par excellence*". In seiner dreißigjährigen Erfahrung hat der Verfasser niemals ein nach der Montessori-Methode erzogenes Kind gesehen, das das Rechnen verabscheut hätte. Maria Montessori versichert sogar rundweg, sie habe ihre eigene Erfahrung bei *Pascal* bestätigt gefunden, der gesagt habe, der menschliche Geist sei von Natur aus mathematisch. Aber ebenso wie Pascal sei sie der Meinung, die mathematische sei nur *eine* Form unserer Intelligenz und das geistige Leben sei voller Geheimnisse.

„Hinter dem Kosmos steht der Göttliche Geist, der vom menschlichen nach Ausdehnung, Substanz und Natur verschieden ist. Wir können diesen Geist nicht durchdringen, wohl aber mit ihm in Berührung kommen. Wenn wir an dem Punkt anlangen, da wir sagen, unser Verstand reiche nicht weiter, da eben berührt er das Jenseits. Diese Erfahrung bildet für den Verstand kein Hindernis, sondern eine Berührung; der menschliche Geist muß so lange weiter arbeiten, bis er schließlich diesen Punkt erreicht, die Berührung des erschaffenen Geistes mit dem Unerschaffenen."

Aber das Wirken unseres Geistes, das zur Berührung mit der jenseitigen Welt führt, muß vom Studium der realen Welt seinen Ausgang nehmen, nicht von der Einbildung und dem Schein. Es handelt sich hier um einen Übergang vom Wirklichen zum Wirklicheren, nicht von einer Form der Unwirklichkeit zu einer andern.

Arbeit, Spiel und Wirklichkeit

Wie wir bereits in den vorangegangenen Kapiteln aufgezeigt haben, ist die „Arbeit“ des Kindes von prinzipiell anderem Charakter als die zweckgerichtete und ökonomische Bedürfnissen dienende Arbeit des Erwachsenen (vgl. achtes Kapitel, Seite 144 ff.). Die Arbeit des Kindes ist *zweckfrei*, absichtslos, sie geschieht *spontan*, von innen heraus und bezieht sich doch auf eine reale Tätigkeit in einer wirklichen Welt, ohne daß dabei die Phantasiekräfte des Kindes ausgeschaltet werden. In diesem Sinne ist die „Arbeit“ des Kindes Montessori ebenso heilig wie Fröbel das „Spiel“, in dem das Kind mit sich und der Welt *eins wird*, ja, „Arbeit“ und „Spiel“ rücken *hier* einander näher und zeigen einen inneren Zusammenhang, wie beide sich grundlegend von einem oberflächlichen Spielbegriff (etwa im Sinne der Spielerei, des Verspielten oder des gegängelten Spiels) unterscheiden.
Montessori hat die Erfahrung gemacht, die sich in der Folge vielfach bestätigt hat, daß das Kind auf die Dauer die „Arbeit“ dem Spielen vorzieht, weil sie in ihrem Wirklichkeitsbezug das unbewußte Verlangen seiner Natur, an Wirklichem zu wachsen und sich selbst zur harmonischen Persönlichkeit zu entwickeln, am besten erfüllt.
Natürlich brauchen Kinder ebenso „Ausspannung“ wie Erwachsene und genießen sie ebenso wie wir. „Schach und Bridge sind vergnüglich für unsere Mußestunden; das bliebe aber nicht so, wenn wir den ganzen Tag nichts anderes tun dürften.“ Oder wie Shakespeare sagt: „Wenn die ganze Woche Sonntag wäre, dann wäre Spielen so langweilig wie Arbeiten.“ Interessant ist in diesem Zusammenhang, daß die Kinder ihre Arbeit mit dem Montessori-Material häufig Spielen nennen, selbst wenn sie recht schwierige Aufgaben lösen. So dürfte denn die Entscheidung, was Spiel und was Arbeit sei, weitgehend eine Sache der Definition sein.

Das Spiel hat seinen natürlichen Ort

Indessen wäre es völlig abwegig, anzunehmen, Maria Montessori unterdrücke alle spielerischen, frei gestaltenden Tätigkeiten des Kindes. Nur verlangt sie, daß wir uns zunächst vergewissern, ob sie nicht auf Mangel an geeigneten Möglichkeiten zurückgehen, seine geistigen Kräfte an *wirklichen* Tätigkeiten zu erproben.
Helene Helming, eine der begabtesten Schülerinnen Maria Montessoris in Deutschland, schreibt sehr richtig:
„Die Gefahr resultiert daraus, daß wir das Spiel, das bei Gelegenheit spontan vom Kinde ausgehen sollte, mit pädagogischer Absicht und bewußt in die Welt des Kindes einführen.

„Vielleicht gerade weil im Montessori-Kindergarten dem Kinde ein Material zur Verfügung steht, das geeignet ist, ihm zu seiner Entwicklung klare und systematische Hilfe zu leisten, mag zu Zeiten, wenn das Kind das Material *nicht* benützt, das Spiel den rechten Platz wieder einnehmen, das natürliche, spontane Spiel des Kindes, das unter der Hand des Erwachsenen so leicht unnatürlich und gezwungen wird.“ [29]

In Maria Montessoris Schule in Barcelona spielten die Kinder unter ihrer eigenen Leitung Szenen aus Dantes „Göttlicher Komödie“. Häufig tun Kinder sich spontan zusammen, um Szenen aus der Geschichte oder der Literatur zu spielen, die sie gerade gelesen haben. Das Material aber dürfen sie nur zu dem Zweck gebrauchen, wozu es bestimmt ist. Das bedeutet keine Einschränkung der kindlichen Freiheit: es bedeutet vielmehr den Weg zu ihr, weil das Material, worauf wir früher schon hingewiesen haben, dem Kinde „das Universum erschließt“. Die wirkliche Welt enthält mehr Interessantes, als der noch unreife Geist des Kindes für sich selbst erschaffen könnte.

Zwanzigstes Kapitel:

AUSBLICK AUF DIE FORTGESCHRITTENE MONTESSORI-ARBEIT*

Der Übergang zur zweiten Kindheitsperiode

Zwar ist es uns in diesem Buche in erster Linie um die Darlegung der Montessori-Prinzipien und ihre Anwendung auf Kindergarten und Grundschule gegangen. Da aber die Frage: „Und was kommt nach der Montessori-Schule?“ immer häufiger gestellt wird, scheint es mir doch angebracht, Maria Montessoris Gedanken über die Erziehung der Kinder vom neunten Lebensjahr an einige Abschnitte zu widmen.

Wenn das Kind der ersten Kindheitsperiode entwächst, fühlt es sich, wie im sechzehnten Kapitel schon festgestellt, im *luogo chiuso*, dem umschlossenen Raum der vorbereiteten Umgebung, nicht mehr völlig glücklich. Er ist ihm zu eng geworden, es findet in ihm nicht mehr alles, was es zur „Valorisation seiner Persönlichkeit“ nötig hätte — wie Maria Montessori die volle harmonische Entwicklung in körperlicher, seelisch-geistiger und sozialer Hinsicht genannt hat. Neue sensitive Phasen setzen ein und mit ihnen neue geistige Bedürfnisse, die auf neue Weise aufgefangen und pädagogisch fruchtbar gemacht werden sollten. Wenn wir beobachten, daß die Lebensfreude des Kindes nachläßt und seine spontane Konzentration sich vermindert, dann ist das meist ein Kennzeichen dafür, daß eine neue Entwicklungsperiode anbricht.

Geistige Entdeckungen — nun auf höherer Ebene

Natürlich treten diese Veränderungen bei den einzelnen Kindern individuell verschieden auf; im allgemeinen liegen sie um das neunte oder zehnte Lebensjahr. Jetzt sehen wir das Kind mit neu erwachten Interessen sehnsüchtig in die größere Welt außerhalb seiner Montessori-Klasse Ausschau halten; jetzt beginnt die Zeit, „der kühnen, wagenden Kraft des Knabenalters: das Steigen in Höhlen und Klüfte, das Klettern auf Bäume und auf Berge, das Suchen in Höhen und Tiefen, das Schweifen in Wäldern und Feldern“ (Fröbel). Glückliche Kinder, die auf dem Lande leben und ihren Forscherdrang nicht zu zügeln brauchen!

In diesem Alter gründen sie auch „Banden“ und „Geheimgesellschaften“, die mangels richtiger Leitung gelegentlich sogar mit den Behörden in Kon-

* Fortgeschrittene Montessori-Arbeit rechnet vom neunten Lebensjahr an aufwärts.

flikt geraten. Ihre Eskapaden werden häufig als moralische Schlechtigkeiten hingestellt, und der Erwachsene fühlt sich bemüßigt, sie streng zu ahnden. Dadurch wird jedoch die Kluft des Mißverstehens noch erweitert und der Kampf zwischen Erwachsenen und Kindern verschärft. Das Wort „Eskapade“ trifft den Sachverhalt genau, denn diese Heldentaten drücken tatsächlich ein Entkommen-Wollen aus (escape, englisch Entkommen): die Kinder wollen gleichsam einer Lebensform entkommen, die ihnen auf irgendeine Weise zu eng und unerträglich langweilig geworden ist; sie protestieren gegen eine Umwelt, die sie als leer empfinden. Wie in jedem Stadium Abweichungen vom Normalen auftreten, wenn in der Umgebung des Kindes lebenswichtige Faktoren fehlen, so auch hier. Im Grunde liegt weiter nichts vor, als daß das junge Volk den psychologischen Moment erreicht hat, da ein starker innerer Drang es dazu treibt, den Kontakt mit der Außenwelt zu erweitern.

Erziehung ist Vorbereitung für das Leben

Auch dieses natürlichen Impulses sollten wir uns bedienen. Aber wie. Wir können ja nicht einfach die Schultore aufreißen und die Kinder in die Welt hinausströmen lassen. „Das würde mehr einer Flucht ähneln“, sagt Maria Montessori, „und sie liefen Gefahr, sich zu verirren wie Hänsel und Gretel“ Dazu ist für sie die Welt denn doch in vieler Hinsicht zu kompliziert und zu gefährlich. „Wir müssen uns jetzt“, fährt sie fort „über die wichtige und praktische Tatsache klarwerden, daß dies Hinausgehen in die Welt vorbereitet werden muß. Das sollte unser Stichwort sein, unser Wegweiser oder doch einer unserer Wegweiser.“ Sie berichtet, Séguin habe auf diesem Gedanken der Lebensvorbereitung ein ganzes Erziehungssystem aufgebaut.
Es gehört zu den wichtigsten Unterrichtsproblemen unserer Zeit, ob nicht schon der Lehrstoff der Unterstufe auf das erweiterte Gemeinschaftsleben ausgerichtet werden sollte. Kürzlich kam uns ein kleines Buch mit dem Titel *Actuality in the School* (Lebensnaher Unterricht in der Schule) in die Hand, in dem der Autor von einer Schule berichtet, die Vertreter verschiedener Berufe, zum Beispiel den Briefträger, den Milchmann, einen Mann von der Müllabfuhr, in die Schule einlädt, damit sie den Kindern über ihre Tätigkeit berichten und die Fragen der Kinder beantworten. Das ist natürlich sehr gut, bringt aber doch mehr das Leben in die Schule als die Kinder in das Leben. Und was noch mehr gegen diese Methode spricht: daß sie des Kindes Lust, die Welt zu erforschen und die eigenen Fähigkeiten zu üben, nicht zum Zuge kommen läßt. Auch Klassenexkursionen unter Leitung des Lehrers in Museen oder zu andern Sehenswürdigkeiten lehren, so gut sie an sich sein mögen, das Kind nicht, sich in der größeren Welt sicherer und unabhängiger zu bewegen.

Maria Montessoris Vorstellungen von einer auf das Leben vorbereitenden Erziehung kommt die Pfadfinder-Bewegung am nächsten. Ein Blick ins Pfadfinder-Handbuch zeigt, daß die verschiedenen Übungen des Pfadfinders ausnahmslos darauf hinauslaufen, den Jungen in der Welt außerhalb der Schule tüchtig und unabhängig handeln zu lehren. Wie man sich nach der Sonne und den Sternen orientiert, wie man, auf sich selbst gestellt und nur mit dem Kompaß in der Hand, seinen Weg querfeldein findet, wie man die Verkehrsregeln befolgt, wie man Erste Hilfe leistet, wie man seine Kleider ausbessert und instand hält, wie man Feuer anmacht und Essen kocht, wie man ein Zelt aufschlägt und ein Lager leitet, wie man eine Brücke über einen Bach baut und so weiter — alles das ist ja nichts anderes als Vorbereitung auf das Leben.

Wenn Maria Montessori gegen die Pfadfinder-Bewegung etwas einzuwenden hatte, dann das, daß die Tätigkeiten, zu denen sie die Kinder anspornt, im allgemeinen nicht genügend mit den in der Schule geübten in Verbindung stehen. So kommt es vor, daß begeisterte Pfadfinder und Pfadfinderinnen eine Art Doppelleben führen müssen. Das ist ein bedauerlicher Nachteil, weil das Kind in sich eine Einheit ist und soweit wie möglich auch sein Leben eine Einheit sein sollte. Deshalb wäre es besser, wenn die vielen Übungen, die die Pfadfinder zum Bestehen ihrer Prüfungen unternehmen, einen Teil des Lehrplans der Schule bildeten. Ich kenne ein paar Lehrer, die auch Pfadfinderführer sind und beide Bereiche mit großem Erfolg verbunden haben; und kürzlich hörte ich, daß es einige Schulen gibt, zu deren ausgesprochener Schulpolitik es gehört, Pfadfindertätigkeiten organisch in ihr Schulleben einzubeziehen.

Ohne Zweifel hätte jede methodische Bemühung, den Lehrplan lebensnäher zu machen, Fröbels Beifall gefunden. Schon vor hundertfünfzig Jahren hat er zu Beginn seiner Laufbahn als Lehrer etwas ganz Ähnliches angestrebt, wie die folgende Schilderung eines Zeitgenossen beweist.

„Auf den wöchentlich eingerichteten Spaziergängen . . . benutzte er die Gelegenheit, die Schüler zur Anschauung und Auffassung der Oberflächenverhältnisse der Erde zu bringen . . . Die Stadt (Frankfurt) war ihm Ausgangs- und Mittelpunkt, von ihr aus erweiterte sich das Bild nach allen vier Himmelsgegenden. Der Main wurde als Linie dargestellt, ebenso Hügel und Bergzüge. Nach den getroffenen Bestimmungen zeichnete er nach und in der Natur das Bild sofort in eine ebene Fläche des Bodens. Das so aufgefaßte Bild wurde dann in der Schule auf die horizontal liegende schwarze Tafel gezeichnet, zuerst gemeinsam entworfen und dann von jedem Schüler zur Aufgabe nachgezeichnet. . . Der Knabe lernte so zuerst die Heimat kennen, ehe er in die weite Ferne geführt wurde... Fröbels Schüler waren in der

Umgebung ihrer Vaterstadt zu Hause wie in ihrer Stube und antworteten rasch und schlagend über jedes Erdoberflächenverhältnis."[29a]

Moralische Erziehung durch die Gruppe

Es wäre aber falsch, Montessoris Begriff der „Erziehung als Vorbereitung auf das Leben" nur so zu verstehen, als sollten Knaben und Mädchen sich lediglich darauf vorbereiten, sich in der räumlichen und dinglichen Welt außerhalb der Schulmauern zurecht zufinden. Wichtiger ist ihr, daß die Kinder sich sittlich fest und unabhängig in der moralischen Welt draußen bewegen lernen. Auch hier liegen viele Probleme, drohen Gefahren, die in der vorbereiteten Umgebung des vorausgegangenen Stadiums eliminiert waren. Bei einer wirksamen moralischen Vorbereitung kommen uns zwei psychische Tatsachen zu Hilfe, die zugleich für den neuen Entwicklungsabschnitt kennzeichnend sind: erstens eine erhöhte Sensivität für Recht und Unrecht; Maria Montessori beschreibt sie als „Erforschung des moralischen Feldes durch das Kind, die Unterscheidung von Gut und Böse . . . Das Kind ist nicht mehr bloß aufnehmend . . . es will selbst *verstehen* und ist nicht mehr damit zufrieden, Tatsachen bloß hinzunehmen. In dem Maße, wie sich seine moralische Aktivität entwickelt, will es auch sein *eigenes* Urteil gebrauchen . . . Ein innerer Wandel ist vor sich gegangen: jetzt weckt die Natur in ihm nicht nur den Hunger nach Wissen und Verstehen, sondern auch einen Anspruch auf geistige Unabhängigkeit, den Wunsch, mit eigenen Mitteln zwischen Gut und Böse zu unterscheiden. Auf dem Felde der Moral braucht das Kind jetzt sein eigenes Licht."[30]

Die zweite Tatsache, die um diese Zeit neu in Erscheinung tritt, ist das „Bedürfnis des Kindes, sich mit andern zusammenzutun, nicht nur um der Gesellschaft willen, sondern in einer Art organisierter Tätigkeit. Es lebt gern mit andern in einer Gruppe, in der jeder eine eigene Stellung hat. Ein Führer wird gewählt, ihm wird gehorcht, weitere Funktionen werden verteilt, und so wird eine lebensfähige Gruppe gebildet." „Was in diesem Stadium not tut, ist eine besondere Form der Jugendorganisation, die sowohl jenem stärker werdenden sozialen Bedürfnis wie dem lebhafteren Interesse für sittliche Unterscheidungen und zugleich der oben erwähnten Sehnsucht nach einem weiteren Horizont Genüge tut. Eine Jugendgruppe oder ein Jugendverband sollte die Form „einer moralischen Vereinigung von Jungen (oder Mädchen) haben, die willens sind, Teil einer Gesellschaft zu bilden, die ein moralisches Ziel hat und von ihren Mitgliedern verlangt, daß sie auf einem gewissen moralischen Niveau leben".

Dabei handelt es sich also nicht um eine Frage der Anzahl von Mitgliedern oder der Zugehörigkeit zu einer Gruppe. Ausschlaggebend ist, daß die Jungen oder Mädchen, die sich innerhalb oder außerhalb der Schule mit andern zusammentun, „dasselbe moralische Ziel verfolgen wollen". Die Grenzen der Gruppe werden nicht von den „Mauern" der Organisation gebildet, sondern durch die übernommenen moralischen Verpflichtungen. Wie Montessori es ausdrückt:

„Auf dieser Stufe bieten wir den Kindern neue Aktivitäten an, die wegen der Anstrengung, die zu ihrer Ausführung erforderlich ist, oft als über die Leistungsfähigkeit der Kinder hinausgehend angesehen werden. Im allgemeinen sollten aber jetzt die Kinder zu einem härteren und anstrengenderen Leben aufgerufen werden, einem Leben, das der für diese Periode charakteristischen Stärke und Stabilität des Kindes entspricht."

Daß auch Fröbel die Bedeutung der Gruppe für die Gesinnungsbildung anerkannt hat, geht aus Abschnitten wie dem nachfolgenden hervor. Bei der Erörterung von Spielen wie Laufen, Ringen, Rennen, Fang- und Kriegsspielen schreibt er: „Aber keineswegs ist es nur die physische . . . Kraft, welche hier so hohe und stärkende Nahrung erhält . . . auch die Geistes-, die sittliche Kraft erscheint bei allen diesen Spielen in einer Erhöhung, Steigerung, Bestimmtheit, Sicherheit, daß, wenn es darauf ankäme, abzuwägen, nach welcher Seite hin sich der Ausschlag neige, . . . schwerlich wohl dem Körper . . . das Übergewicht zuzugestehen sei: Gerechtigkeit, Mäßigung, Selbstbeherrschung, Wahrheit, Treue, Brüderlichkeit und doch auch strenge Unparteilichkeit, wem duften nicht alle diese schönen Blüten des Herzens und Gemütes und des festen Willens entgegen, wenn er einem Kreise solcher spielenden Knaben sich nähert . . . Doch noch zarter duftende Blümchen blühen: Schonung, Duldsamkeit, Pflege, Ermutigung des nicht durch eigene Schuld Schwächeren, des Zarteren, Jüngeren, Billigkeit gegen den mit dem Spiele Unbekannten." Auch Maria Montessori erkennt den moralischen Wert des Spiels an; jedoch gibt sie zu bedenken, daß Spiele eben *Spiele* sind und weniger in fundamentalen Lebenswirklichkeiten gründen. Auch hier wieder ist ihrer Meinung nach die Pfadfinder-Bewegung auf dem richtigen Wege, denn ihre große Anziehungskraft für Knaben und Mädchen aller Länder gehe ja ohne Zweifel darauf zurück, daß sie auf die speziellen Bedürfnisse dieser Altersstufe antworte: als freiwillige Vereinigung, die die Jungen und Mädchen zu einem physisch und moralisch höheren und tüchtigeren Leben aus freier Entscheidung aufruft und verpflichtet, was aus den Pfadfinder-Geboten ohne weiteres hervorgeht:

„Auf die Ehre eines Pfadfinders kann man bauen." — „Der Pfadfinder ist treu Gott, der Kirche und dem Vaterlande." — „Der Pfadfinder ist hilfsbereit." — „Der Pfadfinder schützt Pflanzen und Tiere." Andere Gebote verpflichten ihn, sparsam, höflich und ritterlich, auch bei Schwierigkeiten stets frohgemut zu sein und „rein in Gedanken, Worten und Werken".

Leider aber spielt sich, wie schon angemerkt, das Pfadfinderleben außerhalb der Schulsphäre ab, und leider paßt die Schule ihre Organisation und ihren Bildungsplan den neuen Aktivitäten und der neuen Sensitivität der kindlichen Seele nicht genügend an. *Lord Baden-Powell* selber hat das erkannt. In seinem Vorwort zu *Scouting for Boys* weist er darauf hin, daß viele in der Pfadfinderei mit Recht eine Revolutionierung der Erziehung sähen, und fährt dann fort:

„Es stimmt, daß die Pfadfinderei ein anderes Ziel anstrebt als die durchschnittliche Schulerziehung. Sie will die Knaben nicht nur lehren, wie man einen Lebensunterhalt verdient, sondern wie man lebt. Es liegt eine gewisse Gefahr darin, im Individuum den Ehrgeiz nach Preisen und Stipendien zu erwecken und ihm die Sicherung des Verdienstes, der Stellung und der Macht als Erfolg hinzustellen, wenn man es nicht zugleich den Dienst für andere lehrt."

Das Alter der Vernunft[31]

Der hervorstechendste aller geistigen Züge, die beim Übergang von der Kindheit zum Knabenalter (von Montessori das zweite Kindheitsstadium genannt) auftreten, ist die deutliche Entwicklung der Urteilskraft. Maria Montessori beschreibt dies folgendermaßen:

„Wir stehen einer beträchtlichen Entwicklung des Bewußtseins gegenüber, die schon stattgefunden hat; jetzt wird das Bewußtsein stärker nach außen verlagert, da die Intelligenz nach außen gerichtet ist; und es besteht von seiten des Kindes ein ungewöhnliches Verlangen, die Gründe der Dinge zu wissen . . . Alle anderen Faktoren sinken neben der Wichtigkeit, die hungrige Intelligenz zu nähren und der Entdeckungslust weite Felder des Wissens zu erschließen, fast zur Bedeutungslosigkeit zurück."

Auch in diesem Punkt stimmt Fröbel völlig mit Maria Montessori überein, wenn er auch eine andere Sprache spricht als die moderne Italienerin. Er sagt: „Sowie die vorige Stufe, die Stufe der Kindheit, vorwaltend die des Lebens an sich . . . die Stufe war, Innerliches äußerlich zu machen: so ist die jetzige, die Knabenstufe, vorwaltend die Stufe, Äußerliches innerlich zu machen, die Stufe des Lernens."

Das antreibende Moment

In der Kinderschule alten Typs mußte der das kleine Kind beherrschende Trieb nach körperlicher Bewegung gewissermaßen Hunger leiden. Durch Einführung der Übungen des praktischen Lebens, des Sinnesmaterials und der anderen Arbeitsmittel (die ja „gehandhabt" werden), wie der freien

Wahl der Beschäftigung hat man das geistige Gleichgewicht des Kindes wiederhergestellt, so daß die kindliche Persönlichkeit nunmehr als Ganzes wirken kann. Eine ähnliche Herstellung des Gleichgewichts muß auch im neuen Stadium vor sich gehen. Die alten erzieherischen Methoden haben gewöhnlich nicht mit dem starken Anwachsen der kindlichen Verstandestätigkeit und Urteilskraft gerechnet und folglich dem Gedächtnis zu großen Wert beigelegt. Der Ausgleich muß dadurch zustande kommen, daß man jetzt dem Verstand und der Vernunft als den neuen Triebkräften der geistigen Entwicklung größere Bedeutung beimißt. „Wir vertrauen", sagt Fröbel, „der energetischen und einigenden Kraft des Knaben (das heißt seiner Vernunft) zu wenig."

Und woher wissen wir, fragt Maria Montessori, daß wir recht tun, wenn wir uns jetzt so nachdrücklich an die Vernunft wenden? „Aus Erfahrung. Wenn der auf dieser Stufe angelangte kindliche Geist eine Gruppe aufeinander bezogener Tatsachen im Lichte des Verstandes sieht, empfindet er ein Gefühl der Befriedigung, einer inneren Harmonie, gerät er in einen Zustand der Ruhe." („Verallgemeinerung ist Einfließen des Göttlichen in den Geist — daher der Schauer, der sie begleitet", sagt Emerson.)

Maria Montessori warnt davor, den Ausdruck „Zustand der Ruhe" mißzuverstehen. Es handele sich nicht um einen passiven Geisteszustand, eher sei er der Ruhe eines sich drehenden Kreisels vergleichbar, und das mit ihr sich einstellende Gefühl der Befriedigung sei die tiefe Freude, die die richtige Anwendung einer Fähigkeit nach sich ziehe.

Fröbel drückt das Wesen dieser Entwicklungsstufe folgendermaßen aus: „Deshalb tritt der Schüler und Knabe, wie er in die Schule tritt, aus der äußeren Ansicht der Dinge heraus und in eine höhere geistige ein. Dieses Heraustreten des Kindes aus der Hausordnung in die höhere Weltordnung macht den Knaben zum Schüler, die Schule zu dem, was sie ist, zur Schule." Und an anderer Stelle: „Schule ist das Streben, . . . die inneren Verhältnisse der Dinge zu- und untereinander, zu dem Menschen, . . . und zu dem lebendigen Grund und der sich selbst klaren Einheit aller Dinge, zu Gott, kennen zu lehren und bewußt zu machen." Diese „inneren Verhältnisse", von denen Fröbel immer wieder spricht, bezeichnen eben die „innerliche Anschauung" der Erscheinungen.

Weil es dem kindlichen Geist seiner ganzen Natur nach immer um die Beziehungen zwischen den Dingen zu tun ist, bietet Maria Montessori schon dem Kinde das Sinnesmaterial immer in Gruppen oder Sätzen an, die, wie etwa die zehn sich verkleinernden Würfel des Rosa Turms oder die zehn roten Stangen der Langen Treppe, ein Ganzes bilden[32]. Arbeiten die Kinder Tag für Tag mit dem Material, erkennen sie dies in seinen sensu-motorisch sich offenbarenden Beziehungen von Gegensätzen und Abstufungen immer klarer.

Auf dieser neuen, höheren Stufe aber müssen wir unsere Lehrtaktik ändern. Wir müssen zwar dem Kinde immer noch ein Ganzes bieten, das, was Maria Montessori ein *insieme di conoscenza* (ein Ganzes aus zusammen gewußten Teilen) nennt. Dies Ganze wird jetzt aber nicht mehr primär durch die Sinne erfaßt, sondern als „logisches Ganzes", und die Verbindung zwischen seinen Teilen wird durch die „Bande des Verstandes" oder Fröbels „innere Verhältnisse" gesehen.

Zentrum des Interesses und radiale Forschungslinien

Bei der Beschäftigung mit der praktisch-methodischen Bedeutung dieser neu erwachten Fähigkeit müssen wir noch einen Schritt weiter gehen. Mit der Tätigkeit des Verstandes verhält es sich wie mit dem Appetit, „der mit dem Essen wächst". Der Hunger des menschlichen Geistes nach Überblick und System ist unersättlich und genaugenommen nur durch das Universum selbst zu stillen. Der Zustand intellektueller Zufriedenheit und Freude, der eine Intelligenz überkommt, wenn sie eine Reihe von Erscheinungen in ihren Zusammenhängen begreift, endet nicht in sich selbst, er wird sogleich zur „Ebene für neue Eroberungen". Oder mit Fröbel: „. . . so wird . . ., wenn mit innerem Auge sehend, für die nächsten Einzelheiten das nächste gemeinsam Verknüpfende gesucht und gefunden, und so von jeder gefundenen, gemeinsamen Einheit zur nächst höheren, und so zuletzt zu der höchsten hinaufgestiegen ..."
Dies alles zeigt uns, in welcher Richtung wir bei der Aufgabe, das Schulkind zwischen neun und zwölf Jahren in das ungeheuer große Gebiet der Kultur einzuführen, vorgehen müssen. Bei jedem Gegenstand, der sich zu solcher Behandlung nur irgend eignet, müssen wir die Tatsachen in Gruppen, nicht isoliert, bieten, in Gruppen, die eine logische Einheit bilden. Sie wieder werden für den kindlichen Geist zu „Interessenzentren", die „Strahlen aussenden", radiale Forschungslinien, an denen entlang der suchende und folgende Geist spontan weiterschreitet und im Weiterschreiten neue Einzelheiten, neue Probleme entdeckt.

Ein neuer Bildungsplan

Gesetzt also, die oben umrissene Methode mit dem kindlichen Verstande als „Motor" wäre die richtige, so bleibt immer noch das Problem zu lösen, was und wie wir die Kinder lehren wollen. Maria Montessoris Vorschlag, obwohl anders formuliert und unabhängig von Fröbel gefunden, ist Fröbels vor mehr als hundert Jahren gezeitigter Erkenntnis bemerkenswert ähnlich. An die oben

zitierte Bemerkung, daß der Knabe beim Verlassen des Kindergartens aus einer häuslichen in eine kosmische Ordnung übergewechselt sei, schließt Fröbel folgende Sätze an: „Die . . . Anstalt zur Aneignung einer größeren oder geringeren Menge an Mannigfaltigkeiten . . . macht die Schule keineswegs zur Schule, sondern einzig der geistige, lebendige Hauch und Odem, der alle Dinge belebt, in dem alle Dinge sich bewegen."
In einem ihrer letzten, in Indien erschienenen Bücher, *To Educate the Human Potential*[30], sagt Maria Montessori zu dieser Frage folgendes:
„Wir wollen dem Kinde eine Vision des ganzen Universums geben. Das Universum ist eine imponierende Wirklichkeit und eine Antwort auf alle Fragen. Wir werden zusammen auf diesem Pfade des Lebens wandern, denn alle Dinge sind Teil des Universums, sind untereinander verbunden und bilden eine Einheit. Diese Vorstellung hilft dem Geiste des Kindes, sich zu befestigen, statt in einer ziellosen Suche nach Wissen herumzuwandern. Das Kind ist befriedigt, wenn es das universale Zentrum seiner selbst in allen Dingen gefunden hat."
Ich kann mir gut vorstellen, daß aufgebrachte Leser, besonders wenn sie Lehrer oder Lehrerinnen sind, an dieser Stelle erbittert ausrufen: „Das klingt ja alles recht hübsch, recht erhebend, recht begeisternd, aber mir als Lehrer gibt es nichts Praktisches in die Hand, womit ich arbeiten könnte. Wie soll ich zum Beispiel am kommenden Montag um halb zehn das „ganze Universum" in mein Klassenzimmer bringen? Hat denn keiner von diesen philosophischen Idealisten irgendeinen praktischen Vorschlag zu machen?"
Maria Montessori hat sogar viele Vorschläge zu machen, und bei Fröbel wäre es nicht anders, wenn er heute lebte und sich den ungeheuren Fortschritt der Wissenschaften seit seiner Zeit zunutze machen könnte. Leser, die sich für die Einzelheiten von Maria Montessoris Plan einer „kosmischen Erziehung" interessieren, seien auf ihre Bücher verwiesen und besonders auf das zuletzt erwähnte. Besser freilich wäre es in jedem Fall, an einem entsprechenden Lehrgang für „Fortgeschrittene Montessori-Arbeit" teilzunehmen.

Samen der Kultur

Es muß klargestellt werden, daß Maria Montessori nicht die Absicht hat, Kinder zwischen neun und zwölf mit einem ausgeklügelten Schema des Universalwissens bekannt zu machen und damit die Lehrer in wandelnde Enzyklopädien zu verwandeln.
Das ganze Wissen unserer Zeit zu vermitteln ist selbstverständlich völlig unmöglich geworden. Also brauchen wir eine Methode, „alle Faktoren der Kultur einzuführen: nicht in Form eines Lehrplans, der dem Kinde mit einer alle Einzelheiten berücksichtigenden Exaktheit aufgezwungen wird, sondern

durch breitwürfiges Aussäen einer möglichst großen Zahl von Samenkörnern des Interesses". Sie werden vom Geiste leicht aufgenommen, werden aber erst keimen, wenn der Wille mehr zielgerichtet ist, das heißt, wenn die „Forschungslinien" immer mehr zu individuellen Angelegenheiten werden.

Aus alledem geht schon hervor, daß Maria Montessori sich nicht ganze Klassen vorstellt, die *en bloc* mit irgendeinem Thema beschäftigt werden. Auch für dieses Alter gilt ihr Prinzip, daß das Kind durch eigene Tätigkeit lernen, daß man ihm die Freiheit geben muß, zu wählen, was es braucht, und daß es seine Wahl nicht zu rechtfertigen hat, „da der Lehrer den geistigen Bedürfnissen des Kindes entsprechen, nicht aber sie ihm diktieren sollte".

Entwicklung ist immer das erste Ziel

Selbst in diesem Lernalter *par excellence* rangiert die Frage, was das Kind lernen soll, so wichtig sie auch sein mag, immer noch hinter der Frage nach der geistigen Entwicklung. Aber selbst wenn der Wissenserwerb unser primäres Ziel wäre, müßten wir doch die Entwicklung voranstellen. Denn schließlich unterscheidet sich ja der gebildete Mensch von einem, der wie ein Wörterbuch lediglich eine Menge unzusammenhängender Tatsachen in sich birgt, durch den inneren Aufbau seines Wissens. Seine Bildung ist das Ergebnis eines geistigen Prozesses, den ein lebendiges Interesse von innen, vom „Zentrum" her in Gang setzt und in Gang hält. Der gebildete Mensch besitzt ein lebendig organisiertes, organisch gewachsenes Wissen, dessen Teile untereinander sinnvoll verbunden sind, weil eine Intelligenz über ihnen waltet, die das Ganze und seine Teile erleuchtet, belebt und verbindet, wie die Seele den Körper und seine Organe erhellt, belebt und eint. Der Geistesinhalt des ungebildeten Menschen dagegen ist nur ein Kompendium kaum zusammenhängender Tatsachen, einem Sack voll Kartoffeln vergleichbar, und seine Kenntnisse sind auch nur mechanisch zusammengekommen, wie Kartoffeln in den Sack geschüttet werden und ohne daß ein Prozeß organischen Wachstums vorangegangen wäre.

Auch Freiheit der Wahl setzt Wissen voraus

Und gerade weil Bildung ein organischer Prozeß sein soll, erinnert Maria Montessori nochmals daran, daß auch in diesem Stadium die Freiheit der Wahl echte Freiheit sein müsse. Was sich das Kind zum Arbeiten auswähle, müsse immer zu dem, was es geistig schon besitze, in Beziehung stehen, denn nur so werde das Neue vom Alten lebendig assimiliert.

Nach ihrer Ansicht fallen manche modernen Pädagogen in ihrer Reaktion gegen das alte System, das die Kinder rein mechanisch ein Konglomerat von mehr oder minder interessanten Tatsachen aufnehmen ließ, ins andere Extrem und befürworten eine „Lernfreiheit, ohne auf einer vorangehenden Vorbereitung des Interesses zu bestehen. Das hieße bauen ohne Fundament, wie gewisse politische Methoden heutzutage Freiheit der Rede und Stimmrecht bieten, also das Recht gewähren, Gedanken zu äußern, auch wenn weder Gedanken noch Denkfähigkeit vorhanden sind. Kind wie Gesellschaft brauchen Hilfe zum Aufbau geistiger Fähigkeiten; dabei muß das natürliche geistige Interesse die Führung übernehmen, damit es auch zu einem natürlichen Wachstum in Freiheit kommen kann."

Die Aufgabe des Lehrers dabei ist weder gering noch leicht. „Er muß eine große Menge an Stoff vorbereiten und kann sich nicht mehr hinter Leitfaden und Lehrplan verschanzen. Er wird sich bis zu einem gewissen Grade mit vielen Wissensgebieten vertraut machen müssen. Dem Lehrer, dem bei dieser Vorstellung das Herz sinkt, ruft Montessori tröstend zu, er solle nicht den Mut verlieren, denn „ein wissenschaftlich geprüfter Plan" werde ihm helfen.

Es ginge, wie ich schon sagte, über den Rahmen dieses Buches hinaus, auch nur die Umrisse des „wissenschaftlich geprüften Planes kosmischer Erziehung" nachzuzeichnen, den Maria Montessori 1935 bei einem Kurs in London als Grundlage ihrer *Advanced Method* (Fortgeschrittene Methode) zum ersten Mal dargelegt hat.

Sie behauptet nicht, daß ihr Plan abgeschlossen sei, sie bezeichnet vielmehr das Problem als so weit verzweigt, daß es nur mit Hilfe von Experimenten, „in großem Maßstab und über lange Zeiträume hin durchgeführt", gelöst werden könne. Dazu sei die Hilfe zahlreicher Mitarbeiter notwendig. Aber ein Anfang ist gemacht, eine feste Erfahrungsgrundlage, auf der sich weiterbauen läßt, besteht. Freilich warten sehr viele Nebengebiete der Forschung noch auf begeisterte Mitarbeiter.

Der rechte Gebrauch der Phantasie

Es ist nicht so wichtig, daß man die Einzelheiten dieses Planes kennt, als seine allgemeinen Ziele und die für die Ausführung nötige Geisteshaltung. Deshalb muß ich, ehe ich das Kapitel schließe, ein Prinzip erwähnen, dem Maria Montessori für dieses Entwicklungsstadium des Kindes größte Bedeutung zuschreibt: den rechten Gebrauch der Phantasie. Daß in ihrer Pädagogik die Phantasie zu kurz komme, ist der wohl am meisten gegen sie erhobene Vorwurf, weshalb es denn auch manchen überraschen mag, daß ihr „Plan für eine kosmische Erziehung" für die Unterstufe Sätze wie die folgenden enthält:

„Wenn wir diese wunderbare Fähigkeit nicht entflammen, dann tun wir nichts! Menschliches Bewußtsein tritt als glühender Ball der Phantasie ins

Leben. Alles, was Menschen erfunden haben, Materielles wie Geistiges, ist die Frucht der Phantasie eines Menschen. Beim Studium der Geschichte und der Erdkunde sind wir ohne sie hilflos; und wenn wir dem Kinde das Universum nahebringen wollen — was sonst als die Phantasie kann uns dabei helfen? Ich halte es für ein Verbrechen, Gegenstände, die edle und schöpferische Hilfen für die Einbildungskraft sind, in einer Weise vorzutragen, als verneine man ihren Nutzen.

„Das Geheimnis guten Unterrichts besteht darin, die kindliche Intelligenz als fruchtbaren Acker zu betrachten, in den man Samen sät, damit er unter der flammenden Sonne der Phantasie aufgehe. Deshalb geht es uns nicht darum allein, daß das Kind verstehe oder gar auswendig lerne, sondern daß wir seine Phantasie in Bewegung bringen und damit seine Begeisterung bis ins Innerste entflammen. In diesem Alter muß das Kind den Pfad der höheren Wirklichkeiten geführt werden, die man mit Hilfe der Phantasie erfaßt." Auch hier wieder warnt sie davor, die Phantasie von der Intelligenz getrennt zu pflegen, und bezeichnet manche modernen Erziehungswissenschaftler als „Vivisektoren der Persönlichkeit". So wie die einen immer noch die Tätigkeiten von Hirn und Hand trennen möchten, so wollen die anderen einerseits „trockene Fakten" lehren und anderseits die Phantasie pflegen: durch Märchen zum Beispiel, die in einer erdachten Wunderwelt spielen, die aber nicht die Welt ist, in der wir leben. „Indem wir dem Kinde die Geschichte des Universums bieten, geben wir seiner Phantasie etwas tausendmal Wunderträchtigeres und Geheimnisvolleres, denn mit dem kosmischen Drama kann kein Märchen konkurrieren."

Schließlich: Leben ist weiter als Logik

In ihren späteren Jahren hat Maria Montessori das Ziel der Erziehung in einer „Lebenshilfe" gesehen. Da wir einen vollständigen Bericht über alle Wege, auf denen sie dies Ziel von uns verwirklicht sehen wollte, nicht geben konnten, haben wir uns auf die *Entwicklungshilfe* während der beiden Kindheitsperioden beschränkt und uns innerhalb dieser Grenze wiederum mehr auf die geistige Entwicklung als auf andere Aspekte konzentriert.

Eine Einschränkung des Themas war unerläßlich, und wir haben uns zu der eben charakterisierten entschlossen, weil Verstand und Vernunft ja schließlich die höchsten menschlichen Fähigkeiten und in gewissem Sinne die Grundlage aller andern sind. Wir haben unserm Lob der Vernunft und ihrer überragenden Rolle in unserm Leben nichts hinzuzufügen und möchten mit einer Bemerkung in anderer Richtung schließen.

Ein paar Absätze zuvor erwähnten wir Maria Montessoris Warnung vor der Gefahr, Phantasie und Intelligenz getrennt zu pflegen. Da aber das Leben weiter ist als die Logik, laufen wir eine ähnliche Gefahr, wenn wir die Vernunft von einer noch höheren Fähigkeit getrennt entwickeln. Diese Feststellung mag, nachdem wir soeben die Vernunft als unsere höchste Eigenschaft erklärt haben, befremden; aber Verstand und Vernunft sind nur unsere höchste *natürliche* Gabe, und es gibt einen Wirklichkeitsbereich, der seine Geheimnisse weder deduktivem noch induktivem Denken, weder Vernunftschlüssen noch wissenschaftlicher Forschung preisgibt, sondern nur dem, was man als das totale Funktionieren der ganzen Persönlichkeit einschließlich des gehorsamen Willens beschreiben könnte. Das ist das Reich der geoffenbarten Wahrheit, von der Er, der es am besten wußte, gesagt hat, „daß der, der den Willen tut, von der Lehre weiß".

Selbstverständlich war sich Maria Montessori darüber im klaren, daß der Glaube eine übernatürliche Gabe ist und uns nicht wie die Gaben der Sinne: Instinkt, Gefühl, Vernunft, Willen, von Natur aus eigen ist. Sie wußte auch, was hinter jenen Zeilen in *Byrons „Manfred"* steht:

„... wer am meisten weiß,
Beklagt am tiefsten auch der Wahrheit Leid.
Der Baum des Wissens ist nicht der des Lebens".

Und deshalb wären zur vollständigen Darstellung ihrer Ideen von der „Erziehung als Lebenshilfe" drei weitere Bände nötig. Einer hätte sich mit der „Valorisation der Persönlichkeit" zu befassen und Gegenstände wie die fortschreitende Anpassung des Kindes an seine sich immer mehr erweiternde soziale Umgebung zu behandeln, dazu den Erwerb der Bildung durch spontane geistige Ausdehnung, den Selbstausdruck durch die Künste, die Reform des höheren Schulwesens und noch manches andere. Er existiert schon im Manuskript. Ein weiterer Band müßte die Art und Weise behandeln, wie Maria Montessori ihre pädagogischen Grundsätze auf die Unterweisung in der Religion und ihre Ausübung angewandt sehen wollte*; und ein dritter Band hätte das vielleicht wichtigste ihrer Themen zu behandeln, das, was sie „die Erziehung als Aufrüstung des Friedens" genannt hat.

Die beiden Abhängigkeiten

Was sich im Rahmen ihrer Pädagogik hinter dem Ausdruck „Erziehung als Aufrüstung des Friedens" verbirgt, ist in wenigen Absätzen nicht zu erläutern. Auf den Seiten 77 bis 80 und 151 haben wir schon ein paar, wenn auch ungenügende Hinweise gegeben und können hier nur noch einige weitere Andeutungen hinzufügen.

In einer Vorlesung über „Das Kind und die Kultur" machte Maria Montessori die interessante und originelle Anmerkung, daß, während das Alte

* Vgl. Anmerkung 10

Testament mit einem Erwachsenen beginne, das Neue Testament mit einem Kinde anhebe, genauer, mit einem Kinde und seiner Mutter. Zwischen diesen beiden lichtvollen Gestalten, der Madonna und ihrem Kinde, besteht eine wunderbare und schöne Beziehung, die für die christliche Kunst eine nie versiegende Quelle der Inspiration war und ist, eine geheimnisvolle und gegenseitige Abhängigkeit. Das winzige Kind, das hilflos in seiner Mutter Armen liegt, trägt zugleich den ganzen Erdball und alles, was ihn belebt, seine Mutter eingeschlossen. Während das Kind heranwächst, lernt es von seiner Mutter; aber die Mutter lernt nicht weniger vom Kinde, das fleischgewordene göttliche Weisheit ist. Das Kind verehrt die Mutter und gehorcht ihr, die ihrerseits sich anbetend vor der Frucht ihres Leibes neigt. Mehr noch: obwohl auch diese wie jede Mutter ihr Kind geschaffen hat, hat dies Kind auch seine Mutter geschaffen, „denn ohne dasselbe ist nichts gemacht, was gemacht ist". Nun sind alle diese Dinge Symbol — und auch mehr als Symbol — einer großen Wahrheit, die Maria Montessori uns immer wieder nahezubringen versucht hat: die Erkenntnis dessen, was sie „die beiden Abhängigkeiten" zu nennen pflegte und für sehr bedeutsam ansah. Immer wieder und immer anders hat sie uns eingeprägt, daß die Kindheit kein Durchgangsstadium sei, sondern eine in sich geschlossene Wesenheit und nichts Geringeres als „der andere Pol der Menschheit". Denn in einem sehr realen Sinne erschaffe ja, so wahr der Erwachsene das Kind erschaffe, das Kind den Erwachsenen, den Menschen, der da sein wird.
Aber ihr Genie hat uns außer der Bedeutung der Arbeit des Kindes die Bedingungen gezeigt, unter denen allein es seine Arbeit leisten kann, und unwiderleglich hat sie bewiesen, daß das unter den rechten Bedingungen aufwachsende Kind einen höheren Persönlichkeitstyp entwickelt. Das „erwachte" Kind ist geistig reger, frischer, konzentrationsfähiger, sozial anpassungsfähiger und verantwortungsbewußter, unabhängiger und zugleich disziplinierter und gehorsamer — mit einem Wort, es ist ein vollkommeneres Wesen, die Grundlage für den Aufbau des „normalisierten" Erwachsenen. Und noch einmal: die „Entdeckung des Kindes" hat für den geistigen Bereich dieselbe Bedeutung wie der im Atom schlummernden physikalischen Kräfte für die Technik. Und wie die materiellen Energien bisher der Rüstung des Krieges zwischen den Nationen gedient haben, so sollten die neu befreiten geistigen Energien der Rüstung des Friedens dienen. Auf diesem Wege könnten die Völker am sichersten zu der vom Propheten geweissagten Harmonie gelangen, da „die Wölfe bei den Lämmern wohnen werden und die Parder bei den Böcken liegen. Ein kleiner Knabe wird Kälber und junge Löwen und Mastvieh miteinander treiben."

ANMERKUNGEN

1. Zitiert nach *A true Romance* von Anna Maccheroni. Selbstverlag der Englischen Montessori-Gesellschaft. Edinburgh 1956.
2. Aus einem Brief Maria Montessoris an Anna Maccheroni.

2a Der französische Originaltitel des Werkes von Séguin lautet: *Traitement moral, Hygiène et éducation des idiots et des autres enfants arrières*, Paris 1843.

3 Maria Montessori, *Selbsttätige Erziehung im frühen Kindesalter*, Julius Hoffmann, Stuttgart 1913.

3a Der englische Originaltitel des Werkes von Séguin lautet: *Idiocy and its Treatment by the Physiological Method*, New York 1966.

4. Wenn Maria Montessori von „ihrer Methode" spricht, meint sie damit zugleich ihren neuen pädagogischen Ansatz und die aus ihm sich ergebenden Prinzipien für pädagogisches Handeln. Grundlage für ihre Pädagogik ist eine neue Sicht des Kindes. Erst von hier aus kann die „Methode Montessori" richtig begriffen werden. Im Denken und Sprachgebrauch war der Begriff „Methode" der damaligen Zeit geläufiger, obwohl diese Zeit, wie am Beispiel Montessoris am besten ersichtlich, die Enge didaktischen Denkens sprengte und das Problem der Unterrichtsmethode von einem neuen reformerischen Ansatz her anging. Daher kennzeichnet der umfassendere Begriff „Pädagogik" das Ganze des Werkes der italienischen Pädagogin weit besser und genauer und ist ihrem ganzen Denken auch angemessener.
5. *Selbsttätige Erziehung im frühen Kindesalter*, S. 43 ff. (vgl. Anmerkung 3).
6. Maria Montessori, *Montessori-Erziehung für Schulkinder I*, Julius Hoffmann, Stuttgart 1926, S. 72 ff.
7. Zur Kennzeichnung einer besonderen, zeitlich begrenzten geistigen Ansprechbarkeit, Aufnahmebereitschaft und Feinfühligkeit des Kindes für bestimmte Dinge, Aufgaben, Tätigkeiten, Sachverhalte in seiner Umgebung verwendet Maria Montessori den Begriff „Sensibilität", häufiger noch den Begriff „Sensitivität". So spricht sie von den „sensitiven Perioden und Phasen" in der Entwicklung des Kindes, die für das Fortschreiten seiner geistig-seelischen Entwicklung pädagogisch von besonderer Bedeutung sind. In Übereinstimmung mit dem augenblicklichen wissenschaftlichen Sprachgebrauch ist hier dem Begriff „Sensitivität" der Vorzug gegeben worden, weil er neben Feinfühligkeit und Aufgeschlossenheit für Ordnungen, Gesetzlichkeiten und innere Zusammenhänge zwischen den Dingen auch das Erkennen und die Verarbeitung des Aufgenommenen enthält. Während der Begriff „Sensibilität" früher von manchen Forschern im selben Sinne verwandt wurde, wird er heute mehr in einem recht allgemeinen und fast biologischen Sinne als nervöse Erregbarkeit, Störbarkeit und Empfindsamkeit eines Organismus aufgefaßt, was zugleich auch mit dem Nebensinn der geringeren Belastbarkeit verbunden wird. Das im hier aufgezeigten Sinne verwandte Adjektiv „sensitiv" ist von dem von Kretschmer für psychopathologische Phänomene verwandten Begriff (z. B. sensitiver Beziehungswahn, Paranoia) klar zu unterscheiden.
8. Besonders in Deutschland hat in der Auseinandersetzung über die pädagogische Bedeutung des Spieles der von Maria Montessori eingeführte Begriff „Arbeit des Kindes" heftige Kritik erfahren. Dabei ist leider allzu oft übersehen worden, daß in dem Sinne, in dem allein sie verstanden werden können, beide Begriffe miteinander verwandt sind und in entscheidenden Punkten Gemein-

sames enthalten. Maria Montessori sieht in der Arbeit des Kindes ein freies Erproben seiner geistig-schöpferischen Möglichkeiten und ein inneres Wachsen an den Dingen und durch die Dinge; sie legt ihr also Wesenszüge bei, die man bislang vorwiegend dem Spiel zuerkannte. Andererseits bedeutet für das Kind echtes spontanes Spielen stärkste innere Bindung und intensive, ernsthafte Betätigung, wie sie ähnlich bei einer frei gewählten, selbsttätigen, konzentrierten Arbeit des Kindes am Montessori-Material auftreten. Gerade weil Montessoris Arbeitsbegriff ein von äußeren Zwecken entbundenes Tun des Kindes meint, rückt er in die Nähe eines „gereinigten“ und vertieften Spielbegriffes. Die beiden Begriffe beziehen sich also zwar nicht auf identische, wohl aber auf verwandte elementare Tätigkeiten des Kindes von zentraler pädagogischer Bedeutung.

9 deutsch: Julius Hoffmann, Stuttgart 1927.

10. Maria Montessori, *The Child in the Church*, Sands & Co, London 1930.

11. Der italienische Titel ihres ersten Werkes lautet: *Il metodo della pedagogia scientifica sperimentale applicato al l'educazione infantile nelle case dei bambini, P. Maglione e Strini*, Rom 1909.

12. Miss Parkhurst entwickelte dann bald darauf ein eigenes System, das unter dem Namen „Dalton-Plan“ weithin bekannt wurde. Das Dalton-System unterscheidet sich recht weitgehend von Dr. Montessoris Vorstellungen über die Beschaffenheit höherer Schulbildung. Im Laufe der Jahrzehnte wurde die Zahl amerikanischer Lehrer, die sich wirklich zu Montessoris Prinzipien bekannten und sie praktizieren konnten, immer kleiner und kleiner.

13. Vgl. Anmerkung 10.

14. Maria Montessori, *The Absorbent Mind. An original study on the psychology of the first period of child-development.* The Theosophical Publishing House, Adyar, Madras, India 1946.

15. Dieser Kongreß in San Remo war der achte Internationale Montessori-Kongreß. Die vorhergehenden waren, ebenfalls unter dem Vorsitz Maria Montessoris, in Helsinki (1925), in Nizza (1932), in Amsterdam (1933), in Rom (1934), in Oxford (1936), in Kopenhagen (1937), in Edinburgh (1938) abgehalten worden. Der nächste von 1951 in London war der letzte, bei dem sie selbst anwesend war. Der zehnte Kongreß wurde ein Jahr nach ihrem Tode in Paris abgehalten. Anläßlich des fünfzigjährigen Bestehens der *Case dei bambini* fand 1957 unter der Patenschaft des italienischen Erziehungsministeriums und veranstaltet von der Opera Montessori der elfte Internationale Montessori-Kongreß in Rom statt. Der nächste, der zwölfte, ist für 1960 in Deutschland geplant.

16. AMI = Association Montessori Internationale, Amsterdam, Koninginnenweg 161.

17. Punch, der Hanswurst des englischen Lustspiels, zugleich Name der bekannten satirisch-kritischen Wochenzeitung.

18. Modern Man in Search of a Soul, by C. G. Jung, Harcourt, Brace & Co, New York. Translated by W. S. Dell and Carry F. Baynes. Ohne Copyright. Das Vorwort der Übersetzer ist datiert *Zürich 1933*. Das Buch ist eine Sammlung von Aufsätzen und Kapiteln aus C. G. Jungs Büchern und gibt eine geschickte Zusammenfassung der Jungschen Grundideen. Das Zitat ist dem Kapitel *The Basic Postulates of Analytical Psychology* entnommen, das ursprünglich deutsch unter dem Titel *Die Entschleierung der Seele* als Aufsatz in der Europäischen Revue, Juli 1931, erschienen ist.

19. Der Begriff „Gestaltwandel“ stammt von Wilfried Zeller und Hildegard Hetzer. Im deutschen wissenschaftlichen Sprachgebrauch kennzeichnet er tref-

fend den von Maria Montessori gemeinten Sachverhalt. (Vgl. auch Wilfried Zeller: *Konstitution und Entwicklung*. Verlag für Psychologie, Göttingen 1952.)

20. Das Sinnesmaterial ist ein genau umgrenzter Teil des Montessori-Materials und kann mit den andern Materialien zum Begriff Montessori-Material oder, genauer, Montessori-Arbeitsmittel zusammengefaßt werden. Zum Sinnesmaterial gehören: Einsatzzylinder, Rosa Turm, Braune Treppe, Rote Stangen, Farbenkästen, Tastbretter, Tastlappen, Tastkörper, Gewichtstäfelchen, Gehörsbüchsen, Geruchsdosen, Wärmedosen, Geschmacksbüchsen.
21. Maria Montessori, *Kinder sind anders*. Aus dem Italienischen von Percy Eckstein und Ulrich Weber, bearbeitet von Helene Helming. Ernst Klett Verlag, Stuttgart 4. Aufl. 1952. Die italienische Originalausgabe erschien unter dem Titel *Il segreto dell'infanzia* 1938 in Lugano/Bellinzona bei Grassi und wurde 1950 in Mailand von Garzanti neu aufgelegt.
22. William Wordsworth, 1770—1850, englischer Romantiker.
23. Der Satz „Nihil est in intellectu, quod non antea fuecit in sensu . . ." stammt von dem englischen Denker John Locke (1632—1704), wird aber häufig Aristoteles zugeschrieben, mit dessen kataleptischer Wahrnehmungstheorie (Abbildtheorie) er allerdings eine innere Verbindung hat. Der Zusatz „. . . nisti intellectus ipse" stammt von Leibniz (1646—1716).
24. Bulletin Nr. 14 vom Oktober 1955, AMI Frankreich. Das Wort „Bildung" trifft aber den Sinn dessen, was Marcel meint, nicht genau. Das Ganze der Beziehungen eines Gegenstandes in seiner Einheitlichkeit erschauen zu können, ist eine dem Menschen, vor allem aber dem noch unverbildeten Kinde eigene ursprüngliche geistige Fähigkeit, durch die es sich selbst bildet. Bildung bedeutet für Gabriel Marcel ein „ursprüngliches Innewerden der Dinge, Teilhabe am Sein, an der „présence".
25. Eurhythmie, griechisch, Ebenmaß. Name für die von Rudolf Steiner geschaffene, aus seiner Anthroposophie erwachsenen Bewegungskunst, eine Verbindung von Sprache oder Gesang mit Bewegung, die Steiner „sichtbare Sprache" genannt hat.
26. C. G. Jung, *Psychologische Typen*. Rascher & Co. Zürich/Leipzig 1921.
27. Die diesem pädagogischen Gedankengang zugrundeliegende anthropolgische Vorstellung vom Eingebundensein des Menschen in seine jeweilige Umwelt hat in unseren Tagen bei Jakob von Üxküll und, noch vertieft, bei Philipp Lersch in seinem „Funktionskreis des Erlebens" Ausdruck gefunden (Philipp Lersch, *Aufbau der Person*, München 1953).
28. Die Art der pädagogischen Einwirkung auf das Kind im Montessori-Kinderhaus unterscheidet sich prinzipiell nicht von der in der Montessori-Schulklasse. Daher trifft der von Maria Montessori geprägte Begriff „Leiterin" sowohl auf die Kindergärtnerin wie auch auf die Lehrerin zu: beide sind bemüht, die Entwicklung des Kindes zur Selbständigkeit zu unterstützen und auf indirektem Wege richtig zu leiten. Es ist üblich, auch die in der Montessori-Pädagogik ausgebildete Kindergärtnerin als Montessori-Lehrkraft zu bezeichnen: einmal, um die Gemeinsamkeit des pädagogischen Wollens von Kindergärtnerin und Lehrer nach außen hin stärker zu bekunden, zum andern, um durch diese Fachbezeichnung erkennen zu lassen, daß sie Kinder „nicht nur mit Spielen und Basteln zu beschäftigen weiß", sondern durch ihre Spezialausbildung in der Lage ist, in verstärktem Maße bildende, die geistige Entfaltung des Kindes fördernde pädagogische Funktionen wahrzunehmen.
29. „Materialarbeit, die die Konzentration zu erziehlicher Tiefenwirkung gelangen läßt, und freischöpferisch sich vollziehendes, sachlich ungebundenes Ge-

stalten können sich gegenseitig fruchtbar ergänzen, da beide Handlungen gleiche Kräfte der kindlichen Seele in einer jeweils anderen Weise in Anspruch nehmen und wecken können." — So kann in der Praxis der Montessori-Kindergärten nicht nur durch die Leiterinnen, sondern auch durch die Eltern häufig bestätigt werden, daß ungeordnete Kinder und Kinder mit abwegigen Verhaltensweisen in der freien Arbeit mit dem Montessori-Material sich normalisieren und dadurch zugleich auch zu Hause wieder richtig spielen lernen. (Kurt Aurin: *„Das methodische und pädagogische Vorurteil im Streit der Meinungen um die Montessori-Pädagogik"*. Pädagogische Blätter, Berlin, Jahrgang 1956, Heft 15/16, S. 248.)

29a Zitiert nach Alexander Bruno Hanschmann: *Friedrich Fröbel. Die Entwicklung seiner Erziehungsidee in seinem Leben*, 1874, S. 39.

30. Maria Montessori, *To Educate the Human Potential*, Kalakshetra, Adyar, Madras, India 1950.

31. Wie Maria Montessori selbst, unterscheidet auch der englische Verfasser nicht immer eindeutig zwischen den Begriffen Vernunft und Verstand. Beide Begriffe werden eher als „akzentuierte Begriffe" verstanden, die eine Seite des Ganzen der kindlichen Fähigkeiten bezeichnen. Wenn also hier bald von Verstand und bald von Vernunft gesprochen wird, dann ist zugleich jeweils die andere Seite, also die „höhere" oder „niedere" Fähigkeit des menschlichen Geistes mitgemeint.

32. Mehrfach haben Psychologen darauf aufmerksam gemacht, daß, anderen Behauptungen entgegen, Maria Montessoris Psychologie in dieser Hinsicht eine Verwandtschaft mit der Ganzheits- und Gestalttheorie zeigt. — Übrigens kennt auch Fröbel das sachgebundene Tun mit einem Arbeitsmittel, das eine „materialisierte Abstraktion" enthält, worauf seine verschiedenen „Gaben" deutlich hinweisen.

1. *Il metodo della pedagogia scientifica sperimentale applicato al l'educazione infantile nelle case dei bambini.* P. Maglione e Strini, Rom 1909—1926 (übersetzt in 26 Sprachen). Deutsch: *Selbsttätige Erziehung im frühen Kindesalter.* Julius Hoffmann, Stuttgart 1913.
2. *Antropologia pedagogica.* Francesco Vallardi, Mailand 1912. Englisch: *Paedagogical Anthropology.* W. Heinemann. London 1914.
3. *L'autoeducazione nelle scuole elementari.* P. Maglione e Strini, Rom 1916. Deutsch: *Montessori-Erziehung für Schulkinder.* I. Bd. Julius Hoffmann, Stuttgart 1926 (II. Band nicht übersetzt). Englisch: *The Advanced Montessori-Method.* W. Heinemann, London.
4. *Il Manuale di pedagogia scientifica.* Morano, Neapel 1921. Deutsch: *Mein Handbuch.* Julius Hoffmann, Stuttgart 1922. Englisch: *Dr. Montessori's Own Handbook.* W. Heinemann, London 1914.
5. *Il bambini viventi nella chiesa.* Morano, Neapel 1922.
6. *Das Kind in der Familie* (Vorträge, die in Brüssel gehalten und dann in der Zeitschrift „La femme beige" veröffentlicht wurden). Selbstverlag der Montessori-Schule Wien X, Schölers Verlag, Wien 1923. Neu aufgelegt Klett-Verlag, Stuttgart 1954. Italienisch: *Il bambino in famiglia.* Tipografia Tuderte, Todi 1936.
7. *The Child in the Church.* Sands & Co, London 1930.
8. *La vita in Cristo.* Ferri, Rom 1931 (spätere Auflagen bei Garzanti, Mailand).
9. The Mass Explained to Children. Sheed & Ward, London 1932. Italienisch: *La Santa Messa spiegata ai bambini.* Garzanti, Mailand 1949.
10. *L'Education et la paix* (Vorträge anläßlich des 2. Internationalen Montessori-Kongresses), Bureau Internationale d'Éducation, Genf 1932, Deutsch: *Der Frieden und die Erziehung,* erschienen in der Zeitschrift „Montessori", Selbstverlag der Deutschen Montessori-Gesellschaft, Berlin 1932. Italienisch: *Educazione e pace.* Opera Montessori, Rom 1949.
11. *Psico-Aritmética,* Casa Editorial Araluce, Barcelona 1934. *Psico-Geometrica,* ebd.
12. *Il segreto dell'infanzia.* Grassi, Lugano/Bellinzona 1938 (neuaufgelegt Garzanti, Mailand 1952). Deutsch: *Kinder sind anders.* Klett-Verlag, Stuttgart 1952. Englisch: *The Secret of Childhood.* Frederick A. Stokes Company incorporated, New York 1939.
13. *Les étapes de l'éducation.* Desclée de Brouwer & Cie, Brügge 1936.
14. *The Reform of Education during and after Adolescence.* Association Montessori Internationale (AMI), Amsterdam 1939.
15. *God en het Kind.* Uitgeven door het Katholiek Comité „Actie for God", Heemstede 1939. Deutsch: *Gott und das Kind,* herausgegeben von der katholischen Arbeitsgemeinschaft für Montessori-Pädagogik, Köln 1956.
16. *Door het Kind naar een Nieuwe Wereld.* Kinhein Uitgevery, Heiloo 1941.
17. *Education for a New World.* Kalakshetra, Adyar, Madras, Indien 1948.
18. *The Discovery of the Child.* Kalakshetra, Adyar, Madras, Indien 1948. (Überarbeitete und erweiterte Auflage des Erstlingswerkes.) Italienisch: *La scoperta del bambino.* Garzanti, Mailand 1952. Französisch: *Pédagogie scientifique.* La découverte de l'enfant. Desclée de Brouwer & Cie. Paris 1952.
19. *What you should know about your Child.* Bennet & Co, Kolombo 1948.

20. *The Absorbent Mind.* The Theosophical Publishing House. Adyar, Madras, Indien 1949. Italienisch: *La mente del bambino (Mente assorbente)*, Garzanti, Mailand 1952.
21. *De l'enfant à l'adolescent.* Desclée de Brouwer & Cie, Genf/Paris (o. J.) — erschienen 1949.
22. *To Educate the Human Potential.* Kalakshetra, Adyar, Madras, Indien 1950. Italienisch: *Formazione dell'uomo.* Garzanti, Mailand 1950.
23. *Der absorbierende Geist,* in: Bildung und Erziehung, Heft 8, August 1951, Wiesbaden 1951.

Die Zusammenstellung der Bücher Maria Montessoris kann als vollständig betrachtet werden. Sicherlich existieren aber in den verschiedensten Ländern noch gedruckte Aufsätze sowie Manuskripte nach Vorträgen und Vorlesungen, die bisher auch der AMI entgangen sind, worauf E. M. Standing auf S. 66 aufmerksam macht.

KAPITELÜBERSCHRIFTEN

I. DAS LEBEN MARIA MONTESSORIS

Erstes Kapitel:
VORBEREITUNG

Zweites Kapitel:
ENTDECKUNG

Drittes Kapitel:
ENTWICKLUNG

- *Selbsttätige Erziehung im frühen Kindesalter.* Stuttgart: Klett Verlag 1913 (vergriffen)
- *Die Entdeckung des Kindes.* Freiburg: Herder Verlag, zahlreiche Auflagen (ISBN 3-451-14795-5)
- *Mein Handbuch.* Stuttgart: Julius Hoffmann Verlag 1922 (vergriffen)
- *Montessori-Erziehung für Schulkinder.* Stuttgart: Julius Hoffmann Verlag 1926 (vergriffen)
- *Schule des Kindes.* Freiburg: Herder Verlag (zahlreiche Auflagen) (ISBN 3-451-17242-9)
- *Entwicklungsmaterialien in der Schule des Kindes.* Wien: Götz Verlag 2003 (ISBN 3-9501011-7-9)
- *Grundlagen meiner Pädagogik.* Wiesbaden: Quelle & Meyer Verlag, (zahlreiche Auflagen)
- *Kinder, die in der Kirche leben.* Freiburg: Herder Verlag 1964 (vergriffen)
- *Kinder sind anders.* Stuttgart: Klett / Cotta Verlag 1952 (zahlreiche Auflagen)
- *Das kreative Kind* – Der absorbierende Geist. Freiburg: Herder Verlag (zahlreiche Auflagen)
- *Das Kind in der Familie.* Stuttgart: Klett Verlag 1954 (vergriffen)
- *Von der Kindheit zur Jugend.* Freiburg: Herder Verlag 1966 (vergriffen)
- *Frieden und Erziehung.* Freiburg: Herder Verlag 1973 (vergriffen)

Kleine Schriften Maria Montessoris:

- (Band 1 – 4 wurden herausgegeben von Paul Oswald und Günter Schulz-Benesch; Band 5 von Harald Ludwig und Günter Schulz-Benesch; zahlreiche Auflagen)
- Bd.1: *‚Kosmische Erziehung',* (darin ‚Erdkinderplan). Freiburg: Herder Verlag (ISBN 3-451-16277-6)
- Bd. 2: *Die Macht der Schwachen,* (darin Friedensreden). Freiburg: Herder Verlag (ISBN 3-451-16710-7)
- Bd. 3: *Dem Leben helfen,* (darin Montessoris Bildungstheorie). Freiburg: Herder Verlag (ISBN 3-451-22543-3)
- Bd. 4: *Gott und das Kind.* Freiburg: Herder Verlag (ISBN 3-451-23553-6)
- Bd. 5: *Erziehung für eine neue Welt,* (darin ‚Weltanalphabetismus'). Freiburg: Herder Verlag (ISBN 3-451-26487-0)
- *Spannungsfeld Kind – Gesellschaft – Welt.* Freiburg: Herder Verlag (vergriffen)
- *Über die Bildung des Menschen.* Freiburg: Herder Verlag (vergriffen)

Überarbeitete und aktualisierte Ausgaben der Quellentexte von Maria Montessori sind durch Prof. Dr. Harald Ludwig im Herder Verlag in Vorbereitung. Der erste Band *Grundgedanken der Montessori-Pädagogik. Freiburg: Herder Verlag (erweiterte und aktualisierte Neuauflage 2008) (ISBN 978-3-451-32117-7)* erschien bereits 2008.

Stand September 2008